Business Accounting Systems Designing: Theories and Case Analyses

暨南大学会计系列教材

企业会计制度设计
——理论与案例分析

Business Accounting Systems Designing:
Theories and Case Analyses

罗其安　著

暨南大学出版社
JINAN UNIVERSITY PRESS

中国·广州

图书在版编目（CIP）数据

企业会计制度设计：理论与案例分析/罗其安著. —广州：暨南大学出版社，2012.7（2018.9 重印）
（暨南大学会计系列教材）
ISBN 978 - 7 - 81079 - 496 - 1

Ⅰ. ①企…　Ⅱ. ①罗…　Ⅲ. ①企业管理—会计制度—研究　Ⅳ. ①F275.2

中国版本图书馆 CIP 数据核字（2009）第 215072 号

企业会计制度设计：理论与案例分析
QIYE KUIJI ZHIDU SHEJI : LILUN YU ANLI FENXI
著　者：罗其安

出 版 人：徐义雄
责任编辑：暨　南　王泉巍
责任校对：何　力
责任印制：汤慧君　周一丹

出版发行：暨南大学出版社（510630）
电　　话：总编室（8620）85221601
　　　　　营销部（8620）85225284　85228291　85228292（邮购）
传　　真：（8620）85221583（办公室）　85223774（营销部）
网　　址：http://www.jnupress.com
排　　版：暨南大学出版社照排中心
印　　刷：湛江日报社印刷厂
开　　本：787mm×960mm　1/16
印　　张：22.875
字　　数：436 千
版　　次：2005 年 2 月第 1 版
印　　次：2018 年 9 月第 7 次
印　　数：12001—13000 册
定　　价：52.00 元

（暨大版图书如有印装质量问题，请与出版社总编室联系调换）

总　序

教材之于教学，无异于工具之于生产劳动。"工欲善其事，必先利其器"，编写一套高水平的教材，对提高教学质量、培养合格人才具有十分重要的意义。

暨南大学会计学教材的编写，近 20 年发生了几次变革，大致可以分为 3 个阶段：

第一阶段是 20 世纪 80 年代至 90 年代初。当时，我国经济体制改革如火如荼，各种所有制形式、各种企业组织相继出现。特别是作为我国改革开放的前沿阵地——广东，三资企业、股份制企业如雨后春笋，蓬勃发展。具有浓厚计划经济特色的会计学教材，难以适应当时的经济环境和改革的需要。为了尽快培养和输送经济改革急需人才，作为广东最早的会计学科，暨南大学会计学系积极尝试，勇于探索，首先采用部分国外原版教材，在消化吸收的基础上，先后编写了《会计学原理》、《中外合资企业会计》、《中外合资企业审计》、《股份制会计》、《西方财务管理》等教材，为我国的经济发展和改革开放培养了大批人才。

第二阶段是 1994 年后的系列教材。1992 年，党的十四大明确了我国经济体制改革的目标是建立社会主义市场经济。与此同时，我国会计改革也迈出了历史性的步伐，"两则"的出台，吹响了会计改革的新号角。在此大背景下，暨南大学会计学系在对会计学科研究内容进行科学分类的基础上，编写了会计学科体系的 8 门核心课程的教材，包括《基础会计学》、《中级财务会计学》、《高级财务会计学》、《成本会计学》、《管理会计学》、《企业财务管理学》、《审计学》、《会计电算化》。近 10 年来，这套教材应用范围广，受到了海内外学生的好评。

第三阶段即现在摆在读者面前的最新系列教材。在该系列教材的编写中我们力图体现以下几个方面的特点：

（1）继承与发展相结合。在本套教材中我们全面继承了第一、二阶段教材体系的优点和特色，同时对教材体系和内容进行了较大的修改，对部分教材的名称也作了修改，其目的是更好地适应新的经济环境、满足学生获取更多知识的要求。

（2）会计学与财务学两个系列既独立又相容。随着我国资本市场的日益发达、企业管理的不断规范，财务管理的地位和作用日显重要。教育部把财务管理从会计学中单列出来，成为一个新的专业。该专业与会计学是两个不同的学科，在教学内容上存在一定的差异，但二者具有一定的相容关系。为此，我们在教材体系设计中进行了适当的分离。会计学系列核心教材包括《初级财务会计》、《中级财务会计》、《高级财务会计》、《财务学原理》、《企业财务管理学》、《成本会计》、《管理会计》、《会计信息系统》、《审计学》等；辅助教材包括《税务与会计》、《会计制度设计》、《金融企业会计》、《预算会计》等。财务学系列教材中，初、中、高级会计学以及财务学原理与会计系列相同，另外增加《中级财务管理》、《高级财务管理》、《财务报告与评价》、《理财信息化》等核心教材。

（3）理论与实务并重。会计学与财务学是经济管理科学，实务性很强。教材对两门学科的基本方法和技能，既要讲清楚理论概念，又要设计必要的实例，采用案例教学，培养学生的实操能力。

（4）本土化与国际化相融合。随着中国加入WTO，中国经济融入世界经济体系是一个不可扭转的趋势，会计国际化与管理国际化也是大势所趋。本教材体系充分借鉴国际标准，吸收西方教材的优点，学习国外行之有效并可以为我所用的经验和方法。同时，我们也充分认识到中国会计和财务管理具有自己的特色，在我们的教材中要得以体现，力争做到本土化与国际化相融合。

会计学与财务学系列教材的改革与建设是一项长期而十分艰巨的任务，近20年来，我们为此做了不懈的努力。但由于我国经济改革一日千里，环境的多样性与复杂性，国际会计准则以及我国会计准则也处于变化之中，更由于我们的水平有限，因而本系列教材考虑不周甚至失当之处在所难免，恳请读者批评指正。

暨南大学会计学与财务学系列教材编审委员会
2004 年 8 月

前　言

企业会计制度是企业各项会计工作的行为规范。在我国，时至今日，很少有企业根据会计准则、自身的生产经营特点和管理要求，自主选择和设计具有企业特色和针对性的会计制度。究其原因，主要由于企业会计信息质量对社会资源的有效配置和充分利用、对维持正常社会经济秩序和社会稳定的影响巨大，同时，目前我国经济主体仍然是国有企业、国家控股的股份有限公司或有限责任公司，政府仍然是企业会计报告的主要使用者，因此，我国仍然实行国家统一企业会计制度的会计管理模式；企业对会计信息的特殊要求不高，缺乏由企业或其委托的中介机构独立设计企业会计制度的迫切需要和压力，其会计目标往往局限于能够定期编制对外会计报表，因此，企业只要套用国家统一会计制度就基本上能够满足各方的需要；企业会计人员和会计师事务所等中介机构的会计咨询人员的素质普遍较低，目前尚不具备独立设计科学、完整、适用的企业会计制度的能力。

随着我国社会主义市场经济的不断发展，不少企业的生产经营规模、经营范围、经营区域将逐步甚至是迅速扩大，跨行业经营、跨地区经营甚至跨国界经营的企业将不断涌现，企业的组织机构、权责利关系、会计核算对象和会计内部控制的内容将日益复杂多变，会计工作的管理要求和会计信息的质量要求将不断提高，所有这些都将直接冲击着现行国家统一企业会计制度的会计管理模式的有效性和必要性。因此，在可预见的未来，取消国家统一企业会计制度的会计管理模式，由企业自行设计其会计制度不仅成为可能，而且十分必要。

无论是现在，还是未来，由企业根据会计准则、生产经营特点和管理要求，有针对性地自主选择和设计具有企业特色的会计制度，都将有利于保证会计信息质量；有利于向会计报告使用者提供对其决策有用的信息或经营管理者受托责任履行情况的信息；有利于及时发现、纠正和防止错弊，保护企业资产的安全性与完整性；有利于确保相关法律、法规和规章制度的贯彻执行。

本书分四个部分，共九章。第一部分（第一章）主要介绍和回顾会计制度的基本概念、产生和发展历史，阐述会计制度设计的目标、对象、内容、必要性、基本原则和基本程序。第二部分（第二章）主要阐述各类企业会计组织机构和岗位职责的设计。第三部分（第二章至第八章）主要阐述有关会计核算制度的设计，包括会计凭证、会计科目、会计账簿、会计核算组织程序、定期汇总和结账工作以及财务会计报告的设计。第四部分（第九章）主要阐述企业主要业务处理程序和相关内控制度的设计，包括物资采购供应业务、生产业务、销售业务、货币资金业务、存货业务、固定资产业务、对外投资业务和筹资业务会计处理程序和内控制度的设计。

　　本书是作者在多年讲授会计制度设计课程的讲稿基础上，经过一些调查研究，结合自己为多家企业设计会计制度的经验总结而成的。其主要特点：（1）将会计制度设计的实务操作内容，纳入企业会计制度设计学的理论体系之中，在系统阐述会计制度设计理论的基础上，介绍会计制度设计的具体内容、程序、方法和要点等。（2）每章均选用一些实际案例加以说明，使之生动和具体。（3）前八章的每章后面，都选用了一两个典型案例进行点评，目的在于启发学生进行开放式的思维，巩固和提高学生的实际操作技能。

　　在著书过程中，作者借鉴和吸收了国内外许多专家学者的研究成果和一些企业的会计实务工作者的实践经验，在此表示衷心的感谢！由于作者水平和经验有限，书中难免会出现一些错漏，恳请读者提出宝贵意见！

　　暨南大学会计系白华博士对本书进行了审阅并提出宝贵意见，暨南大学出版社编辑王泉巍和校对黄美芳、周玉宏为了保证本书的顺利出版，也付出了辛勤的劳动，在此一一表示感谢。

罗其安
2004. 10. 29

目　录

总序 ……………………………………………………………………… (1)

前言 ……………………………………………………………………… (1)

第一章　总　论 …………………………………………………………… (1)
　第一节　会计制度的概念 ……………………………………………… (1)
　第二节　会计制度的产生和发展 ……………………………………… (3)
　第三节　企业会计制度设计的目标、对象和内容 ………………… (10)
　第四节　企业内部会计制度设计的必要性和基本原则 …………… (13)
　第五节　我国的会计法规体系 ……………………………………… (17)
　第六节　企业会计制度设计的基本程序 …………………………… (20)
　第七节　案例及其点评 ……………………………………………… (22)

第二章　会计组织机构和岗位职责的设计 ………………………… (30)
　第一节　企业会计组织机构的设置形式和基本原则 ……………… (30)
　第二节　企业会计机构内部分工的设计模式 ……………………… (34)
　第三节　小型企业会计组织机构和岗位职责的设计 ……………… (36)
　第四节　大中型企业会计组织机构和岗位职责的设计 …………… (38)
　第五节　企业集团会计组织机构和岗位职责的设计 ……………… (46)
　第六节　案例及其点评 ……………………………………………… (49)

第三章　会计凭证的设计 …………………………………………… (54)
　第一节　会计凭证设计的意义和要求 ……………………………… (54)
　第二节　原始凭证的设计内容和要求 ……………………………… (56)
　第三节　记账凭证的设计内容和要求 ……………………………… (82)
　第四节　会计凭证的处理规则和管理规则的设计 ………………… (95)
　第五节　案例及其点评 …………………………………………… (102)

第四章　会计科目的设计 …………………………………………… (105)
　第一节　会计科目设计的内容、原则和基本步骤 ……………… (105)
　第二节　会计科目的分类、排列和编号方法 …………………… (109)
　第三节　会计科目使用说明的设计 ……………………………… (117)
　第四节　案例及其点评 …………………………………………… (124)

第五章　会计账簿的设计 …………………………………………… (127)
　第一节　会计账簿的种类和设计要求 …………………………… (127)
　第二节　序时账簿的设计 ………………………………………… (131)
　第三节　分类账簿的设计 ………………………………………… (145)
　第四节　备查账簿的设计 ………………………………………… (158)
　第五节　会计账簿处理规则的设计 ……………………………… (162)
　第六节　案例及其点评 …………………………………………… (167)

第六章　会计核算组织程序的设计 ………………………………… (169)
　第一节　会计核算组织程序设计的意义、要求和步骤 ………… (169)
　第二节　记账凭证核算组织程序的设计 ………………………… (172)
　第三节　汇总记账凭证核算组织程序的设计 …………………… (174)
　第四节　科目汇总表核算组织程序的设计 ……………………… (177)
　第五节　多栏式特种日记账核算组织程序的设计 ……………… (180)
　第六节　日记总账核算组织程序的设计 ………………………… (186)
　第七节　通用日记账核算组织程序的设计 ……………………… (188)
　第八节　案例及其点评 …………………………………………… (190)

第七章　定期汇总和结账工作的设计 ……………………………… (192)
　第一节　定期汇总和结账工作的设计内容和要求 ……………… (192)
　第二节　会计期间和会计循环的确定 …………………………… (193)
　第三节　定期汇总和结账工作时间安排的设计方法 …………… (195)
　第四节　结账前的账项调整内容及其时间设计 ………………… (200)
　第五节　成本和损益账户结账方法的设计 ……………………… (202)
　第六节　结账规则的设计 ………………………………………… (203)
　第七节　案例及其点评 …………………………………………… (205)

第八章　财务会计报告的设计 ……………………………………（207）
　第一节　财务会计报告设计的意义和要求 ……………………（207）
　第二节　财务会计报告的设计内容 ……………………………（210）
　第三节　资产负债表的设计 ……………………………………（212）
　第四节　利润表的设计 …………………………………………（222）
　第五节　现金流量表的设计 ……………………………………（229）
　第六节　附表和附注的设计 ……………………………………（251）
　第七节　会计档案管理规则的设计 ……………………………（290）
　第八节　案例及其点评 …………………………………………（293）

第九章　主要业务处理程序和相关内控制度的设计 …………（295）
　第一节　物资采购供应与付款业务会计处理程序和内控制度的设计
　　　　　………………………………………………………………（295）
　第二节　生产业务会计处理程序和内控制度的设计 …………（300）
　第三节　销售与收款业务会计处理程序和内控制度的设计 …（320）
　第四节　货币资金业务会计处理程序和内控制度的设计 ……（328）
　第五节　存货业务会计处理程序和内控制度的设计 …………（333）
　第六节　固定资产业务会计处理程序和内控制度的设计 ……（337）
　第七节　对外投资业务会计处理程序和内控制度的设计 ……（340）
　第八节　筹资业务会计处理程序和内控制度的设计 …………（348）

主要参考文献 ………………………………………………………（357）

第一章 总 论

企业会计制度是由特定主体按照一定的程序制定并实施的、具有强制力的、用以规范其管理范围内企业会计工作的规则、程序和方法。如果企业缺乏健全的会计制度，将无法保证其会计信息质量，无法向报表使用者提供对其决策有用的信息或单位受托责任的履行情况的信息；就不能及时发现、纠正和防止错弊，难以保护资产的安全与完整；就难以确保相关法律、法规和规章制度得到贯彻执行。

本章主要讨论：会计制度的概念，会计制度的产生和发展，企业会计制度设计的目标、对象和内容，企业内部会计制度设计的必要性和基本原则，我国的会计法规体系以及企业会计制度设计的基本程序等。同时，在本章的最后对美国安然会计事件进行了较系统的分析。

第一节 会计制度的概念

一、会计制度的定义

会计制度是指政府、会计职业组织或企业按照一定程序制定和实施的、具有强制性的、用于规范和管理特定范围之内会计工作的规则、程序和方法。其中，企业内部会计制度就是由特定的会计主体制定的、进行企业会计工作所应遵循的规则、程序和方法；同时，它也是企业会计管理工作的规则、标准和依据。

建立和健全企业内部会计制度可以促使会计工作人员按章办事，并更好地发挥其主观能动性；可以保证企业及时向各方会计报表使用者提供对其决策有用的会计信息，并确保其不被误解；可以促使企业的各项生产经营活动按照财务管理目标稳妥、有序地进行，防范管理混乱、资源浪费与损失；能够有效地避免各种错弊的发生，并为查错防弊提供有力的条件。

二、企业会计制度的主要内容

企业会计制度作为一种会计及其管理工作所应遵循的规则和应采取的程序及方法，主要包括以下十个方面的内容：

（1）会计组织机构的设置，其内部各部门的职责范围。

（2）会计人员的配备标准和方法，会计岗位的职责分工。

（3）会计科目体系，各科目的核算内容和使用说明。

（4）各种会计凭证的格式、取得或填制、审核、传递凭证的程序和要求，填制说明（有时还附上凭证体系示意图等）。

（5）各种会计账簿的格式，设置和登记账簿的规则和程序，账簿体系及其勾稽关系的说明。

（6）会计报表的种类和格式，会计报表体系及其勾稽关系，会计报表的编制方法和要求。

（7）会计期间的确定，结账规则和程序。

（8）账务处理的基本程序。

（9）按经营业务循环特点分类的各类业务（如货币资金业务、工资业务、固定资产业务、无形资产业务、采购业务、存货业务、成本计算业务、销售业务、收益分配及纳税业务、对外投资业务、筹资业务和电算化会计业务等）的会计处理方法、程序和要求，有时还包括各类业务的内部控制规则（如费用控制规则、电算化系统的防范错弊的规则等）、程序和要求。

（10）财产清查业务、会计工作交接业务、会计档案管理业务等方面的工作规则和要求。此外，有时还包括企业内部核算规则和要求，责任会计工作的内容、核算与分析方法和要求等。

其中第（3）、（4）、（5）、（6）点（即会计核算中的"建账"部分）是企业内部会计制度的核心。一般来说，企业内部会计制度至少应该包括这四个方面的内容，并通过第（8）点（即会计账务处理程序）将它们联结成一个比较完整的企业内部会计核算体系。

第二节 会计制度的产生和发展

一、我国传统会计制度的产生和发展

1. 我国会计制度的产生历史

原始社会末期的会计萌芽时期，只存在简单的、随意性的会计记录，不存在具有约束性的会计制度；西周王朝设立的专门管理钱粮赋税的官员（总管王朝财权的"大宰"和掌管王朝计官的"司会"）制度和"参互"、"月要"、"岁会"三种会计报告形式的出现，标志着我国古老会计制度已初显端倪。

在我国，会计制度最早出现于西周王朝初期的"天官冢宰系统"制度。当时，国家财计机构分为两大系统，即地官大司徒系统，掌管王朝的财政收入；天官冢宰系统，掌管王朝的财政支出。其中，天官所属的中大夫司会，"为计官之长，主天下之大计"，分掌王朝财政收支的全面核算，并总司审计监督之大权。据《周礼·天官》记载："……司会，以参互考日成，以月要考月成，以岁会考岁成。"司会每旬、每月、每年都要对各地方官吏送上来的会计报告（即"参互"、"月要"、"岁会"三种会计报告）加以考核，以判断其各期所编制的会计报告是否真实、可靠，再交由周王据此赏罚。因此，"参互"、"月要"、"岁会"三种会计报告形式的出现，是我国古代会计工作开始走上规范化、制度化的象征。

2. 我国传统会计制度的发展

我国传统的会计制度，经过春秋战国、秦、西汉、唐宋、明清、中华民国和中华人民共和国历代探索，从早期的以会计账簿设计为主要内容的官厅会计制度（主要表现为会计记账惯例和方法），逐步发展和形成了比较科学和完善的建立在"收付记账法"和"增减记账法"基础上的具有中国特色的企业会计制度（规范化、法制化的正式制度）。

（1）春秋战国至秦代时期：我国已出现了"籍书"概念，并出现了以"入"、"出"作为记录符号来记录各种经济活动的出入事项的简单记账方法。

（2）西汉时期："籍书"（或"簿书"）应用的专门化取得了显著进展。这时，会计记录与统计记录开始有了一定的区别，部分属于统计核算的内容开始从会计核算内容中分离出来，并被作为一项具有独立意义的经济记录工作；同时，把记录会计事项的简册称为"簿"（或"簿书"），把记录统计事项的简册称为"籍"（或"籍书"）。"簿"和"簿书"就是我国会计账簿的雏形。

（3）唐宋时期：由"流水账"（日记账）和"誊清账"（总清账）组成的账簿体系已初步形成。如宋代流行的"四柱结算法"就是当时记账、算账的基本模式。所谓"四柱"是指将一定时期内财物的增减变化及其结存记录分为"旧管"（期初结存）、"新收"（本期收入）、"开除"（本期支出）和"实在"（期末结存）四项；所谓"四柱结算法"，是指利用"旧管＋新收－开除＝实在"平衡公式，检查日常记录的正确性，并可以系统、全面和综合地反映经济活动的全貌。

按照上述公式设计和编制的会计报表，称为"四柱清册"。其主要作用有：①可以据以考核各级政府财政收支的余缺情况；②可以作为财产交接的书面依据；③对本期结存数，通过财产清查盘点，可以查清账实是否相符；④在已知旧管、新收、实在时，可以"以存计销"（或"以存计耗"）。

根据"四柱结算法"编制的会计报告（即"四柱清册"），为我国实行多年的"收付记账法"奠定了理论基础。"四柱结算法"出现后，不仅沿用于元、明、清时代的官厅会计中，而且推广应用在明清时代的民间会计中。

（4）明清时期：民间会计从单式记账法向复式记账法发展。明末清初，山西富商傅山设计了一套具有复式记账特征的"龙门账"，并在其后相继出现了"四脚账"。"龙门账"和"四脚账"具有某些复式记账性质，但还不是成熟的复式记账法。

"龙门账"原理的主要内容，可归结为以下五个方面：

a. 将全部账目分为"进"（全部收入）、"缴"（全部支出）、"存"（全部资产）、"该"（负债和资本）四大类；并按各大类所包含的内容分为若干项目。

b. 对每一账项，首先记入"流水账"（日记账），然后据此转入"誊清账"（总分类账）进行分类分项核算。

c. 账页分上下两部分，上方记收，下方记付。

d. 对每一笔账项，按同等金额既记收，又记付。如，出售商品所得现金，应记收"营业收入"，付"现金"。

e. 年终结账时，根据"进－缴＝存－该"之间的差额平衡关系，采取双轨计算盈亏法，计算出本年盈余（或亏损）数和净资产的增加（或减少）数；如果左右两边相等，表明盈亏计算正确，账目记录无误（称为"合龙门"），可据此考核经营成果和进行盈余分配。

f. "四脚账"（又称"天地合账"），它在账簿设置、分类分项核算和盈亏计算方法等方面，与"龙门账"大致相同，只是某些具体做法比"龙门账"好些。

但是，"龙门账"和"四脚账"都有许多不完善之处（如：账簿组织不够严密、核算项目的划分没有标准、账簿记录烦琐杂乱等），因此，还是一种不成熟的复式记账法。

（5）清末至民国时期：西方现代会计传入中国。

19世纪中叶（1840年）以后，我国逐步沦为半封建半殖民地国家，帝国主义列强把持着我国的海关、铁路和邮政等部门，并在这些部门中搬用外国的会计方法和会计制度。从此，以"借贷复式记账法"为主要内容的"西式会计"传入中国。

20世纪初至1949年，我国一些海外求学回国的学子和会计学家介绍"西式会计"的论文和专著陆续出现，使"借贷复式记账法"在旧中国得到了一定的传播。当时，除中小型工商企业仍然沿用传统的"中式会计"外，少数民族工商业和官僚垄断资本主义企业，以及国民党政府机关大都采用"借贷复式记账法"。

（6）中华人民共和国成立以来：由建立在三种复式记账法（收付记账法、增减记账法和借贷记账法）基础上的多种会计制度并存，转变为建立在单一"借贷复式记账法"基础上的会计制度。

①1949—1993年期间。

早在20世纪30年代，以徐永祚会计师为代表的会计工作者就曾经主张在中国应该采用"收付记账法"；在40年代，也有人主张用"收付"或"增减"为记账符号，改革记账方法；1947年8月15日，梁润身在上海出版的《公信会计月刊》上发表了《以增减分录法代替借贷分录法之商榷》，其阐明的关于账户按正负资产进行分类的原理，与1993年前按资金占用和资金来源进行分类大致相同，其阐述的记账规则和试算平衡等也与后来的提法没有什么区别；1949年之后，以章乃器为代表的一些知识分子，在报刊上发表文章，重提用"收付记账法"代替"借贷记账法"；当时，我国许多企业领导干部和部分会计工作人员，也不断对"借贷记账法"难学难懂提出批评。因此，出现了我国五六十年代的两场会计记账方法的大辩论。

a. 1950—1951年期间，出现了"收付记账法"和"借贷记账法"的辩论。同时，在这场争论中改革了旧式"上进下支"的单式记账法（或称为不完善的复式收付记账法），使之成为比较完善的复式"现金收付记账法"；后来，"现金收付记账法"又进一步完善为"资金收付记账法"。

b. 1964—1965年期间，出现了"增减记账法"和"借贷记账法"的辩论。当时，人们已经在复式记账原理的基础上，创造了简单易懂的"增减记账法"。1964年，"增减记账法"首先在北京商业企业试点成功，1965年随之在全国商业部系统全面推广应用。

在我国实行计划经济体制时期，财政部和政府各业务主管部门为了满足国家宏观经济管理的需要，制定和颁发了一系列分行业部门、所有制形式和经营方式的全国统一的会计制度。这种会计管理模式，适应了当时会计信息需求者单一（主要是政府宏观经济管理部门）、企业缺乏经营管理自主权、企业无财务风险和经营风险压力的会计环境的需要。当时，在规范全国各企业的会计工作，确保国家各项财经政策和财务制度的有效实施，促进企业增产节支，保护国有财产的安全性和完整性，为国家政府部门提供宏观经济综合平衡所必需的会计信息等方面，它起了积极作用。

但是，随着我国经济体制改革的不断深入，企业经营规模的不断扩大，企业对外经济联系日益复杂，企业筹资渠道和利益分配多元化，企业会计报表使用者已不再局限于国家宏观经济管理部门甚至已不再是以国家宏观经济管理部门为主，企业的财务风险和经营风险也不断增大，计划经济条件下形成的会计制度和会计管理模式日益暴露其弊端和局限性：

第一，分行业、按部门和所有制形式来设计会计制度，造成会计政策、会计处理方法和会计报表体系在部门、行业和所有制之间不统一，会计信息缺乏可比性。

第二，随着跨地区、跨部门、跨行业和跨所有制的经济实体的出现和经营方式的多元化，原适用于单一部门、行业或所有制形式的各种会计制度使企业无所适从。

第三，由于我国的会计制度与国际会计准则及其他国家的会计准则差异颇大，影响了会计信息的国际交流和改革开放的深入发展，影响了吸收外商投资和国际金融组织的贷款。例如，当时我国采用增减记账法、收付记账法和借贷记账法并存制，而国际通用的记账方法为借贷记账方法；国际通行的权责发生制原则和稳健原则等，还不能作为我国所有企业会计核算的基本原则采用；我国采用以资金平衡表为主的报表体系，而国际上采用以资产负债表为主的报表体系，因此，外国会计专家、投资者和债权人看不懂中国企业的会计报表，会计商业语言不通。

第四，财政决定财务、财务和税收决定会计的制度体系，使会计缺乏其应有的独立性、规范性和科学性，使企业提供的会计信息不能真实地反映企业的财务状况和经营成果等。如，企业计提固定资产折旧时，要冲减国家投入的资金（需要作3笔分录：借记"企业管理费"等，贷记"专用基金"；借记"固定基金"，贷记"折旧"；借记"专项存款"，贷记"银行存款"）。

②1993年以后。

我国于1993年7月1日开始实施的《企业会计准则》，实现了我国会计核算模式的根本转变：

第一，改变了会计核算的管理模式，将原来的由会计法和分行业、分部门、分所有制制定的会计制度所组成的两个层次管理模式，改为主要由会计法、企业会计准则和会计制度所组成的会计核算管理模式。企业会计准则由财政部统一制定，适用于我国境内的所有企业，并且是制定会计制度的依据。当时制定和实施的会计制度，是适应市场经济环境下的分行业，包括工业企业、商品流通企业、运输（交通）企业、运输（铁路）企业、运输（民用航空）企业、邮电通讯企业、农业企业、房地产开发企业、施工企业、对外经济合作企业、旅游服务企业、金融企业、保险公司的会计制度。2000年12月29日再由13个分行业会计制度和1个《股份有限公司会计制度——会计科目和会计报表》（1998年1月27日发布）逐步统一为《企业会计制度》、《金融企业会计制度》和《中小企业会计制度》。

第二，集中规定了会计核算的一般原则。在我国《企业会计准则》中，第一次集中、全面、系统地提出了"真实性"、"相关性"、"可比性"、"一致性"、"及时性"、"明晰性"、"重要性"、"权责发生制"、"配比"、"稳健性"、"历史成本计价"、"划分收益性支出与资本性支出"共12条原则；2000年12月29日财政部颁布的《企业会计制度》，又加上"实质重于形式"原则。

第三，改变了会计核算的基本平衡公式，由过去的"资金来源＝资金占用"改为"资产＝负债＋所有者权益"。在过去高度集中的财务管理体制下，企业的产权关系单一，资金主要是由国家以财政无偿拨付或以银行有偿拨付形式提供，破产清算的可能性极小，因此负债和财务风险观念不强，没有必要严格区分债权人权益和所有者权益的界限。随着企业管理体制改革的不断深入和企业经营机制的转换，企业的产权关系日益复杂，并获得了独立法人资格，自主经营、独立核算、自负盈亏、自担风险，客观上要求在会计核算上明确区分债权人权益与所有者权益的界限，并借鉴国际惯例采用"资产＝负债＋所有者权益"的会计平衡公式，以满足外部会计报表使用者的信息要求。

第四，改革了会计报表体系。过去，会计目的主要是为国家宏观经济管理服务，满足企业主管机关、财政税务机关等政府部门的信息需要，因此当时的会计报表体系是由资金表（主要包括资金平衡表、应上交及应弥补款项情况表、固定资产和流动基金增减表）、利润表（主要包括利润表、产品销售利润明细表）和成本表（主要包括商品产品成本表、主要产品单位成本表、生产费用表、车间费用表、企业管理费表）三大类所组成。但是，当时各行业、各部门的会计报表种类、格式、项目分类、指标口径等方面往往不同。企业管理体制和经营方式改革之后，会计报表使用者除企业主管机关、财政税务机关等政府部门外，还有其他投资者、债权人和社会公众等。不同的报表使用者，对会计信息的要求是不同的，因此改革后的会计报表体系首先区分为对外会计报表和对内会计报表，其中对外会计报表主要由资产负债、利润表、利润分配表和现金流量表（或财务状况变动表）等所组成。

第五，确立了资本保全的核算要求。在过去高度集中的财务管理体制下，企业发生的盘盈盘亏净损益、报废和损毁净损失、计提固定资产折旧和财产物资因国家调价而发生的差价损益，需要在会计核算上作减少或增加企业所有者（国家）投入的资本金处理。现在，会计准则中已经确立了资本保全的核算要求，对上述情况发生的净损益、固定资产折旧额和市场价格变动的价差损益，直接计入当期损益或计入营业成本或作为未实现的销售利润处理，以明确产权关系，维护投资者和债权人的合法权益。

第六，改变产品成本核算方法，由原来的完全成本法改变为国际上通行的制造成本法。我国传统的完全成本法是一种将生产经营活动过程中发生的各种费用全部计入企业的生产经营成本的一种成本核算方法。以制造企业为例，完全成本法将产品生产过程中各种直接材料费用、直接燃料及动力费用、直接人工费用直接计入产品成本，将车间费用和企业管理费于期末分配计入产品成本。1993 年 7 月 1 日开始施行的《企业会计准则》放弃了完全成本法，采用了国际通行的制造成本法。制造成本法是将企业产品生产过程中发生的各项生产费用（这里所指的生产费用是广义的生产费用，即在产品生产过程中为生产产品所发生的一切合理费用，包括材料费、燃料及动力费、人工费、制造费用和管理费用等）分为产品费用（指应计入产品成本的费用）和期间费用。只有产品费用才计入产品制造成本，而期间费用应于发生的会计期间直接计入当期损益，不再计入产品成本。

第七，在会计政策的选择上，允许企业采用谨慎原则。1993 年 7 月 1 日之前，企业只能采用直接核销法核算应收债权的坏账损失；采用平均年限法或工作量法计提固定资产折旧。《企业会计准则》借鉴国际惯例，规定企业可以依据谨慎原则的要求，合理预计和核算可能发生的损失和费用。因此，1993 年 7 月 1 日之后，允许企业计提应收账款的坏账准备、采用加速折旧法计提固定资产折旧。1998 年 1 月 1 日实施的《股份有限公司会计制度》将谨慎原则的适用范围扩大到存货和对外投资，不仅要求企业按规定计提坏账准备，还应按规定计提短期投资跌价准备、长期投资减值准备和存货跌价准备。2001 年开始实施的《企业会计制度》进一步将计提的资产"减值准备"项目由原来的四项增加为八项（即又增加了委托贷款减值准备、固定资产减值准备、在建工程减值准备、无形资产减值准备）。

二、西方现代会计制度的产生和发展

现代会计制度最早产生于美国。

（1）20世纪30年代之前，美国实行极端放任自由的私人经济体制。当时，企业对会计事项的账务处理程序和方法，完全由企业自行选择与决定，政府不予干预，结果导致企业会计行为极不规范，会计信息不具有任何可比性。当时，虽然美国会计师协会制定了《标准化程序备忘录》，但它主要是为了满足银行审查贷款时，对企业会计报表所提出的要求制定的，对执业会计师并无约束力。

（2）1929—1933年发生空前经济危机后，人们开始认识到规范会计行为的必要性。对于30年代初发生的经济危机的根本原因，人们从不同的角度和深度进行了广泛地探讨。其中，有人将美国证券交易市场崩溃的主要原因之一，归之为企业提供了虚假的财务报告，从而导致了投资行为的失误，并由此引发了金融危机和经济危机。这一理论观点引起了社会的广泛关注，并迫使美国政府对濒临崩溃的经济进行干预，特别是加强对可能诱发投资狂热的证券交易市场的管理。因此，人们开始认识到规范企业会计行为的必要性，认为应该通过规范企业会计报告的编制程序和要求，以保证证券上市企业财务报告内容的真实性和会计信息的可比性。

（3）1938年，美国会计师协会（后改名为"美国注册会计师协会"）成立了"会计程序委员会"和"会计原则委员会"，负责向企业推荐公认会计原则和公认会计处理方法。

"会计程序委员会"后来发展成为"美国财务会计准则委员会"，负责制定和颁布财务会计准则，以指导和规范各类企业的会计行为。与此同时，各种形式的财务公司、财务会计咨询服务机构也开始大量涌现，他们与会计师事务所一起，帮助企业在会计准则的规范和指导下，建立适用于各类企业的内部财务会计制度，包括会计机构的建立、人员配备、会计核算的组织体系、会计业务的处理方法和程序等。

（4）在美国制定了会计准则和企业内部会计制度之后，其他一些经济发达的国家也先后制定和颁布了适应本国实际情况的会计准则（如英国的《会计准则推荐书》、德国的《体系化簿记的各种原则》、日本的《企业会计准则》等），以及与此相配合的企业内部会计制度，以指导和规范本国企业的会计行为。

　　各国实践证明：为了使会计工作真正发挥其职能，必须建立科学的、适合本国国情和各类企业生产经营特点、管理要求的会计法规体系。否则，会计管理工作将无从着手、无据可依、无章可循，不能充分发挥会计对生产经营活动的反映和控制职能，也就不可能为有关会计报表使用者对企业经济前景和经营业绩进行预测、决策、分析、评价等项工作提供有用的信息。

　　（5）21世纪初连续发生的安然会计事件、施乐会计事件和世通会计事件等，引发了人们对目前实施的会计法规体系的重新思考，人们认为复杂的以规范为基础的会计准则，为造假行为留下了较多的漏洞和条件。比如，美国的会计准则达4 500页之多，缺乏简明、准确、一致和可理解性，且往往忽视了会计核算的总体原则。因此，一方面只有少数专家才能掌握这些规定，另一方面投资者很难从财务报告中分析企业的财务状况、经营成果和现金流量情况。美国证券交易委员会首席会计师罗伯特·赫德曼指出，复杂的规则可能会鼓励诈骗而非制止诈骗，因为太复杂反而易找漏洞。据说，美国国会已责成有关部门研究制定以原则为基础的会计准则，只设定公司必须遵守的大原则而非细则。

第三节　企业会计制度设计的目标、对象和内容

一、企业会计制度设计的目标

　　企业会计制度设计的目标是保证及时提供高质量的会计信息，有效达成企业财务会计之目的和企业内部会计控制之目的。

　　企业财务会计的目的是向报表使用者提供对其决策有用的信息或单位受托责任的履行情况的信息。企业内部会计控制的基本目的主要有三个，即规范会计行为，保证会计资料的真实和完整；及时发现、纠正和防止错弊，保护资产的安全与完整；确保法律、法规和规章制度的贯彻执行。显然，要实现这些目的，企业必须建立和健全会计制度；并且，要求会计人员熟悉会计制度及相关的法律、法规和会计准则，并具有较强的专业能力，确保会计制度的有效实施。企业如果没有会计制度或会计制度不健全，就不能确保其提供的会计信息质量，就可能使会计报表使用者的决策失误，甚至导致社会经济秩序混乱。

　　因此，建立和健全企业会计制度，有利于促使企业财务会计目的和内部会计控制目的的有效达成。设计比较完善的、具有较强针对性和可操作性的会计制度，是实现企业财务会计目的和内部会计控制目的的必要条件，但不是充分条件。

二、企业会计制度设计的对象和内容

企业会计制度设计的对象是会计工作的行为规范之内容。会计制度设计学就是关于如何设置会计机构，如何规范会计信息处理系统，以保证会计信息质量和加强企业内部会计控制的一门应用科学。本章第一节"会计制度的概念"中已经列示了企业会计制度的十项主要内容。因此，会计制度设计之主要内容可概括为以下四个方面：

1. 建立和完善企业内部会计管理体制

企业内部会计管理体制规定企业内部各项会计行为的运行方式，确定企业内部各级、各部门之间的会计信息处理和管理之关系。设计企业内部会计管理体制时，必须将其与企业生产经营特点、规模大小、管理要求和会计工作基础状况相适应。

通常，企业内部会计管理体制大体可分为以下两种方式：

（1）集中会计信息处理方式。

集中会计信息处理方式是指企业会计信息的处理主要集中于企业会计部门（或总公司、总厂的会计管理部门），由企业会计部门统一进行记账、算账和报账，统一核算业务成本和盈亏；二级单位和其他部门一般只负责管理、登记所使用的各项财产物资，记录直接开支的费用，不单独核算业务成本和盈亏，不单独编制内部会计报表。

它主要适用于规模不大、会计信息处理比较简单的小型企业。

（2）分级会计信息处理方式。

分级会计信息处理方式是指企业会计信息的处理的一部分基础工作分散于企业二级单位（如分公司、分厂、车间等），二级单位或其他部门不仅负责管理、登记所使用的各项财产物资，记录直接开支的费用，而且按内部成本或收益核算要求单独核算其业务成本，甚至需要单独计算盈亏，单独编制内部会计报表。这时，企业内部各单位之间的经济往来，通常需要按内部价格进行计价结算。企业会计部门（或总公司、总厂的会计管理部门）主要负责二级单位和其他部门核算内容以外的各项经济业务的会计信息处理工作，并根据其核算资料与二级单位、其他部门上报的内部会计报表进行汇总，计算整个企业的业务成本和盈亏，编制整个企业的会计报表。同时，企业会计部门（或总公司、总厂的会计管理部门）还负责整个企业的会计信息处理的指导、分析和会计监控工作。

它主要适用于规模较大、会计信息处理比较复杂并需要建立企业内部经济核算制的大中型企业。

2. 建立和健全企业内部会计机构，合理配备会计人员

科学设置企业内部会计机构，合理配备会计人员是加强企业会计管理、保证企业各项会计工作顺利进行、实现企业会计目标的前提条件。

企业内部会计机构的设置是整个社会会计管理体制的重要组成部门。从全国范围来说，会计机构的设置包括各级政府会计管理机构的设置、财政总预算会计机构的设置、企事业单位会计机构的设置等。由于不同范围、不同单位的会计信息处理特点和管理要求存在着较大差异，其会计机构的设置要求和结果往往是不同的。

企业内部会计人员的配备，应该按精简、高效的要求进行。设计内容包括会计人员的数量、各类会计人员的素质要求、会计岗位责任制、会计人员的职责权限、会计人员的职责分工与协调方式及会计人员的职业道德等。

企业内部会计机构的设置、会计人员的配备，必须与企业的生产经营类型、规模大小、业务繁简、企业组织形式和管理要求等相适应，明确其职权、责任和具体工作内容，防止岗位重叠、人浮于事，并创造高效率的工作环境。

3. 建立和健全企业内部会计信息处理系统，保证会计信息质量

企业内部会计制度设计的重要内容之一就是明确会计信息的处理程序、方法和要求，并使之规范化、制度化。其设计内容包括财务会计信息的收集、确认与计量、整理、加工处理、输出等的程序、方法及其处理规则。

在设计会计信息处理系统时，首先应明确和规范原始凭证、记账凭证、会计账簿、会计报表的种类、内容、格式、工作程序、处理规则、相互之间的勾稽关系等，使之成为一个有机整体。

财务会计信息的确认设计，是保证财务会计信息客观真实、准确的基础环节，包括通过对财务会计信息的判断与鉴别，从性质上加以确认；通过对相关数据的复核与计算，从数量上加以确认。

财务会计信息的计量设计主要包括两方面的内容：第一，计量方式的设计，明确是采用货币计量模式、实物计量模式，还是采用时间计量模式，或者采用双重计量模式；第二，计量方法与计量手段的设计，应确保入账金额和结转金额的合法、合规、合理和会计信息流的公允性。如确定增加和减少存货、固定资产和无形资产等的计价方法，确定各种费用的归集与分配方法、业务成本的计算方法、各项资产期末计价方法等。

4. 建立和健全企业内部会计控制系统，确保有关法律、法规和规章制度的有效实施

内部会计控制是指各单位为了提高会计信息质量，保护资产的安全、完

整，确保有关法律法规和规章制度的贯彻执行而制定和实施的一系列控制方法、措施和程序。内部会计控制是财务治理和公司治理的基础，各单位应站在公司治理高度建立内部会计控制，应以财务治理为核心健全公司治理，并建立内部会计控制与财务治理的相机控制机制，综合运用内部会计控制、财务治理与公司治理，切实提高单位的经营管理水平和会计信息质量。内部会计控制设计的主要内容包括：货币资金业务的内部会计控制、工资业务的内部会计控制、固定资产业务的内部会计控制、存货业务的内部会计控制、采购与付款业务的内部会计控制、成本费用的内部会计控制、销售与收款业务的内部会计控制、投资与筹资业务的内部会计控制、担保业务的内部会计控制、工程项目的内部会计控制和电算化会计信息系统的内部会计控制等。

第四节　企业内部会计制度设计的必要性和基本原则

一、企业内部会计制度设计的必要性

企业内部会计制度设计是以企业、企业集团或企业内部某单位为会计主体，以企业会计准则和相关法律、法规和规章制度为依据，将其会计组织机构、人员配备、会计业务处理程序、会计报告和会计内部控制等加以规范化、制度化，以便指导和管理企业各项会计工作的过程。

长期以来，由计划经济会计管理体制传袭下来的习惯，人们普遍认为会计制度设计是财政部等各级政府主管部门的事情，企业无须自行设计会计制度。

随着我国社会主义市场经济体制的不断完善，企业的投资主体和经营方向日趋多元化，跨部门、跨行业、跨地区甚至跨国家的经营实体不断出现，独资企业、合伙企业、有限责任公司、股份有限公司等企业形式日益增多（甚至在不久的将来可能出现有限合伙企业或两合公司），国有企业、集体企业、股份合作企业、中外合资企业、中外合作企业、外资企业和私营企业共同发展的格局已经形成，在这种情况下，需要企业根据会计法和企业会计准则的有关规则，结合自身生产经营的具体特点和管理要求自行设计适合本企业的会计制度。从会计制度管理体制的发展趋势来看，由财政部或企业主管部门制定统一的会计制度的集中管理模式，将逐步向企业在会计法和会计准则的规则下自行设计会计制度的自我管理模式转变之趋势已日渐明显。但是，作为一种过渡形式，财政部和某些行业主管部门于1992年12月31日起，还逐步颁布了13个分行业的会计制度，并于2000年12月29日起逐步将分行业的会计制度和

《股份有限公司会计制度》统一为企业会计制度、小规模企业会计制度和金融保险企业会计制度。由此可见，会计制度设计已不再单纯是政府主管部门或行业主管部门的工作，将逐步成为每个会计主体加强会计管理、规范会计工作、保证会计信息质量和提高企业经济效益的内在要求和任务。

同时，我们还应该看到，建立和健全企业内部会计制度是建立和完善现代企业制度的重要条件。现代企业制度的特点就是产权清晰、权责明确、政企分开和管理现代化，所有这些都离不开科学、合理、有效的企业内部会计制度。

因此，社会和企业应该重视会计制度的设计与修订工作。在有条件的大中型企业，应该指定有关岗位和人员具体负责企业的会计制度的设计工作；在小型企业，可委托会计师事务所、财务会计咨询公司或会计专家协助设计会计制度。

二、企业会计制度设计的原则

企业会计制度是现代企业制度的一项重要组成内容，其质量水平直接影响到会计目标的实现和会计职能的发挥。因此，设计会计制度时应该遵循以下几项基本原则：

1. 合法合规性原则

它要求企业会计制度必须符合国家有关法律、法规和政策，必须与会计法、会计准则的有关规定一致。其中，会计准则是设计会计核算制度和组织会计核算工作的重要依据和基本的规范性要求。

会计准则包括基本准则和具体准则等。会计基本准则包括会计假设、会计核算的一般原则、会计要素和会计报告准则。会计具体准则是会计实务处理的一般规范。

会计准则主要规范企业有关会计事项的确认、计量和报告，以及一些重大的必须加以规范的会计政策。会计准则一般不涉及会计组织机构的设计、会计科目的设计、会计凭证和会计账簿的设计、会计事务的处理程序和处理方法设计以及内部会计控制制度的设计等。因此，需要通过企业内部会计制度的设计予以补充和完善。

此外，在目前国家仍然实施统一企业会计制度的情况下，企业设计的内部会计制度还必须符合国家统一会计制度的有关规定和要求。

2. 确保会计信息质量原则

保证高质量的会计信息是会计制度设计的基本要求。确保会计信息质量原则又包括相关性原则、可靠性原则、可比性原则和重要性原则等。

（1）相关性原则。

它要求企业会计制度必须确保企业会计信息形成机制的完整性和有效性，为会计报告使用者及时提供对其决策有用的信息。这里的"相关性"是指企业所提供的会计信息与会计报表使用者的决策需要相关，即会计信息的决策有用性。因此，企业提供的会计信息必须及时并具有预测价值和反馈价值等特征，能够满足会计报告使用者进行相关决策的需要。

企业会计信息的使用者可分为外部会计信息使用者和内部会计信息使用者两类。外部会计信息使用者主要包括政府财政部门、税务部门、工商行政管理部门、证券监管部门、政府审计部门、投资者、民间会计师事务所、银行和其他债权人等；内部会计信息使用者主要包括企业的各层经营管理人员和有关职工等。因此，提供与会计报告使用者决策相关的高质量的会计信息是企业会计制度设计的基本要求。

（2）可靠性原则。

它要求企业会计制度必须充分考虑会计信息能够真实、客观、完整地反映企业的经营状况的要求，并具有可验证性。会计人员按照会计制度规定的程序和方法进行核算后，所得的会计信息能够恰当、公允地反映企业的财务状况、经营成果和现金流量等情况，没有歪曲或掩饰，不抱偏见。

（3）可比性原则。

它要求会计制度设计必须充分考虑同类企业会计信息的横向可比性和企业上下各期会计信息的纵向可比性的要求。因此，企业会计制度规定的会计核算程序和方法必须符合会计准则和国家统一会计制度的有关规定和要求，使同类企业会计指标口径一致，相互可比；而且，会计制度必须明确规定会计处理方法前后各期应当一致，不得随意变更；若确有必要变更，应当将变更的情况、变更的原因及其对企业财务状况和经营成果的影响，在财务报告附注中加以披露。

（4）重要性原则。

它要求企业会计制度设计必须充分考虑会计信息对会计报告使用者决策的影响程度，对于重要的经济业务应当单独核算，详细反映；对于次要的经济业务应当简化核算，总括反映。

3. 针对性原则

它要求企业会计制度必须能够适应其自身的生产经营规模、特点和管理要求，以保证企业会计管理工作有规可循，有章可依。正是由于针对性原则的要求，尽管财政部已经制定和颁布了国家统一的企业会计制度，许多现代企业还制定和实施了其内部会计制度，结合其生产经营规模、特点和管理要求将国家统一企业会计制度予以具体化、明确各项要求的实施细则、建立有关会计工作的岗位责任制和内部会计控制制度等。

4. 内部控制性原则

它要求企业会计制度必须具有一套有效的内部会计控制系统，将有关内部控制方法、措施和程序恰当地设置在会计组织机构、会计核算程序和会计报告之中，以便及时有效地查错防弊。企业内部会计控制制度是为了提高会计信息质量，保护资产的安全与完整，确保有关法律、法规、规章制度的贯彻执行等而制定和实施的一系列的控制方法、措施和程序，包括职务分离控制、授权批准控制、文件记录控制、财产保全控制、业绩报告控制、人员素质控制和内部审计控制等。其基本目标包括规范会计行为，保证会计资料真实完整；及时发现、纠正和防止错弊，保护资产的安全与完整；确保法律、法规、规章制度的贯彻执行。因此，在设计企业会计制度时，必须对企业会计组织机构、会计核算程序和会计报告等关键性环节，设置必要的具有预防性功能和自查自纠性功能的内部控制方法、措施和程序。也就是说，在会计信息的输入、处理和输出过程中，均有相应的事先控制措施予以检查，预防错弊；同时，在预防措施失效时，能在会计信息的处理过程中及时发现错弊，并能按规定和要求予以纠正。

单位负责人应对本单位内部会计控制的建立、健全和有效实施负责。

5. 经济性原则

它要求企业会计制度必须以提高企业的经济效益、维护企业持续、稳定发展为中心。因此，应该通过建立与完善其经济核算制，调动企业各方的生产经营、技术开发与研究等方面的积极性和创新精神，促进企业合理地增收节支、增源节流，并在妥善处理好企业相关利益者的经济利益关系的基础上，实现企业价值最大化。同时，由于任何制度的制定和实施，都要发生制定成本和运行成本，因此还应注意会计制度的制定、运行成本与其带来的利益之间的比较，使企业会计制度的设计符合成本效益原则的要求。

6. 合理性原则

它要求企业的会计制度既要符合现代会计理论，又要适应会计主体的具体情况和要求，有利于会计工作和企业生产经营活动的顺利展开；既要有利于加强企业的经营管理和内部控制，又要尽可能地简便易行，提高工作效率；既要满足企业会计工作的当前需要，又要满足企业会计工作未来发展的需要。企业会计制度的设计，不能搞形式主义、教条主义或照搬其他企业的做法，应该切合实际情况，合理可行。

7. 统一性原则

它要求企业会计制度必须在会计主体范围内统一，无论会计主体的机构多么复杂或分散，对性质相同或相似的经济业务的会计处理方法应力求一致，以便会计资料的汇总与分析。如果会计主体下属分公司或分厂，对某些会计事项的处理方法与总公司或总厂不一致，应于编制会计报表时予以调整，以保证企业会计信息的有用性。

8. 弹性原则

它要求企业会计制度必须具有一定的弹性，当企业发生会计事项变更或会计业务范围变化时，不至于变更整个企业会计制度的基本框架。当然，弹性也不宜过大，否则可能会增加企业的会计管理成本，影响会计信息质量。

9. 相对稳定性原则

它要求企业会计制度必须在一定时期内保持相对稳定，不能朝令夕改。会计制度是会计人员的职业行为规范，如果其内容和要求朝三暮四，既会影响其严肃性，又会使会计人员无所适从。为了确保企业会计制度内容和要求的相对稳定性，设计企业会计制度时，既要注意其科学性、完整性和有效性，又要对未来可能出现的新情况（如经济业务、机构设置和核算要求等发生变化）进行深入地调查和研究，并反映在拟定的会计制度之中。此外，还应使制度规定的核算内容明确、指标口径一致，使不同时期的会计制度保持一致。

但是，由于企业会计制度的设计，必然受当时国家的企业管理体制等外部环境因素、企业治理结构状况等内部环境因素和人们的有限理性的限制，许多会计制度的内容迟早都会过时或不适应会计工作的新环境和要求，因此必须及时予以修改。

第五节　我国的会计法规体系

会计法规体系是指由国家权力机关或其他授权机构制定的，用来规范会计核算实务、会计基础工作、会计主体和相关会计人员职责等规范性文件的总和。它们是企业设计其内部会计制度的主要依据，并构成了我国会计从业人员必须遵守的职业纪律。任何企业内部会计制度都必须严格遵循会计法规的规定和要求，不得与此相违背。因此，会计制度设计者、会计工作的管理人员和从事具体工作的会计人员，必须熟悉我国会计法规体系的各项相关规则和要求。

改革开放至今，我国的会计法规体系建设取得了令人瞩目的成果，基本形成了以《会计法》为主体的比较完整的会计法规体系。

从纵向上看，我国会计法规体系主要包括以下三个层次和内容：

第一，全国人大制定的会计基本法即《会计法》。它是制定其他会计法规的依据，也是指导我国会计工作的最高准则。《会计法》由全国人民代表大会常务委员会制定，以国家主席的命令颁布。它主要规定了会计工作的基本目的、会计管理权限、会计责任主体、会计核算和会计监督的基本要求、会计人员和会计机构的职责权限，并对会计法律责任作出了详细规定。该法要求企业根据实际发生的经济业务事项，按照规定确认、计量和记录资产、负债、所有者权益、收入、费用、成本和利润。同时还对企业发生的会计信息失真作了禁止性规定。

第二，国务院颁布或批准的会计工作的行政法规。它主要包括《企业财务会计报告条例》、《总会计师条例》、《会计专业职务试行条例》等。《企业财务会计报告条例》是对《会计法》中有关财务会计报告规定的细化。该条例要求企业负责人对本企业的财务会计报告的真实性和完整性负责；强调任何组织或者个人不得授意、指使、强令企业编制和对外提供虚假的或者隐瞒重要事实的财务会计报告；规定有关部门或机构必须依据法律法规，取得企业财务会计报告。条例还对违法违规行为应承担的法律责任作了明确规定。《总会计师条例》、《会计专业职务试行条例》都是对《会计法》中有关规定的细化和补充。

第三，财政部颁布的及其与其他部委联合颁布的各项会计规章制度。它主要包括《企业会计准则》、《企业会计制度》、《金融企业会计制度》、《小企业会计制度》、《事业单位会计准则》、《财政总预算会计制度》、《行政单位会计制度》、《事业单位会计制度》、《会计基础工作规范》，以及《国有企业试行破产有关会计处理问题暂行规定》、《企业兼并有关会计处理问题暂行规定》、《企业商品期货业务会计处理暂行规定》、《企业所得税会计处理暂行规定》等。它们是根据《会计法》和《企业财务会计报告条例》等制定的用于规范企业、事业、机关等单位会计核算的标准。

会计准则是企业、事业等单位组织会计核算，进行有关事项的确认、计量、记录和披露应遵循的基本假设、一般原则、具体方法和有关概念的总和。《企业会计准则》是由基本准则、具体准则和具体准则指南三个层次构成的。基本准则是进行会计核算工作必须共同遵守的基本要求，体现了会计核算的基本规律，由会计核算的前提条件、一般原则、会计要素准则和会计报表准则组成，是对会计核算要求所作的原则性规定，具有覆盖面广、概括性强等特点。具体准则是根据基本准则的要求，对经济业务的会计处理作出具体规定的原则。到目前为止，我国已制定公布了企业基本准则和16项具体准则。

国家统一的企业会计制度与会计准则一样，都是国家统一的会计核算制度的组成部分，均属于具有行政法规性的规范性文件，对会计要素的确认、计量、披露或报告等作出规定，由财政部制定并公布。但是，两者之间却存在着若干重大差别：首先，适用范围有所不同，如企业具体会计准则大多只适用于股份有限公司，有些也适用于其他企业。企业会计制度适用于在中华人民共和国境内设立的所有企业。其次，国家统一的企业会计制度详细具体，不仅包括会计核算前提，核算的基本原则和会计要素的确认、计量规则，而且还包括会计科目体系、各科目的核算内容和使用说明，会计报告的编制规则和要求等，它涵盖企业全部经济业务。凡属于纳入《企业会计制度》适用范围的企业，其发生的各种经济业务的会计处理，均可以从企业会计制度中找到执行的标准；而会计准则对会计要素的确认、计量、披露或报告方面只是作了一些原则性的规定，提出了一些原则性的要求。其中，具体会计准则只就企业的某项业务或某一方面核算内容作出规定。

此外，各地方人大或地方政府也可以根据具体情况和要求，在遵守会计法、会计准则和国家统一会计制度的前提下，制定一些地区性的会计规章制度或实施细则。

我国会计法规体系可用图 1-1 表示。

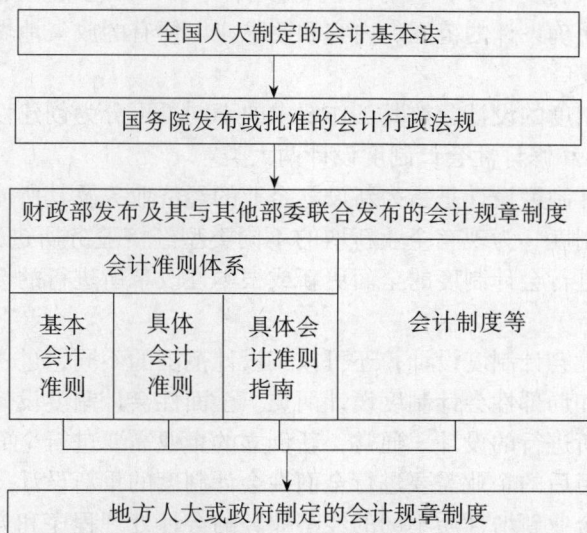

图 1-1　中国会计法规体系

从横向上看，我国会计法规体系包括以下四个方面的内容：

第一，会计核算方面的法规和制度。如《企业会计准则》、《企业会计制度》等。

第二，会计监督方面的法规和制度。如《财政部门实施会计监督办法》以及《会计法》（第四部分）、《会计基础工作规范》（第四部分）。

第三，会计机构和会计人员方面的法规和制度。如《会计法》中的"会计机构和会计人员"（第五章）、《会计基础工作规范》中的"会计机构和会计人员"（第二章）、《总会计师条例》、《会计从业资格管理办法》等。

第四，会计工作的管理方面的法规和制度。如《会计档案管理办法》、《会计电算化管理办法》等。

第六节　企业会计制度设计的基本程序

企业会计制度的设计是一项复杂的工作，一般可按下列四个步骤进行：

1. 准备阶段

在企业会计制度设计的准备阶段，主要工作包括以下三项：

（1）确定企业会计制度的设计范围与要求。

不同的会计制度设计，具有不同的设计要求。在进行企业会计制度设计时，应该首先明确设计的范围、内容和要求，以便有的放矢地做好设计的准备工作。

企业会计制度的设计，按其工作要求的不同，可分为创建性会计制度设计（或重新设计）和修订性会计制度设计两大类。

创建性会计制度设计是指为新设立企业的经济业务及其所体现的资金运动设计整套会计制度，为现有企业新增的不同类型经济业务所进行的补充设计，以及由于企业进行会计制度的全面更新或根本性改革所进行的会计制度的重新设计（即再设计）。

对于创建性会计制度设计，还可按其设计范围的不同，进一步分为全面性会计制度设计和局部性会计制度设计两类。全面性会计制度设计是指为企业的全部经济业务所进行的设计。通常，新创立的企业需要进行全面性会计制度设计；合并、改组后的企业需要进行全面性会计制度的重新设计。局部性会计制度设计是指对企业新增性质不同的经济业务的会计处理程序和方法等所进行的设计。通常，开始实施多元化经营的企业就需要进行局部性会计制度的设计。

修订性会计制度设计是指对原有的会计制度进行全面性或局部性修改时所进行的设计。由于企业的生产经营规模、特点和管理要求，经常处于不断变化之中，经过一定时期后现有会计制度的某些内容可能逐步变得过时或不切实际，因此不得不进行必要的修订。

（2）合理配备设计人员。

企业会计制度设计可以采取自行设计方式，也可以采取委托设计方式。企业自行设计会计制度时，既要吸收会计人员参加，也要吸收其他业务和技术部门的有关管理人员参加。委托外单位（会计师事务所、会计咨询公司或高等院校）或有关专家设计会计制度时，本企业的有关会计人员和其他管理人员也应参与其中。

无论是自行设计还是委托设计，会计制度设计人员必须具有丰富的理论知识、业务素质和思想品质。参与设计的人员，必须通晓会计理论、会计和经济管理知识；熟悉会计法、企业会计准则、国家统一的企业会计制度、公司法、税法等相关法规制度；具有一定的会计工作经验或企业会计制度设计经验，非常了解企业会计实务中的一般会计处理程序、方法和要求；对本企业的主要业务流程、特点和管理要求有比较全面的了解；工作踏实细心、责任感强。

（3）科学安排设计工作进度和编制设计工作日程表。

由于企业会计制度设计是一项非常复杂的、系统性很强的工作，容易出现重复、遗漏、矛盾和不切实际等问题，因此在设计的准备阶段应根据设计内容、规律和要求，拟定设计大纲，安排设计工作的进度，并认真编制"会计制度设计工作日程表"。

在"会计制度设计工作日程表"中，应列示每一项设计内容、完成的时间和先后顺序。在时间的安排上，既要力求节约，尽快完成设计任务，又要考虑周密，留有一定的余地，保证会计制度的设计质量，使所设计的会计制度切合实际并行之有效。

通常，一项全面性的企业内部会计制度的设计，需要 3~4 个月；一项局部性企业会计制度的重新设计，也需要 1~2 个月。

本章第七节案例 1 是 1993 年某会计师事务所为华景公司进行全面性会计制度再设计时所拟定的设计顺序、内容和要求的简单案例。华景公司是一个以制造业为主的跨行业经营的大型国有企业。1993 年我国会计制度改革前，华景公司执行当时财政部颁布的《国营工业企业会计制度》（1989 年 4 月颁布，仍属于计划经济模式），从 1993 年 7 月 1 日开始需要执行新的分行业的《工业企业会计制度》，因此进行全面性会计制度再设计。

2. 调查分析阶段

在撰写会计制度之前，应根据会计制度设计的范围和内容对企业有关经营和管理活动进行充分地调查与分析，全面了解与设计工作有关的经济业务与管理要求。

调查分析的主要内容包括：企业生产经营的基本概况；企业各项有关经营管理制度（包括会计制度）的现状及其实施情况；各类经济业务的会计处理程序和方法；各生产经营部门和管理人员对设计的要求；现行有关法律、法规和政府规章制度等。

本章第七节案例2是1993年华景公司委托某会计师事务所进行全面性会计制度再设计的调查案例。

3．撰写会计制度初稿阶段

在撰写会计制度时，应根据"会计制度设计工作日程表"、调查分析的结果与设计要求，先初步拟定企业会计制度的总体框架，如会计科目体系、成本计算方法、会计核算组织程序、需要采取内部控制制度的环节和业务、会计机构和会计岗位的设置及其职责分工的基本框架等，然后由有关设计人员按时分工完成。在撰写过程中，有关人员应保持联系与交流，以提高设计工作效率。

4．修改、试行与定稿阶段

在企业会计制度初稿中，通常会出现重复、遗漏、矛盾和不切实际等问题，因此需要修改和试行。常见问题包括：

（1）某些会计制度过于简单，不能充分提供管理上所需的信息；另一些会计制度过于烦琐，费时费工，在会计实务中缺乏可操作性或所提供的会计信息过细，没有必要。

（2）某些关键环节的内部控制制度力度不够，存在漏洞；另一些非关键环节的内部控制制度过严，影响工作效率。

（3）某些经济业务的会计制度内容重复；另一些经济业务的会计制度被遗漏了。

为了确保会计制度的可行性和质量，经过多次修改的会计制度，还应经过一段时间的试行，以便在实践中检验其可靠性和有效性，并在广泛听取包括会计人员在内的多方面的意见后，进行最后修订，然后定稿并正式施行。

第七节　案例及其点评

案例1　华景公司内部会计制度的设计顺序、内容和要求

表 1 - 1   企业内部会计制度的设计顺序、内容和要求

委托单位：华景公司   编制日期：1993 年 3 月 15 日

序号	项　　目	设计内容和要求
1	总则	(1) 制定内部会计制度的目的、依据和适用范围 (2) 企业会计核算的一般性规则 (3) 记账方法和记账本位币 (4) 会计档案的建立与保管
2	会计机构和 岗位职责	(1) 会计机构的设置和各机构的权责范围 (2) 会计岗位的分工和各岗位的责任制度 (3) 会计人员的配备标准和方法
3	会计科目	(1) 会计科目体系 (2) 会计科目的分类、排列和编号 (3) 各会计科目的核算内容和使用说明
4	会计凭证	(1) 会计凭证的种类和格式 (2) 取得或填制、审核、传递凭证的程序和规则 (3) 各种凭证的填制说明
5	会计账簿	(1) 会计账簿的种类 (2) 各种会计账簿的格式 (3) 设置和登记账簿的程序和规则 (4) 会计账簿体系及其勾稽关系的说明
6	会计核算 组织程序	用流程图表示
7	定期结账工作	(1) 会计期间的起讫日期 (2) 结账的程序、规则和时间安排（用网络图表示） (3) 结账前的账项调整内容 (4) 成本和损益账户的具体结账方法
8	会计报表	(1) 会计报表的种类和格式 (2) 会计报表体系及其勾稽关系 (3) 编制会计报表的方法和要求
9	货币资金业务 处理程序和规则	(1) 货币资金业务处理程序 (2) 货币资金业务处理规则
10	工资业务处理 程序和规则	(1) 工资业务处理程序 (2) 工资业务处理规则

（续上表）

序号	项　目	设计内容和要求
11	固定资产业务处理程序和规则	（1）固定资产业务处理程序 （2）固定资产业务处理规则
12	存货业务处理程序和规则	（1）存货业务处理程序 （2）存货业务处理规则
13	采购和付款业务处理程序和规则	（1）采购和付款业务处理程序 （2）采购和付款业务处理规则
14	成本计算业务程序和规则	（1）成本计算方法、成本项目和业务处理程序 （2）成本计算业务处理规则
15	销售和收款业务处理程序和规则	（1）销售和收款业务处理程序 （2）销售和收款业务处理规则
16	对外投资业务处理程序和规则	（1）对外投资业务处理程序 （2）对外投资业务处理规则
17	筹资业务处理程序和规则	（1）筹资业务处理程序 （2）筹资业务处理规则
18	电算化业务处理程序和规则	（1）电算化业务处理程序 （2）电算化业务处理规则
19	附则	（1）制度的颁布及修订程序 （2）制度解释权的归属 （3）制度实施日期
20	附录	各类经济业务的分录举例

案例点评

（1）本案例是一个比较完整的全面性会计制度再设计，所费时间和设计成本较高，且对设计者的素质要求较高。

（2）并不是所有特定企业会计制度的设计都必须包括以上内容和要求，企业内部会计制度设计者应根据其实际情况和管理要求，进行适当的增加、减少或调整，并分别就人工记账与电脑处理的不同资料流程进行设计。企业内部会计制度的设计顺序、内容和要求没有固定模式。

（3）各企业的内部会计制度的内容，即使同属一个行业也可以有所不同，甚至可以相差很大。但是，任何一个企业内部会计制度，至少应该包括会计科目、会计凭证、会计账簿、会计报表和会计核算组织程序（或会计账务处理程序）五项内容。其中，前四项是企业内部会计制度的核心（即建账部分），并通过第五项（会计核算组织程序）将它们联结成一个体系。在实际工作中，作为书面的企业会计制度可能更简单一些，但是也至少应包括会计科目（会计科目体系、分类、排列和编号，各科目的核算内容和使用说明）和会计报表（会计报表的种类和格式，会计报表编制方法和要求等）两方面的内容。其实，1993 年会计制度改革以前的会计制度和 1993 年的分行业的会计制度，基本上都只是会计科目和会计报表制度。

（4）进行会计制度设计时，还应考虑在不同的会计核算组织程序下会计凭证和会计账簿的不同流程和要求。

案例 2　华景公司会计制度设计调查情况汇总表

表 1－2　　　　　　　　　　企业内部会计制度设计调查情况汇总表

调查日期：＿＿＿＿＿＿

调 查 项 目	调查结果（评价及说明）
一、企业生产经营的基本概况	
企业名称	华景公司
企业性质	国有企业
主营业务所属行业	制造行业
主营业务生产组织的特点	大量生产
主营业务工艺过程的特点	单步骤生产
其他业务所属行业	商品流通行业
企业规模	大型企业
企业的组织机构	（略）
产品销售方式	经销、零售
主营业务市场占有率	（略）
材料供应渠道	（略）
采购方式	（略）
税款交纳方式	（略）
二、企业有关经营管理和会计制度	
各部门的职责分工	（略）（权责基本明确，且有效）
收支列账基础	权责发生制
各种会计报表的编制期限	（略）
原会计科目表及其分录举例	（略）

账户的排列顺序	（略）（与编制报表时的项目顺序相同）
会计凭证	（略）（种类和格式）
序时账簿	（略）（格式和登账规则）
分类账簿	（略）（格式和登账规则）
备查账簿	（略）（格式和登账要求）

货币资金处理规则及要求

1. 每日收入的现金均要求当天悉数存入银行
2. 只有总部财务部门可以开具支票提现
3. 支票的签发至少需要经过 2 人办理
4. 将支票送主管签章时，需附记账凭证和原始凭证
5. 款项收付后，能够随即加盖出纳戳记
6. 每日编报现金、银行存款收支存日报表
7. 实行备用金制度，且备用金的支付有限额控制
8. 现金、银行存款日记账均逐日逐笔登记
9. 每旬与银行对账单核对一次，并编制银行存款余额调节表

应收账款处理规则及要求

1. 赊销客户的信用调查及核准，由销售部办理
2. 赊销限额由销售部经理或主管副总经理决定
3. 坏账的冲销需经审计部核准，冲销后仍要求销售员继续催收
4. 每月结账前，需将总账与其明细账核对一次
5. 每月结账后，将应收账款的账单定期寄往客户
6. 到期未收回的货款有专人负责检查和催收
7. 按产品、推销员和销售地区进行销售分析
8. 其明细账有时登记不及时，暂用发票副联代替
9. 以发票副联代替销货登记簿

应付账款处理规则及要求

1. 大额采购按核准、办理、会计、验收、运输进行部门职责划分
2. 采购通常是集中办理的
3. 由收料部填制收料单，要求连续编号并将副联直接送会计部
4. 发现验收短少、损毁能够按有关规定进行处理
5. 有专人核对运费单据、订货单、收料单和购货发票
6. 每月结账前，需将总账与其明细账核对一次

存货处理规则及要求

1. 采用永续盘存制进行存货的管理
2. 发出存货的计价方法：先进先出法
3. 所有存货均由仓库管理员保管
4. 除仓库管理人员外，其他人员非经允许均不得进入仓库
5. 仓库已采用了适当的防盗措施
6. 厂内仓库仅凭领料单和发货单发料
7. 厂内仓库制定了退料办法，该制度得到了有效执行
8. 企业制定了销货退回办法，该制度得到了有效执行
9. 厂外仓库的存货和寄销商品均有适当的管理办法
10. 永续盘存记录与实物每隔 4 个月核对一次
11. 存货盘盈盘亏净损益，经部门经理书面核准后才能作账务处理
12. 已销未出库存货与企业存货分别存放

固定资产处理规则及要求

1. 每年将固定资产总账与其明细账核对一次
2. 每年将固定资产明细账记录与实物核对一次
3. 公司固定资产的资本性支出均已记入固定资产账户
4. 企业制定了固定资产的实物管理办法，并得到了有效执行
5. 企业制定了固定资产清理、报废管理办法，并得到了有效执行
6. 固定资产类别（略）
7. 固定资产折旧方法：平均年限法
8. 固定资产大修理费用采用"预提法"核算

工资处理规则及要求

1. 公司针对不同的工种，分别采用月薪计时工资制和计件工资制
2. 每月 15 日，采用付现形式支付职工工资
3. 计时工资和计件工资的计算办法（略）
4. 计算工资的依据：考勤记录、产量及生产工时记录和有关文件
5. 由车间和职能部门填制工资结算表，经审核后交会计部汇总

	6. 会计部填制工资结算汇总表后，需要经过总会计师审核
	7. 主要通过打卡机进行考勤记录，并由人力资源部负责管理
	8. 职工外出工作由部门主管记录，并由人力资源部核对
	9. 职工工资的代扣款项包括：水电费、房租和工会会费
成本计算处理规则及要求	1. 采用品种法核算产品成本
	2. 成本项目包括：原材料、燃料及动力、工资福利费、制造费用
	3. 间接费用的分配方法和标准（略）
	4. 发出产成品的计价方法：先进先出法
	5. 产品销售成本的计算公式（略）
	6. 产品名称（略）
	7. 主要原材料（略）
	8. 辅助材料占材料成本的比重（略）
	9. 产品生产和销售无季节性
	10. 实际成本考核的标准：计划成本
预算管理规定	1. 预算内容：业务预算、资本预算、筹资预算和财务预算
	2. 业务预算的构成和编制依据（略）
	3. 资本预算的构成和编制依据（略）
	4. 筹资预算的构成和编制依据（略）
	5. 财务预算的构成和编制依据（略）
	6. 财务预算的编制要求（略）
	7. 财务预算管理的组织机构（略）
	8. 财务预算的编制程序和方法（略）
	9. 财务预算的执行和控制（略）
	10. 财务预算的调整（略）
	11. 财务预算的分析与考核（略）

案例点评

（1）本案例中，没有将华景公司各类经济业务的现行会计处理程序和方法，以及适用的有关法律、法规和政府规章，公司各部门和人员对设计的要求等列入调查内容。其原因，可能是设计人员对此已有充分的了解。否则，应尽可能补上这方面的内容，以增加设计工作的针对性，提高设计工作效率和质量。

（2）调查形式和记录形式可以多种多样，如调查表法、座谈询问法、发函询问法、查阅法等都可以采用。选用调查形式时，应注意其工作效率、成本和具体要求。通常，收集的资料应尽可能地详尽、具体。

（3）拟定调查计划时，应注意将调查内容与会计制度设计内容和要求协调一致。从本案例调查表内容来看，华景公司的会计制度的设计可能也包括其财务管理制度的内容。这是目前许多企业会计制度的通常做法，即将会计制度与财务管理制度合二为一。这种制度设计模式特别适合于中小型企业；但是，对于大公司尤其是分设会计部和财务部的公司，最好将财务管理制度从会计制度中独立出来，单独设计会计核算与监督制度。

思考题

1. 什么是会计制度？从全面性会计制度设计来看，企业内部会计制度的主要内容应该包括哪些？

2. 找一个企业内部会计制度的案例，试分析其合法合规性、经济性、针对性和合理性等。如果你是该企业财务会计的主要负责人，你将如何进行修订？

3. 进行企业内部会计制度设计时，应遵循哪些基本原则？

4. 目前我国企业会计法规体系主要由哪些内容构成？

5. 为企业设计新会计制度时，需要调查了解哪些基本情况？

第二章 会计组织机构和岗位职责的设计

会计机构是直接从事和组织企业会计工作的职能部门。建立和健全会计机构是保证企业会计工作的正常进行，充分发挥会计职能、实现会计目标的重要条件。原则上，任何企业都应单独设置会计机构，并合理配备会计人员，以便对经济活动及其所体现的资金运动进行必要的反映和监督；即使会计事项不多的小型企业，经主管部门批准可以不单独设置会计机构，也应在其他部门配备专职的会计人员或委托经批准设立的从事会计代理记账业务的中介机构代理记账，以便为各方面的会计报表使用者提供其决策所必要的经济信息。

企业会计组织系统的设计，包括科学设置会计机构、合理配备会计人员、明确会计工作岗位责任和其他会计管理制度。

本章主要讨论：企业会计组织机构的设置形式和基本原则、企业会计机构内部分工的设计模式、各种规模的企业和企业集团会计组织机构和岗位职责的设计等。

第一节 企业会计组织机构的设置形式和基本原则

我国《会计法》第三十六条（第一款）规定："各单位应当根据会计业务的需要，设置会计机构，或者在有关机构中设置会计人员并指定会计主管人员；不具备设置条件的，应当委托经批准设立从事会计代理记账业务的中介机构代理记账。"因此，实行独立核算的大中型企业，必须单独设置会计机构。其作用主要有：有利于完成会计工作任务，实现会计目标，提高企业的经济效益；有利于加强会计监督与控制，促使企业各项经济活动合法、合规、合理和有效。

一、企业会计组织机构的设置形式

企业内部会计机构的设置形式主要有合并设置和单独设置两种。

1. 会计与财务合并设置形式

它是将会计对资金运动的反映、监督职能与财务管理对资金的筹集、调度与分配职能统一由一个部门来履行的一种机构设置形式。由于会计职能与财务管理职能的关系十分密切，采取合并设置形式不仅有利于减少财务会计人员，而且有利于减少会计凭证的传递环节，加速会计凭证的传递速度，从而提高会计工作效率；同时，可以减少会计信息的传递时间和失真的可能性，从而提高财务管理的及时性、针对性和有效性。

有时，由于会计业务和会计人员太少，财务会计机构还可能与计划等职能部门合并设置为一个科室。但是，不管合并设置的形式如何，仍应设置专人从事会计工作，并明确会计人员的职责范围和要求。

由于中小型企业的经营业务较简单，会计业务不多，一般宜采用合并设置形式。

2. 会计与财务分别设置形式

它是将会计对资金运动的反映、监督职能与财务管理对资金的筹集、调度与分配职能分别由会计部门和财务部门来履行的一种机构设置形式。采取分设形式，有利于实现反映、监督与财务管理两种不同职责的分工，更有效地实行岗位责任制和取得工作专门化的比较效率；有利于加强会计内部控制，建立相互监督、相互牵制的内控机制，从而减少错弊出现的可能性。

由于大型企业的经营范围广泛、业务繁多，适宜于采用分设形式。这样，既有利于提供详细和公允的会计信息，又有利于经营决策活动的顺利进行。

二、企业会计组织机构及其岗位责任制的基本设计原则

会计机构担负着核算和监督企业经营活动及其所体现的资金运动的重要职能。其机构的设置是否科学，岗位责任的确定是否合理，各岗位之间的运作是否协调，将直接影响到会计职能的发挥和会计信息的质量。

会计组织机构及其岗位责任制的设计，受许多因素的影响，企业的生产经营类型、规模的大小、业务的繁简、管理的要求、人员的多少、银行的金融信用政策等都会影响企业会计组织机构及其岗位责任制的设计。通常，在设计企业会计组织机构及其岗位责任制时，应遵循下列原则：

1. 适应性原则

它是指企业会计组织机构及其岗位责任制的设计应与企业生产经营规模、特点和管理要求相适应，保证企业会计信息的生成、加工和传递真实可靠、及时有效。企业的生产经营规模、特点和管理要求不同，会计工作的组织方法、

会计人员的数量和会计机构的内部分工也不同。通常，经营规模大、经营过程复杂、经济业务量大和管理严格的企业，会计机构应相应大些，会计人员相应多些，会计机构的内部分工也应细些；相反，经营规模小、经营过程简单、经济业务量少和管理要求不高的企业，会计机构就应相应小些，会计人员相应少些，会计机构的内部分工也应粗些。

2. 统一指挥原则

它是指在会计组织系统中除特殊情况和重大问题外，一个人只对一个上级领导负责，实行"一元化指挥"，不能"一仆二主"，并按管理层次进行上传下达，不得越级。实行统一指挥原则，可以避免"多头指挥"和"政出多门"的现象。

但是，在实行统一指挥原则时，应注意克服其缺点。统一指挥原则的缺点就是：在组织关系中缺乏横向联系，若中间某环节出现问题，就会使"上传下达"通道受阻而使指挥系统陷于瘫痪；在管理层次较多时，"上传下达"信息传递速度慢，影响工作效率。因此，在特殊情况下或处理重大问题时，上级领导可以适当进行越级指挥或增设某一协调环节并特殊授权于专人进行横向协调。

3. 系统性原则

它是指企业会计组织机构及其岗位责任制的设计是一个系统工程，在设计时不仅应充分注意会计工作的上、下组织环节及其岗位责任的相互依存和相互制约的关系，而且还应注意会计部门与其他职能部门、业务部门之间岗位责任的相互联系，使其成为一个行之有效的企业会计组织机构和会计岗位责任制系统。例如，在会计与财务合并设置的有限责任公司，不仅要科学设计负责会计日常核算与监督的部门、岗位及其相应职责，而且要科学设计负责企业内部业绩考核与评价的部门、岗位及其相应职责等。

4. 有效管理幅度原则

它是指在授权某位管理人员的职责时，应注意其精力、体力、时间和有限理性的限制，并将其直接领导的部门个数或下属人数控制在能够有效指挥的跨度范围之内。所谓有效管理幅度是指由于知识、经验、精力、体力和时间的限制，一个管理人员能够有效直接领导的部门个数或下属人数的最大值。通常，管理幅度与管理层次成反比，即管理幅度越大，管理层次就越少；反之，管理幅度越小，管理层次就越多。

如果一个管理者所直接领导的部门个数或下属人数超过其有效限度，就不可能做到具体和高效，就可能出现顾此失彼和无效指挥。由于每个人的知识、能力和体力不同，其有效管理幅度往往是不同的。影响一个人的有效管理幅度的主要因素包括：职务的高低、知识和能力水平、经验的多少、工作内容和要求、职能机构的健全程度、信息反馈速度等。

5. 责权对等原则

它是指在设计会计岗位责任制时，必须明确规定每一位管理者应负的职责，并相应地赋予其一定的权力，做到有职必有权，有权必有责，权责对等。所谓权力，就是管理者职位（务）所享有的指挥、行事的权力。权力可以适当授予（或转移）给下属人员，也就是说，上级人员对下级人员不仅可以委派工作任务，还可以授予一定的权力。所谓责任，就是管理者因职位（务）所应尽的义务。责任与权力不同，责任是不能授予别人的。一位管理者应对其所承担的工作负全部责任，即使他的下属担负其一部分工作任务，承担一部分责任，但该管理者也要承担该项工作的最后责任。

6. 明晰性原则

它是指企业会计机构内部的分工应该明确和具体。对企业会计机构内部各部门和每一位会计人员，都应明确其职权、责任和具体的工作内容，做到部门之间和人员之间职责清、任务明，以避免相互扯皮。

7. 控制性原则

它是指通过在经营的关键环节设置必要的会计内部控制制度，以便有关人员相互制约、相互监督，使企业会计组织机构及其岗位责任制具有必要的查错防弊功能，并形成一套对企业经营全过程、全方位的有效监控系统。控制手段主要包括会计记录、核算、分析、稽核和报告等。例如，某公司在产品生产的关键环节（即关键控制点，如材料的采购与付款、材料的领用、生产工人的工时安排、工资制度、各项费用的审核等），按不相容职务相分离的原则设置必要的控制岗位，利用计划指标、定额标准、限额审批权等实施有效控制；通过凭证的审核、账证核对、账账核对等，加强会计记录质量的控制，为此设立了专人审核岗位，要求定期核对会计记录。

8. 精简与效率原则

它是指企业会计组织机构及其岗位责任制的设计必须体现精简、高效的要求，防止岗位重叠、人浮于事，避免人力、物力的浪费和低效率的工作环境。为此，一方面要求企业会计组织机构及其岗位责任制设计的繁简程度相宜，使会计机构内部的每个部门和人员各司其职，协调一致地履行会计的职责；另一方面要求在保证会计信息质量的前提下尽可能地降低会计信息的输出成本。

第二节 企业会计机构内部分工的设计模式

企业会计机构内部的分工有多种设计模式，应根据会计工作的要求和企业的具体情况进行设计。常见的设计模式有以下几种：

一、总会计师领导下的集中核算模式

它是以总会计师为领导，以会计部（或处、科）经理（或处长、科长）为主管，以审计部（或处、科）为专职监督部门的一种会计工作的分工模式。它一般适用于大中型、单独设置总会计师岗位、会计与财务分设的公司。其中，会计部门又可根据工作需要和管理要求分设若干下属部门。但是，各企业的具体分工的内容和要求有所不同，图 2-1 是其中的一种设计方式。

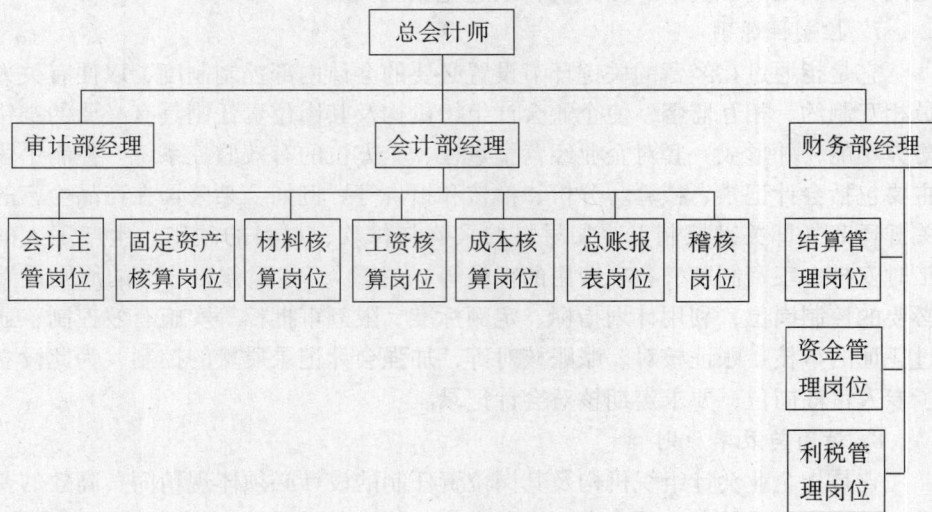

图 2-1 总会计师领导下的集中核算模式

图 2-1 中的会计主管岗位、固定资产核算岗位、材料核算岗位、工资核算岗位、成本核算岗位、总账报表岗位和稽核岗位等，应根据具体情况和工作要求按"一人多岗"、"一人一岗"或"一岗多人"设计。

二、会计部经理领导下的集中核算模式

它是以会计部经理为领导的一种会计工作的分工模式。它一般适用于中小型、不设置总会计师岗位、会计与财务分设（或不专设财务管理部门，并将有关财务管理工作作为会计部的附带职能）的企业。在这种模式下，会计部内部也可分设若干子部门或岗位。但是，各企业的具体分工内容和要求也有所不同，图2－2是其中的一种设计方式。

```
              ┌──────────────┐
              │   会计部经理   │
              └──────┬───────┘
   ┌──────────┬──────┼──────────┬──────────┐
┌──────┐ ┌──────┐ ┌──────┐ ┌──────┐ ┌────────┐
│采购、销售核│ │总账报│ │物资核│ │成本计│ │工资与负债│
│算和结算岗位│ │表岗位│ │算岗位│ │算岗位│ │核算岗位 │
└──────┘ └──────┘ └──────┘ └──────┘ └────────┘
```

图2－2 会计部经理领导下的集中核算模式

三、财会主管领导下的集中核算模式

它是以财务与会计主管为领导，并且通常只设财会主管、会计和出纳等少数几个岗位（甚至只设会计与出纳两个岗位）的一种会计工作分工模式。它一般适用于小型的会计与财务合并设置的企业。在这种模式下，会计工作的分工和岗位的设置较简单。但是，各企业的具体分工的内容和要求也会有所不同，图2－3是其中的一种设计方式。

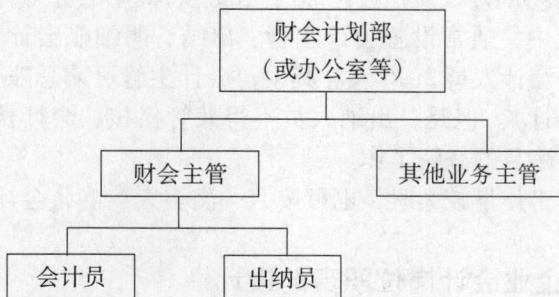

```
              ┌──────────────┐
              │   财会计划部   │
              │ （或办公室等） │
              └──────┬───────┘
         ┌──────────┴──────────┐
    ┌─────────┐          ┌──────────┐
    │ 财会主管 │          │其他业务主管│
    └────┬────┘          └──────────┘
   ┌─────┴─────┐
┌──────┐  ┌──────┐
│会计员│  │出纳员│
└──────┘  └──────┘
```

图2－3 财会主管领导下的集中核算模式

四、总会计师（或会计部经理）领导下的分散核算模式

它是将某些成本计算或明细核算工作交由分厂（或车间等部门）完成的一种会计工作的分工模式，图2-4是其中的一种设计模式。

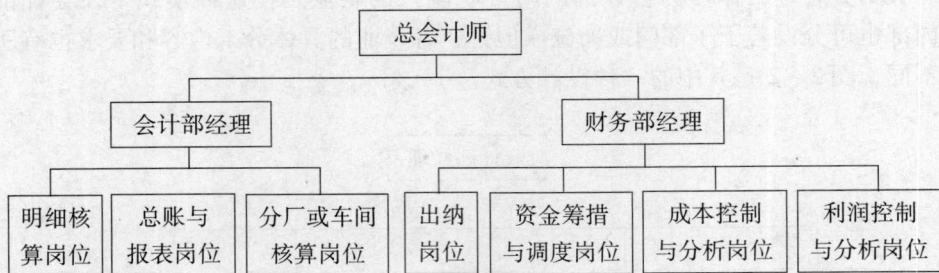

图2-4   总会计师领导下的分散核算模式

第三节   小型企业会计组织机构和岗位职责的设计

一、小型企业会计组织机构的设计

小型企业一般经营规模和范围较小，经营过程、企业的组织形式和管理要求较简单，财务与会计业务量不大，因此，通常将会计与财务合并设置为一个部门或成为某部门下属的一个子部门（如图2-3所示）。但是，当财务与会计业务量稍大些，并且财务管理工作日益复杂和重要时，也可以单独设置会计部门（如图2-2所示），并在会计部门内部进行简单的分工。

在小型企业中，通常设置会计主管、出纳、明细账会计、总账会计等岗位，并配备财务会计人员2~6人。其中，会计主管可兼总账会计（或兼总账会计和明细账会计）。但是，出纳人员不得兼管稽核、会计档案保管和收入、费用、债权债务账目的登账工作。

当明细核算工作量较大时，也可按"一岗多人"配备会计人员。

二、小型企业会计岗位职责的设计

设计会计岗位责任制是为了分清每一位会计人员的职责和要求，做到事事

有人管，人人有专责，从而提高会计工作效率，保证会计信息质量。所谓会计岗位责任制，是指明确各项会计工作的职责范围、具体内容和要求，并落实到每个会计工作岗位或会计人员的一种会计工作责任制度。

表2-1、表2-2、表2-3、表2-4是设置会计主管、出纳、总账会计、明细账会计四个岗位的某小型企业（非电算化核算）的岗位基本职责内容。

表2-1 会计主管岗位基本职责内容和要求

1	具体负责本企业的财务与会计的日常管理工作
2	组织制定本企业的各项财务与会计制度，并监督其贯彻执行
3	组织编制本企业的财务成本计划、资金筹措计划，并监督其落实
4	会同有关部门拟定企业各项固定资产的投资方案和流动资金定额
5	负责企业各种税费的计算和缴纳工作
6	负责企业各项财务分析工作
7	参加企业有关生产经营管理会议，参与有关经营预测、决策和各部门业绩考评工作
8	参与拟定和审核经济合同、协议和其他经济文件
9	负责向本企业领导和职代会报告企业的财务状况和经营成果，审查对外提供的财务报告
10	组织财会人员的理论和业务学习，负责财会人员的考核，参与研究财会人员任用和调整工作
11	领导交办的其他与财务、会计有关的管理工作

表2-2 出纳岗位基本职责内容和要求

1	办理现金收付和银行结算业务
2	办理各种票据的收付业务
3	登记现金日记账、银行存款日记账和票据备查簿
4	保管库存现金和各种有价证券
5	填写支票、本票和汇票，并在会计主管核准后加盖企业印鉴章
6	保管有关印章、空白收据和空白支票
7	具体办理各种税金的申报和扣缴业务
8	其他与现金、银行存款收付有关的业务

表2-3　　　　　　　　　总分类账会计岗位基本职责内容和要求

1	审核原始凭证
2	填制和审核记账凭证
3	登记总分类账
4	编制各种会计报表
5	根据各月工资结算表和职工福利费提存率，编制"工资及职工福利费分配表"
6	根据各月电费结算凭证，按耗电部门、用途和定额耗电量编制"电费分配表"
7	将生产费用在完工产品和在产品之间进行分配，计算产品总成本和单位成本
8	定期进行财务成本完成情况的分析
9	领导交办的其他与总账业务有关的工作

表2-4　　　　　　　　　明细分类账岗位基本职责内容和要求

1	根据审核过的会计凭证登记各种明细分类账
2	定期将明细分类账余额与总账余额核对
3	定期进行财产物资清查，保证账实相符
4	办理各种债权债务往来款项的有关结算业务
5	根据领料凭证和材料明细记录，按领用部门和用途编制"材料费用分配表"
6	计提每月各类固定资产折旧额，编制"固定资产折旧费用计算分配表"
7	根据各项待摊费用明细记录和摊销计划，编制各种待摊费用分配表
8	根据各项预提费用的预提计划，编制各种预提费用分配表
9	归集和分配各车间的制造费用
10	领导交办的其他与明细账业务有关的工作

第四节　大中型企业会计组织机构和岗位职责的设计

一、大中型企业会计组织机构的设计

由于大中型企业的经营规模和范围大，经营过程、企业的组织形式和管理要求均较复杂，财务与会计业务量也较大，因此适宜采取会计与财务分设模式（如图2-1所示）。即使采取会计与财务合并设置模式（如图2-2所示），会计人员也必然相应增多（通常需要配备6~60名财务会计人员），从而会计机

构较大，会计工作的分工较细。

　　我国《会计法》第三十六条（第二款）规定："国有的和国有资产占控股地位或者主导地位的大、中型企业必须设置总会计师。"因此，在大中型企业（尤其是大型国有企业，或国有资产占控股或主导地位的大型企业）中，通常应增设总会计师岗位。同时，由于大中型企业一般配备了较多的财务与会计人员，以分担较为繁重的财务与会计工作，因此应在财务与会计部门内部适当设置一些分部（即增加一个子部门的管理层次，这些子部门有时称为"科"，有时称为"组"等），从而建立一个以总会计师为首的，以财务与会计部经理为主管的，包括一些分部的财务与会计组织体系。

　　在大中型企业中，"一岗一人""一人多岗"的现象较少，而"一岗多人"的现象较为普遍。由于多人从事相同的工作，因此还应注意建立相应的岗位竞争与奖惩机制。

二、大中型企业会计岗位职责的设计

　　表2-5至表2-21是吉安公司（中型企业）的各会计核算、财务管理岗位的基本职责内容。其中，表2-5是该公司总会计师岗位的基本职责内容和要求，表2-6至表2-16是该公司会计部各岗位（包括会计部经理、材料核算、固定资产核算、工资核算、成本计算、利润核算、往来结算、稽核、总账报表、综合明细核算会计和车间会计岗位）的基本职责内容和要求；表2-17至表2-22是该公司财务部各岗位（包括财务部经理、出纳、规划、经营、信贷和综合分析岗位）的基本职责内容和要求。该公司采用总会计师领导下的分散核算模式，并且将会计与财务分别设置部门，但是在会计部和财务部下面不增设分部。

表2-5　　　　　　　　　　　　总会计师岗位基本职责内容和要求

1	组织领导本企业的财务与会计的管理工作，并对财务与会计机构设置、人员的配备和任用、专业职务的聘任等事项提出方案和建议
2	组织编制和执行业务预算、资本预算、筹资预算和财务预算，并组织建立和健全企业的全面预算管理制度和经济核算制度，进行经济活动分析
3	审批企业各项财务、会计管理制度，签署财务专题报告和会计决策报告
4	审批企业财务收支，组织进行成本费用的预测、计划、控制、核算、分析和考核
5	协助企业领导进行生产经营、业务发展、固定资产投资等方面的决策

（续上表）

6	参与制定企业新产品、技术改造、科技研究、产品定价和工资奖金等方案，参与研究和审查企业重大经营活动和经济协议
7	组织和监督企业执行国家有关财经法律、法规和政府规章制度，保护企业财产的安全与完整
8	领导交办的其他与财务、会计有关的管理工作
	要求：总会计师必须由具有五年以上财务与会计管理经验的高级会计师担任

表 2-6　　　　　　　　　　会计部经理岗位基本职责内容和要求

1	具体负责企业的会计管理工作
2	参与组织制定企业的各项会计管理和核算制度，并监督贯彻执行
3	参加企业的有关生产经营管理活动，参与有关经营预测、决策和效绩评价工作
4	参与拟定或审核经济合同、协议及其他有关经济文件
5	负责向总会计师报告会计工作情况、向企业领导和内部会计报告使用者报告企业的财务状况、经营成果和现金流量情况
6	审核企业对外报送的财务报告
7	组织本部门会计人员的理论和业务学习，负责会计人员的业绩考核，参与研究会计人员的任用和调整
8	领导交办的其他与会计有关的管理工作
	要求：会计部经理必须由具有三年以上会计管理经验的会计师或高级会计师担任

表 2-7　　　　　　　　　　材料核算岗位基本职责内容和要求

1	会同有关部门拟定企业材料价值管理与核算的实施办法
2	负责物资采购、原材料和材料成本差异的明细核算和有关应付购货款的结算业务
3	会同有关部门编制材料成本目录
4	参与库存材料的清查盘点工作
5	分析材料库存的储备情况
6	编制发出材料费用分配表
7	领导交办的其他与材料核算有关的工作

表 2 - 8	固定资产核算岗位基本职责内容和要求
1	会同有关部门拟定企业固定资产价值管理与核算的实施办法
2	具体进行固定资产的明细核算和有关应付购货款的结算业务
3	计提固定资产折旧，编制固定资产折旧费用计算分配表
4	预提固定资产大修理费用，编制预提固定资产大修理费用计算分配表
5	参与固定资产的清查盘点工作
6	分析固定资产的使用情况和效果
7	领导交办的其他与固定资产核算有关的工作

表 2 - 9	工资核算岗位基本职责内容和要求
1	会同有关部门拟定企业工资管理与核算的实施办法
2	编制和审核企业工资结算汇总表，监督工资的发放工作
3	计提应付职工福利费
4	负责工资和应付职工福利费的分配，编制工资及职工福利费分配表
5	负责应付工资的明细核算
6	领导交办的其他与工资核算有关的工作

表 2 - 10	成本计算岗位基本职责内容和要求
1	会同有关部门拟定企业成本管理与核算的实施办法
2	拟定企业产品成本核算方法
3	建立和完善企业成本管理、核算的基础工作
4	根据车间和仓库交来的半成品入库、领用原始凭证，编制有关半成品入库、领用的转账凭证
5	审核各车间转来的各项要素费用的原始凭证
6	进行各有关要素费用、跨期摊提费用、制造费用、辅助生产费用的分配，并编制有关费用分配的转账凭证
7	将生产费用在完工产品和在产品之间进行分配，计算完工产品总成本和单位成本，并编制有关产成品入库的转账凭证
8	审核车间成本和备用金开支
9	审核委托、受托外单位加工事项
10	编制有关产品成本、期间费用的会计报表
11	指导车间会计核算员的专业工作，完善车间、班组和部门的经济核算制度
12	领导交办的其他与产品成本计算有关的工作

表 2－11　　　　　　　　　利润核算岗位基本职责内容和要求

1	会同有关部门拟定企业利润管理与核算的实施办法
2	办理销售款项的结算业务
3	负责销售和利润的明细核算
4	负责税金、利润分配的明细核算
5	编制利润表、利润分配表和其他有关附表
6	负责投资收益、补贴收入、营业外收入、营业外支出的审核和明细核算
7	领导交办的其他与利润核算有关的管理工作

表 2－12　　　　　　　　　往来结算岗位基本职责内容和要求

1	会同有关部门拟定企业往来结算管理与核算的实施办法，建立往来款项的清算手续制度
2	办理与供货单位、购买单位和其他单位、个人的往来结算业务和明细核算
3	负责各项备用金、财务费用的计算、审核和相关明细核算工作
4	负责租金、保证金、罚没金、股息的计算、审核和相关明细核算工作
5	负责债券的应计利息、溢折价摊销的计算、审核和相关明细核算工作
6	领导交办的其他与往来结算有关的管理工作

表 2－13　　　　　　　　　稽核岗位基本职责内容和要求

1	会同有关部门拟定企业稽核管理的实施办法
2	各项财务收支凭证、账簿、报表的审核
3	审核各项摊提、折旧费用
4	审核各项应收应付、预收预付账项
5	审核期末应收款项、存货、短期投资、长期投资、固定资产、无形资产等的估计减值
6	审核企业选用的有关生产费用分配方法的科学性和合理性
7	审核各项税金的计算、申报和减免事项
8	审核有关业务的完成程度（完工率）
9	追踪审核各项已决定办理事项的执行情况
10	审核有关资产的购置和处置
11	审核产品销售价格

（续上表）

12	审核有关合同、契约
13	审核货币资金结算事项
14	审核有关财务收支和财务成本计划
15	领导交办的其他与账务稽核、业务稽核、财务稽核有关的工作

表 2 - 14　　　　　　　总账报表岗位基本职责内容和要求

1	会同有关部门拟定企业总账报表管理、登记、编制的实施办法
2	登记企业各总分类账簿
3	填制结账时的账项调整转账凭证，并登记有关总账
4	编制资产负债表及其附表
5	核对其他会计报表
6	办理会计凭证、会计账簿、会计报表等各种会计档案资料的归档手续，并予以妥善保管
7	领导交办的其他与总账报表有关的核算工作

表 2 - 15　　　　　　　综合明细核算岗位基本职责内容和要求

1	负责货币资金的明细核算
2	负责对外投资的明细核算
3	负责其他流动资产的核算，包括包装物、低值易耗品、委托加工物资、待摊费用等的明细核算
4	负责无形资产的明细核算
5	负责长期待摊费用的明细核算
6	负责待处理财产损溢的明细核算
7	负责所有者权益的明细核算
8	编制有关流动资金报表
9	领导交办的其他明细核算工作

表 2 – 16　　　　　　　　　车间会计岗位基本职责内容和要求

1	组织本车间会计核算班组的核算工作
2	及时记录车间备用金的收付及其结存情况
3	及时记录、复核本车间发生的各项要素费用
4	归集本车间范围内发生的各项制造费用
5	记录、审核职工的出勤情况
6	收集和审核本车间的产量及生产工时记录
7	编制本车间的工资结算表
8	审核和记录本车间生产用材料和其他物料的领用情况
9	记录本车间产成品、半成品的入库情况
10	记录委托、受托外单位的加工业务情况
11	编制本车间有关成本报表
12	参与本车间财产清查盘点工作，并做好相关记录
13	处理本车间与其他部门之间的各项往来业务
14	领导交办的其他与车间会计事务有关的管理工作

表 2 – 17　　　　　　　　　财务部经理岗位基本职责内容和要求

1	具体负责企业的财务管理工作
2	参与组织制定企业的各项财务管理制度、财务成本计划、信贷计划和利润计划，并监督贯彻执行
3	在企业预算管理委员会和总会计师的领导下，负责组织企业财务预算的编制、审核、汇总、上报、下达和报告等具体工作
4	跟踪监督企业财务预算的执行情况，分析财务预算与实际执行结果的差异及其原因，提出改进企业预算管理的措施和建议
5	会同有关部门组织制定和分解下达企业各项资金定额管理指标
6	负责企业各项资金的调度事项
7	负责各种税费的计算、申报、缴纳、扣缴和退税事项
8	组织本部门财务人员的理论和业务学习，负责财务人员的业绩考核，参与研究财务人员的任用和调整
9	领导交办的其他与资金筹集、运用和分配有关的管理工作
	要求：财务部经理必须由具有三年以上财务管理经验的会计师（或经济师）或高级会计师（或高级经济师）担任

表 2-18　　　　　　　　　　　　出纳岗位基本职责内容和要求

1	办理现金收付业务、银行结算业务、票据和其他有价证券的收付业务
2	登记现金日记账、银行存款日记账和票据登记簿
3	保管库存现金和各种有价证券
4	保管有关印章、空白收据和空白支票
5	领导交办的其他与出纳有关的结算工作

表 2-19　　　　　　　　　　　　规划岗位基本职责内容和要求

1	具体进行利率、汇率、证券价格和企业现金流量的预测
2	以金融市场和现金流量预测为基础，编制现金预算，确定资金筹措计划
3	编制利润计划，拟定企业生产经营和财务活动的目标
4	对实物投资计划进行可行性咨询分析，对金融投资计划进行独立的决策分析
5	审核汇编材料采购用款计划
6	会同有关部门制定材料消耗定额或标准
7	参与拟定企业固定资产需要量，参与编制固定资产的更新改造和大修理计划
8	会同有关部门制定流动资金定额
9	编制企业流动资金计划和银行借款计划
10	编制企业成本、费用计划，并考核其执行情况
11	会同有关部门加强成本管理的基础工作
12	领导交办的其他与资金筹划、财务预算管理有关的工作

表 2-20　　　　　　　　　　　　经营岗位基本职责内容和要求

1	具体组织资金的筹措和供应
2	具体进行金融市场投资
3	具体负责企业流动资金调拨，组织流动资金供应和其他资金分配，考核资金的使用效果
4	控制材料采购成本
5	会同有关部门拟定企业各种财产物资的价值管理办法
6	具体办理各种税费的计算、申报、缴纳、扣缴和退税业务
7	领导交办的其他与资金投入、运用有关的管理工作

表 2 - 21　　　　　　　　　信贷岗位基本职责内容和要求

1	会同有关部门拟定企业资信调查和催款的实施办法
2	对赊销对象和投资对象进行信用调查，确定可予提供信用的对象，确定信用政策
3	对提供了信用的对象进行追踪调查，掌握其生产经营情况和还款能力
4	对拖欠款者进行债务催收和清理
5	领导交办的其他与企业资信调查和催款有关的管理工作

表 2 - 22　　　　　　　　　综合分析岗位基本职责内容和要求

1	综合分析企业的财务状况、经营成果和现金流量情况
2	编写企业财务状况说明书
3	进行财务预测，提供经营决策所需资料
4	领导交办的其他与综合财务分析有关的管理工作

第五节　企业集团会计组织机构和岗位职责的设计

一、企业集团（Business Group）会计组织机构的设计

企业集团是由母公司及其控股子公司、分公司和其他分支机构组成的企业联合组织。它是以母公司为核心，由多个有内在经济技术联系的企业、科研单位等组成的企业联合组织，其中母公司和子公司都是独立的企业法人，但企业集团本身不是法人，母公司（或子公司）下属的分公司和分支机构也不是法人（但可以采用独立核算或非独立核算形式）。对于分公司和分支机构，企业往往按经营环节设置、按产品设置或按地区设置等。

企业集团的主要特点包括：规模大型化、经营多样化。此外，在许多情况下还具有资本国际化的特点。

因此，企业集团的会计组织机构设计与上述单体公司（大中企业和小型企业）的会计组织机构的设计，既有许多相似之处，又有不同之处。其相似之处主要表现在：企业集团中的母公司和子公司，也应根据其经营规模和范围的大小，经营过程和企业的组织形式的特点及管理要求，采取会计与财务分设模式或合并设置形式，并在其内部设置相应的机构和岗位；其不同之处主要表现在：它的财务会计职责范围更大、分工更细，并且往往还需要在母公司（或子公司）下属的分公司和分支机构设置财务会计部门等。

　　图2-5是企业集团会计组织机构的一种设置形式。其中，子公司、分公司和其他分支机构的财务会计部门，应在业务上受企业集团总部的财务会计部门的指导。

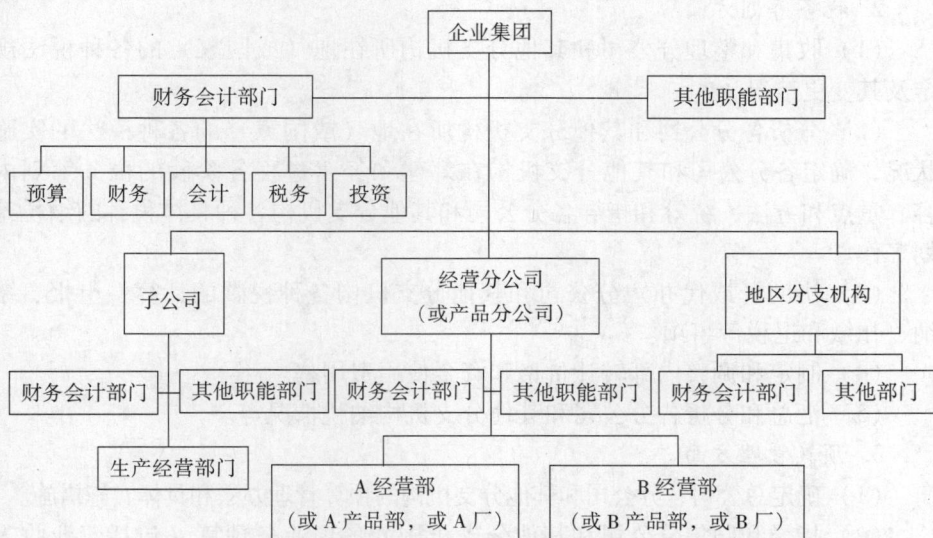

图2-5　企业集团的会计组织机构图

二、企业集团会计岗位职责的设计

　　企业集团会计岗位职责的设计与单体公司会计岗位职责的设计存在许多相似之处，上述同类型和相似规模的单体公司会计岗位职责都应在企业集团会计岗位职责的设计中得到体现，同时，还应增设反映整个企业集团中非独立核算的分公司、其他分支机构的财务状况、经营成果和现金流量情况的岗位职责及其财务分析的岗位职责；资金调度与监督的岗位职责；母公司编制合并会计报表的岗位职责；税务筹划的岗位职责等。此外，在预算管理、投资核算与管理等方面，应比单体公司更具体，要求更严格。

　　下面仅将企业集团会计岗位职责设计的特殊要求列示如下：

　　1. 日常会计核算和合并会计报表方面

　　（1）制定总公司、分公司和其他分支机构的会计核算制度和实施规则。

　　（2）指导分公司和其他分支机构的日常会计核算，加强有关会计人员的业务培训。

　　（3）核算有关业务的内部成本，明确各有关责任中心的经济责任。

（4）收集和审核子公司、分公司和其他分支机构的个别会计报表，汇总编制总公司、分公司和其他分支机构的汇总会计报表，并编制整个企业集团的合并会计报表。

2. 税务筹划方面

（1）收集和整理分公司和其他分支机构所在地（或国家）的各种税法规定及其变更情况。

（2）分析各分公司和其他分支机构所在地（或国家）的各种税法的实施状况，确定各分公司和其他分支机构在筹建和经营过程各阶段的税务筹划内容、重点和方法，统筹和指导各分公司和其他分支机构各种具体税种的纳税筹划工作。

（3）协助（或代办）分公司和其他分支机构各种税款的计算、申报、缴纳、扣缴和退税等事项。

（4）制定和调整内部转让价格和资金使用费用率。

（5）汇总和分析各分公司和其他分支机构纳税情况等。

3. 预算管理方面

（1）确定总公司、分公司和其他分支机构的预算管理办法和具体实施措施。

（2）指导和归集分公司和其他分支机构的各项业务预算（包括营业收入预算、生产预算、制造费用预算、产品成本预算、营业成本预算、采购预算和期间费用预算等），并汇总编制总公司的整体业务预算。

（3）指导和归集分公司和其他分支机构的各项资本预算（包括固定资产投资预算、权益性资本投资预算、债券投资预算等），并汇总编制总公司的整体资本预算。

（4）汇总编制总公司、分公司和其他分支机构的各项筹资预算（包括长期借款预算、短期借款预算、债券筹资预算和还本付息预算等）。

（5）汇总编制总公司、分公司和其他分支机构的各项财务预算（包括现金预算、预计资产负债表、预计利润表等）。

（6）具体组织实施财务预算的执行，及时进行必要的调整，并进行有效的监督。

（7）分析与考核财务预算的执行结果。

4. 投资管理方面

（1）收集分公司、其他分支机构和总公司有关部门的投资需求和意见。

（2）组织调查和预测企业集团有关项目的投资环境，参与各投资项目的可行性研究。

（3）安排和落实已定投资项目所需资金。

（4）跟踪分析和监督投资计划的执行情况。

（5）分析已完工并交付使用的投资项目的经济效益，并提出调整意见。

5. 资金调度、监督和其他财务分析方面

（1）综合分析各分公司、分支机构的资金占用、使用情况及其效益。

（2）调查和分析各分公司、分支机构所在地区（或国家）的金融环境和法律环境等。

（3）按总公司、分公司和其他分支机构的资金需要量合理筹集资金，并有效地分配和调度资金。

（4）监督分公司和其他分支机构各项资金的完整性和安全性。

（5）协助（或代办）分公司和其他分支机构对外借款及其偿还事项。

第六节　案例及其点评

案例　永和公司的财务会计组织机构和岗位职责（部门经理领导下的集中核算型）

永和公司是一家主要从事家电产品加工制造的中型企业，采取部门经理领导下的集中核算模式，其财务会计组织机构如图 2-6 所示。

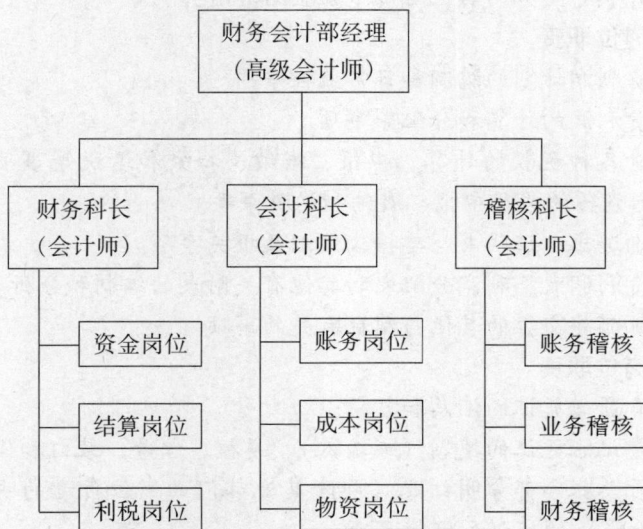

图 2-6　永和公司财务会计组织机构图

其设计的财务会计岗位职责为：

1. 资金岗位职责

（1）负责资本预算、筹资预算和财务预算的编制、监督执行和控制。

（2）负责办理资金的筹措、分配和调度事项。包括办理各项借款的借入和清偿手续，各项对外投资的投放和收回手续。

（3）负责各项对外投资的明细核算。

（4）负责公积金和公益金的管理与明细核算。

（5）负责编制现金流量表和其他资金报表，并对其进行必要的分析。

（6）负责领导交办的其他与资金调度有关的事项。

2. 结算岗位职责

（1）负责现金、银行存款和票据的出纳及保管。

（2）负责现金日记账、银行存款日记账、各种票据备查账簿的登记。

（3）办理与供应单位、购货单位和其他单位或个人的往来结算及明细核算。

（4）负责企业各项借款费用的审核、计算、收付及其明细核算。

（5）负责备用金的审核、计算、收付及其明细核算。

（6）负责保证金（押金）、租金、罚没金、股息红利的计算和收付事项。

（7）负责货币资金日报表的编制和分析事项。

（8）负责领导交办的其他与货币资金结算有关的事项。

3. 利税岗位职责

（1）负责利润计划的编制和日常监控事项。

（2）负责利润的计算和分配等事项。

（3）负责各种税款的计算、申报、缴纳、扣缴和退税等事项。包括进口原材料、机器设备的关税申报、缴纳和退税事项。

（4）负责进出口证明书、单据、结汇及报关事项。

（5）负责利润表、利润分配表和其他有关附表的编制和分析。

（6）负责领导交办的其他与利税有关的事项。

4. 账务岗位职责

（1）负责原始凭证的汇总和复核。

（2）负责记账凭证的填制（或输入）、复核、编号、装订和保管事项。

（3）负责总账和部分明细账（即除其他部门或岗位负责的明细账之外的所有其他明细账）的登记和保管事项。

（4）负责总分类账户的试算平衡、期末结账时的账项调整和登记工作，并及时进行结账。不得提前或推后结账。

（5）负责资产负债表的编制和分析，以及各种会计报表的审核和保管事项。

（6）负责企业财务结构、损益变动及其发展趋势的预测和分析，并编制财务情况说明书。

（7）负责会计制度的设计和修订事项。

（8）负责领导交办的其他与账务处理有关的事项。

5. 成本岗位职责

（1）负责成本计划的制定、分析和日常控制。

（2）负责各项生产要素的归集、分配和明细核算。

（3）制定和不断完善产品成本的计算方法。

（4）归集和分配跨期摊提费用、辅助生产费用和制造费用，并进行必要的分析。

（5）将生产费用在完工产品和在产品之间进行分配，计算完工产品总成本和单位成本，并进行相应的明细核算。

（6）负责各种成本报表的编制、复核与分析。

（7）负责领导交办的其他与成本核算有关的事项。

6. 物资岗位职责

（1）负责储备资金定额、材料采购计划的编制和日常控制。

（2）负责各项财产物资明细核算，及时反映其收、发、结存情况。

（3）会同有关部门确定材料、固定资产、包装物、低值易耗品和其他物资的保管与清查制度。

（4）负责物资采购、材料成本差异、产品成本差异的明细核算，计算材料采购成本、材料成本差异率和产品成本差异率。

（5）负责领导交办的其他与财产物资核算有关的事项。

7. 账务稽核岗位职责

（1）负责货币资金收支原始凭证、转账业务原始凭证和原始凭证汇总表（如摊提费用分配表、折旧费用分配计算表、工资费用分配表等）以及记账凭证的审核。

（2）负责应收应付、预收预付账项的审核。

（3）负责期末存货、应收款项、短期投资、长期投资、固定资产、在建工程、无形资产估价的审核。

（4）负责各项费用分配方法的审核。

（5）负责税金申报和减免事项的审核。

（6）负责领导交办的其他与账务处理有关的审核事项。

8. 业务稽核岗位职责

(1) 审核业务计划的执行情况。

(2) 审核实际业务活动的合规性、合理性和有效性。

(3) 追踪审核决定办理事项的实施情况。

(4) 负责领导交办的其他与业务稽核有关的审核事项。

9. 财务稽核岗位职责

(1) 审核资产的购置和处置的合规性、合理性和有效性。

(2) 审核材料物资的采购价格和产品销售价格的恰当性。

(3) 审核合同和契约。

(4) 审核有关货币资金的结算事项。

(5) 审核有关财务收支和财务成本计划。

(6) 负责领导交办的其他与财务稽核有关的审核事项。

案例点评

(1) 永和公司虽然采取会计与财务分别设置机构的形式，但是并不意味着会计部门只负责对资金运动（或经济业务）进行核算和监督，而财务部门只负责资金的筹集、调度和分配等资金管理。从上面永和公司的岗位职责分工来看，会计部门虽然主要负责对资金运动进行核算和监督，但同时也负责了部分财务管理的职责（如账务岗位负责企业财务结构、损益变动及其发展趋势的预测和分析，成本岗位负责成本计划的制定、分析和日常控制，物资岗位负责储备资金定额、物资采购计划的编制和日常控制）；而财务部门虽然主要负责资金的筹集、调度和分配等，但同时也负责了部分会计核算的职责（主要是明细核算和某些会计报表的编制，如资金岗位负责各项对外投资和负债的明细核算、编制现金流量表和其他资金报表等）

(2) 永和公司这样设置财务会计组织机构和岗位职责，体现了适应性原则、精简与效率原则的要求。即通过机构分设，实现了核算与管理两种不同职责的基本分工，从而有利于实行岗位责任制；有利于实行会计控制，有利于相互牵制、相互监督；有利于减少差错和舞弊。

同时，根据企业的生产经营规模、特点、人员素质和管理要求，将核算与管理职责在会计部门与财务管理部门之间进行适当的交叉设置，能使会计核算更为直接和及时；使财务部门能够更快地得到会计信息，减少信息传递的时间和失真的可能性；并有利于监督财务计划的执行和提高工作效率。

其不足方面：会计与财务两部门工作协调的难度较大。

思考题

1. 企业内部会计机构的设置主要有哪几种形式？并说明其主要适用范围。
2. 设计企业会计组织机构及其岗位责任制时，应遵循哪些基本原则？
3. 调查一个企业的会计组织机构及其岗位职责分工的实例，并予以点评。如果你是该企业财务会计的主要负责人，你将如何进行修订？

第三章　会计凭证的设计

　　会计凭证设计是会计制度设计的重要内容。通过会计凭证的设计，规范企业（或单位）用于记录经济业务，明确经济责任的书面证明（包括原始凭证和记账凭证）的种类和格式，确定取得或填制、审核、传递凭证的程序和规则，以及各种凭证的填制说明等。如果企业或单位填制（或取得）、审核、传递会计凭证等行为不规范或缺乏必要的监控机制，将可能无法及时发现、纠正和防止错弊，将无法确保会计信息质量，难以保护资产的安全与完整，难以确保相关法律、法规和规章制度得到贯彻执行。

　　本章主要讨论：会计凭证设计的意义和要求、原始凭证的设计内容和要求、记账凭证的设计内容和要求、会计凭证的处理规则和管理规则的设计等。

第一节　会计凭证设计的意义和要求

一、会计凭证设计的意义

　　会计凭证是记录经济业务，明确经济责任的书面证明，也是登记账簿的依据。按其填制程序和用途的不同，会计凭证分为原始凭证和记账凭证两大类。

　　填制和审核会计凭证是会计工作的起点和基础，也是有效实施内部会计控制、确保会计信息质量的重要环节。因此，科学设计会计凭证，正确填制（或取得）和审核会计凭证，是规范会计核算、有效实施会计监督的必要条件。会计凭证设计的意义可以归纳为以下几方面：

　　（1）有利于及时、完整和全面地反映各项经济业务的发生情况和完成情况。

　　通过会计制度设计，使企业在发生经济业务时，都能及时填制（或取得）原始凭证，以反映经济业务的发生情况和完成情况；并在审核原始凭证的基础上，填制记账凭证（或输入电脑记账凭证中），作为记账的依据（或电脑账簿的数据源）。因此，会计凭证的设计不仅可以为会计管理和会计检查提供详尽、可靠的原始资料，而且可以为账簿记录提供可靠的依据。

（2）使会计信息具有可验证性，为有效实施会计控制、提高审计效率和质量提供可靠的依据。

通过会计凭证的设计，使会计凭证的填制（或取得）、审核、传递等符合不相容职务相分离的分工负责原则，从而确保其具有相互监督、相互制约的功能，及时发现和纠正有关错弊，保证企业生产经营活动的正常进行和各项财产物资的安全与完整，并为提高企业内部审计和外部审计效率与质量提供可靠的基础。

（3）有利于加强企业经营管理责任制。

通过会计凭证设计，使会计凭证的每一道处理环节的有关经办人员均在凭证上签字或盖章，以明确其责任，从而能够促使其严格按规章办事，保证业务处理的质量和工作效率，加强岗位责任制。

（4）可以加强企业内外和企业内部各部门之间的信息联系。

通过会计凭证设计，确保其在企业内外传递过程中，及时、有效地将经济业务的发生情况和完成情况传达到有关单位、部门和人员，从而可以加强企业内外和企业内部各部门之间的信息联系。

二、会计凭证设计的要求

由于各企业（单位）的生产经营规模、特点和管理要求不同，会计凭证设计也不可能完全相同。因此，会计凭证设计必须从各企业（单位）的实际情况出发。但是，在设计会计凭证时，必须考虑以下要求：

（1）能够及时、完整地反映经济业务的发生情况和完成情况。

在设计原始凭证内容和格式时，必须要求及时、完整和如实地在凭证上记录经济业务的内容、数量、金额、发生时间、地点、经办人员和审核人员等基本情况。

（2）完整记录业务经办和凭证处理的轨迹，明确有关部门和人员职责的履行情况。

它是明确各经办部门、人员的责任，实行企业经济责任制的前提，也是及时发现和纠正错弊的基本条件。

（3）原始凭证和记账凭证的格式和填制要求尽可能简单明了，具有可操作性。

如果填制、审核和传递凭证过于烦琐复杂，不仅影响工作效率，增加核算成本，而且会直接影响其实际可操作性和制度的严肃性。

第二节　原始凭证的设计内容和要求

一、原始凭证的种类

原始凭证是在经济业务发生时填制（或取得）的，用以证明经济业务发生情况和完成情况的会计凭证。原始凭证可以按以下五个标准进行分类。

（1）按其取得来源的不同，可分为自制原始凭证和外来原始凭证。

自制原始凭证是指由企业内部有关部门和经办人员在经济业务发生时或完成时自行填制的凭证，如产品入库单、领料单和各种费用分配表等。

外来原始凭证是指在经济业务发生时从外单位取得的凭证，如购货发票、付款收据和运费单据等。

（2）按其记录经济业务的手续和时限的不同，可分为一次凭证和累计凭证。

一次凭证是指填制手续一次性完成的凭证。它通常只填制一次，只记录一笔经济业务，如一次性领料单。

累计凭证是指填制手续可在一定时期内分次完成的凭证。它通常在同一凭证上连续多次记录一个会计期间（如一个月）内发生的同类经济业务，如限额领料单。

（3）按其用途的不同，可分为通知凭证、执行凭证、转账手续凭证、联合凭证和套写凭证。

通知凭证是指提示某项经济业务将要发生的凭证。如调拨单、出库通知单、扣款通知单等。

执行凭证是指据以办理某项经济的凭证。如收料单、产品入库单、领料单、销售发票、收款收据等。

转账手续凭证是指据以办理账项调整的凭证。如各种费用分配表、固定资产折旧费用计算分配表、预提费用计算分配表、待摊费用分配表、红字冲账单、成本计算单等。

联合凭证是指同时具有以上两种（或两种以上）原始凭证功能的凭证。如收料单、限额领料单、工资结算单等。其中，收料单既具有通知凭证的用途，又具有执行凭证的用途。同时，有些凭证一式多联，每联的用途不同，也可归入联合凭证的范畴。

套写凭证是指兼具原始凭证和记账凭证双重功能的会计凭证。如银行的各种票据，注明会计分录（应借应贷科目名称及其金额）的各种费用分配表等。

（4）按其反映的业务量和法律效力的不同，可分为直接原始凭证、汇总原始凭证和分割原始凭证。

直接原始凭证是指在经办经济业务时直接取得或填制的原始凭证。如材料入库单、领料单等。

汇总原始凭证是指根据一定时期内若干份记录同类业务的原始凭证，汇总编制的凭证。如收料凭证汇总表、发料凭证汇总表、现金收入汇总表等。

分割原始凭证是指由主办企业（或单位）将多企业（或多单位）共同负担的费用，按协议分配标准（或方法）进行分配时所填制的费用分割通知书。如本地两个企业分别从同一外地采购一批物资，但共同租用一节货运火车车厢时，由主办企业将共同负担的运杂费按协议标准进行分配所填制的运费分割单。

（5）按其格式的适用性不同，可分为通用凭证和专用凭证。

通用凭证是指不同行业、不同单位普遍适用的凭证。如销售发票、收款收据等。

专用凭证是指只适用于本企业（或单位）专门业务的凭证。如自制工资结算单等。

二、原始凭证的设计要求和要点

需要设计的原始凭证主要是自制凭证。企业自行设计凭证，通常是在不能从账簿公司购入（或外购不经济、不方便）情况下，自行设计的专用凭证。

1. 设计原始凭证的要求

虽然企业使用的原始凭证种类较多，而不同种类的原始凭证的内容、格式和用途是不一样的。但是，任何原始凭证都必须符合一些共同性的要求，具备一些共同性的基本要素。设计人员在设计原始凭证时，必须明确需要在凭证上记录哪些事项，提供哪些信息。因此，在设计原始凭证之前，要求设计人员必须明确下列问题：

（1）原始凭证的基本要素有哪些？原始凭证的基本要素是任何原始凭证必须具备的基本内容，否则会计处理的后续工作将难以进行，并易产生错弊。

原始凭证的基本要素包括：①原始凭证的名称；②接受凭证的单位（或个人）名称；③填制凭证的日期；④经济业务的内容摘要；⑤经济业务的数量、单价和金额；⑥填制凭证单位和经办人员的签章；⑦凭证的编号。

（2）处理凭证所反映的经济业务，需要办理哪些手续？不同的经济业务，经办手续往往有所不同，因此可能影响原始凭证的设计。

如：对于汇总原始凭证，需要在其上面注明"所附凭证张数（或凭证的附件）"；对于费用分配表，需要在其上面注明"费用分配标准"；对于特殊授权的业务，需要在其上面注明"审批意见"和"审批人员的签章"。

（3）根据某类原始凭证填制记账凭证和登记明细账时（或输入电脑时），需要哪些信息？原始凭证是填制记账凭证的直接依据，也是登记大多数明细账的直接依据，因此，设计原始凭证的内容和格式时，应考虑其要求。

（4）审核某类原始凭证时，需要哪些信息？审核原始凭证，是保证会计信息质量的关键控制环节，审核人员必须认真履行其职责，并对此承担相应的审核责任。因此，设计原始凭证时，必须考虑由谁来审核，或审核原始凭证时需要提供哪些审核标准或依据。

如：一般性材料的领料单，只需在凭证上设置"用途"项目；剧毒材料的领料单，通常还需要专门设置"保卫部门的审批意见"和"批准人员的签章"项目等。

如果是领用黄金、白银等贵重物品，往往也需要设置一些特殊审核内容。

2. 原始凭证格式的设计要点

原始凭证设计的内容，主要包括确定原始凭证的种类、格式、流转程序和要求。关于原始凭证的流转程序，将在第九章展开讨论，下面重点讨论原始凭证格式的设计问题。原始凭证格式的设计要点，主要包括：

（1）反映经济业务的全貌，并将重要项目放在显著位置。记录不同经济业务的原始凭证，其凭证项目内容和格式往往是不同的。如"固定资产卡片"需要设置"原始价值"、"附属设备"和"使用部门"等项目；"领料单"需要设置"请领数量"和"实领数量"等项目。在设计原始凭证时，应按全面、详细地反映经济业务情况、加强内部会计控制的需要，设置凭证项目，并将重要的项目放在显著的位置。

（2）凭证项目的排列顺序应便于书写、计算、核对和阅读。如设置销货发票时，应将"数量"、"单价"、"金额"三个项目按此序连续排列，否则将带来许多不便。

（3）凭证栏目（包括留空）的大小要适当，不宜过大或过小。过大的凭证，造成浪费并不便保管；过小的凭证，不便书写或因字体太小辨识不清。

（4）凭证的外形、纸张和尺寸，应尽可能一致并标准化。只要市场上能够随时买到的并符合本单位需要的原始凭证，通常不用自行设计，应该尽量外购全国（或地区、或主管部门）统一使用的原始凭证。其优点包括：简化设计工作、便于汇总和审计、便于机器或电脑处理、节约设计和印制成本。只有本单位特殊需要的凭证（市场买不到，或购买不方便、或外购成本较高），才自行设计和印制。

（5）应尽可能设计和使用套写凭证。其优点是：减少核算工作量，降低差错的可能性。设计套写凭证时，应在凭证上增设"借贷科目"及其"金额"栏目（即能够反映会计分录）。

（6）设计一式多联的凭证时，应注明各联的用途。

（7）重要的原始凭证应事先印好其连续的编号，次要的原始凭证只需设置编号栏目以便使用时填写（编号）。所谓重要的原始凭证是指如果不事先连续编号，容易产生错弊，且一旦产生了错弊还不容易发现和纠正的凭证。如销货发票、收款收据、现金支票、转账支票等，属于重要的原始凭证，需要事先编号；而普通产品入库单、一般材料领料单等，则属于次要原始凭证，无需事先编号，只在经济业务发生时（或期末）编号。

（8）凭证的正、副各联应以不同的颜色（或质地）的纸张加以区别。由于各联原始凭证的用途不同，如果使用错了，将会带来许多麻烦。

（9）凭证上的划线应尽可能采用柔和线条，但是项目之间的间隔线应当醒目。如许多原始凭证的线条采用绿色细线或红色细线等。

（10）凭证上留空行线较多时，可在行线两边每隔几行事先加印行号（如3、6、9、……）并改用较粗线条。

三、主要原始凭证的基本格式

由于各企业的规模、组织和经营特点、管理要求等不同，其原始凭证的种类、内容和格式都会有所不同。因此，我们只能列举一些主要原始凭证的基本格式和各联用途的设计方法，其他原始凭证的格式可根据管理要求等以此类推。

1. 增值税专用发票

由于增值税专用发票极其重要，许多重大偷漏税款事件均与增值税专用发票有关，因此其格式一般由国家（或地方）政府统一设计和印制。

增值税专用发票可设置一式四联：①存根联；②发票联（购货方记账）；③抵扣联（购货方作扣税凭证）；④记账联（销货方记账）。其基本格式如表3－1所示。

表 3 – 1　　　　　　　　　　　增值税专用发票

开票日期：　　年　月　日　　　　　　　　　　　　　　　　No 012345678

购货单位	名称		纳税人登记号									
	地址电话		开户银行及账号									

商品或劳务名称	计量单位	数量	单价	金　额								税率(%)	税　额							
				百	十	万	千	百	十	元	角	分		百	十	万	千	百	十	元	角	分
合　计																						

价税合计（大写）　　佰　　拾　　万　　仟　　佰　　拾　　元　　角　　分（￥_____）

销货单位	名称		纳税人登记号									
	地址电话		开户银行及账号									

收款人：　　　　　　　　　　　　　开票单位签章（未盖章无效）

②发票联（购货方记账）

　　增值税专用发票也可以设计成一式三联（如目前采用的格式）。

　　2. 普通发票

　　普通发票的格式一般由国家（或地方）政府统一设计和印制。普通发票可设置一式三联：①存根联；②发票联（购货方记账）；③记账联（销货方记账）。其基本格式如表 3 – 2、表 3 – 3 所示。

表 3 – 2　　　　　　　　　　　×××公司

销 货 发 票

年　月　日　　　　　　　　　　No 00123456

购货单位（或个人）名称：

商品或劳务名称	计量单位	数量	单价	金　额								
				百	十	万	千	百	十	元	角	分
合　计												

人民币合计（大写）　　佰　　拾　　万　　仟　　佰　　拾　　元　　角　　分（￥_____）

销货单位（盖章有效）：　　　　　　收款人（签章）：
复核人（签章）：　　　　　　　　　开票人（签章）：

②发票联（购货方记账）

也可以设置一式五联：①销售部门存根联；②发票联（购货方记账）；③记账联（销货方记账）；④仓库发货联；⑤门卫放行联。设计一式五联发票的企业，可以不再设计"发货单"。其基本格式与表3－3基本相同。

如果采用合同销货方式，可增设"销货合同号"等；如果同一商品的规格较多，可将上述"商品或劳务名称"改为"货号"和"品名及规格"。

表3－3　　　　　　　　　　　×××市货物运输结算发票

发 票 联

年　月　日　　　　　　　　No 0062345

托运单位		付款单位				开户行					
装货地点		卸货地点				账　号					

货　名	货类	数量	路等	里程	计费吨公里	运率	每吨杂费单价					合计金额							
							基价	装费	卸费	计时	小计	十万	千	百	十	元	角	分

总计金额（大写）　拾　万　仟　佰　拾　元　角　分（¥_____）

承运单位				
车　号		收款人		备注

填发单位：　　　　　制单人：　　　　　　收款人：　　年　月　日

（侧栏）②报销凭证

3. 收款收据

收款收据可设置一式三联：①存根联；②收据联（交付款人）；③记账联（收款方记账）。其基本格式如表3－4所示。

表3－4　　　　　　　　　　　××公司

收 款 收 据

年　月　日　　　　　　　　No 00789654

交款单位（或交款人）		收款方式	
收款事由			

交款金额（大写）　佰　拾　万　仟　佰　拾　元　角　分（¥_____）

收款单位（章）：　　　财会主管（签章）：　　　出纳（签章）：

审核（签章）：　　　　经办（签章）：

（侧栏）②收据联（交付款人）

其中，记账联还可设计成表 3 – 5 所示的套写凭证格式。

表 3 – 5 　　　　　　　　　　　　　××公司
收 款 收 据
年　月　日　　　　　　　　 №　00789654

贷方科目	总账科目		收字第　　号
	明细科目		
交款单位（或交款人）		收款方式	
收款事由			

交款金额（大写）　佰　拾　万　仟　佰　拾　元　角　分（¥＿＿＿＿）

收款单位（章）：　　　　财会主管（签章）：　　　　出纳（签章）：
审核（签章）：　　　　　经办（签章）：

③记账联

4. 备用金报销清单

备用金报销清单可以设置一式二联：①会计部门记账联；②备用金使用部门存根联（作为登记备用金日记账的依据）。其基本格式如表 3 – 6 所示。

表 3 – 6 　　　　　　　　　　　　 **备用金报销清单**
备用金定额：　　　　　　　　　　年　月份　　　　　　　第　号

年		科目及摘要	金　额	年		科目及摘要	金　额
月	日			月	日		
		上旬结存					
		本旬支出					
		报销补足数					

部门（或车间）负责人：　　　部门（或车间）核算员：　　　会计部门复核人：

附原始凭证　张

5. 借款单

借款单可以设置一式四联：①借款单位（或人员）留存联；②报销联（会计部门用于反映实际报销金额和报账时收回多余现金额）；③核销联（报账后退还借款人，交回多余现金时代还款收据）；④借款记账联（即借款收据，作借支时会计部门的记账依据）。其基本格式如表3－7所示。

借款单也可以设置一式二联：①会计部门记账联；②核销联（退还借款人）。其基本格式如表3－8所示。

表3－7

借 款 单
年 月 日　　　　　　　　　　编号：

借款人		工作部门		职务	借款人签章	
借支金额	人民币（大写）　万　仟　佰　拾　元　角　分（￥_____）					
借支原因						
借款人所在部门负责人意见		年　月　日		财会部门负责人意见	年　月　日	
还款记录	报销金额	人民币（大写）　万　仟　佰　拾　元　角　分（￥____）				
	交回现金			还款日期	年　月　日	

②报销联

会计：　　　　　出纳：　　　　　制单：

表3－8

采购资金借款单
年 月 日

借款部门：　　　　　　　　　　　　　　　　　　　　编号：

物资名称及规格型号	计量单位	单　价	数　量	金　额
供应单位全称	开户银行		账　号	
请款金额	人民币（大写）　万　仟　佰　拾　元　角　分（￥____）			付款方式
实付金额	人民币（大写）　万　仟　佰　拾　元　角　分（￥____）			

②核销联（退还借款人）

出纳：　　　　审核：　　　　部门主管：　　　　借款人：

6. 请购单

请购单可以设置一式二联：①送采购部门；②请购部门留存。其基本格式如表3－9、表3－10所示。

7. 订货单

订货单可以设置一式四联：①交供应单位（与合同一起送供货单位）；②采购部门留存；③交请购部门；④交收货部门。其基本格式如表3－11所示。

表 3 – 9

请 购 单

年 月 日   第 号

请购部门		工作令		产品名称		类别	
名称及规格	单 位	数 量	需用日期	请购原因及用途	备 注		

请购部门填制			采购部门填制		
请购人:	请购主管:	核准人:	接收人:	编制订单人:	
年 月 日	年 月 日	年 月 日	年 月 日	年 月 日	

②请购部门留存

表 3 – 10

定量订货请购单

年 月 日   第 号

名称及规格	计量单位	有效库存量			订货点	订货批量	需用日期	备注
		实际库存量	订货在途量	合计				

仓库填制			采购部门填制		
请购人:	请购主管:	核准人:	接收人:	编制订单人:	
年 月 日	年 月 日	年 月 日	年 月 日	年 月 日	

②请购部门留存

表 3 – 11

×××公司

订 货 单

供应单位: 编号:

日期:

供应单位编号: ____		通过____运输	需要日期: ____		条件:	购买人:
序号	订购物资名称	规 格	单位	数量	单价	说明

填制人:	核准人:
年 月 日	年 月 日

②采购部门留存

8. 收料单（或收货单）

收料单（或收货单）可以设置一式三联：①仓库留存（作为登记材料吊卡等的依据）；②交采购部门（作为登记供应合同备查簿的依据）；③交会计部门（记账依据）。其基本格式如表 3 - 12、表 3 - 13 所示。

表 3 - 12

收　料　单

供应单位：　　　　　　　　　　　　　　编号：
发票号码：　　　　　　　　　　　　　　收料仓库：
付款方式：　　　　　　　　　　　　　　收料日期：　　年　月　日
材料类别：　　　　　　　　　　　　　　制单日期：　　年　月　日

材料编号	材料名称及规格	计量单位	数量		实际成本					备注
			应收	实收	单价	金额	运杂费	其他	合计	

记账人（签章）：　　　　　收料人（签章）：　　　　制单人（签章）：

②交采购部门

表 3 - 13

××公司
收　货　单
年　月　日　　　　　　　　　　　编号：

起运站		车（船）号		送货单号	
供应单位		发票号码		提货单号	
仓库号数		检验凭证号		技术证明号	

付款方式：

材料类别	材料编号	材料名称及规格	计量单位	数　量		计划成本		实际成本	
				应收	实收	单价	金额	单价	金额

仓库主管员：　　　　质量检验员：　　　　收料人：　　　　制单人：

②交采购部门

9. 材料交库单

如果是自制材料或在生产过程中回收的废料入库，应由交料部门填制"材料交库单"。月末，对于本月已领未用而下月继续需用的材料，可以同时办理本月退料和下月领料的凭证手续，材料仍留存车间。这种处理方法称为“假退料”，退料凭证可以采用“材料交库单”，也可以填写红字“领料单”。

材料交库单也可以设置一式三联：①交料部门留存（作为登记材料吊卡等的依据）；②交会计部门（记账依据）；③交仓库（作为登记库存材料明细账的依据）。其基本格式如表 3－14 所示。

表 3－14

××公司

材料交库单

年 月 日

交料单位： 编号：

交料原因： 收料仓库：

材料类别：

材料类别	材料编号	材料名称及规格	计量单位	数量		单价	金额
				交库	实收		

②交会计部门

记账人（签章）： 收料人（签章）： 交料人（签章）：

10. 委托加工材料收料单

委托加工材料收料单可以设置一式三联：①供应部门存查；②交仓库（据以发料和记账）；③交会计部门（据以记账）。其基本格式如表 3－15 所示。

表 3－15

委托加工材料收料单

年 月 日

加工单位： 编号：

合同号码： 仓库：

材料类别：

加工完成收回材料							耗用材料			运杂费	加工费	实际成本
材料编号	材料名称及规格	单位	数量		计划单价	计划成本	材料名称及规格	数量	金额			
			应收	实收								

②交仓库

记账员（签章）： 收料员（签章）： 制单员（签章）：

11. 收料凭证汇总表

在实际工作中，为了简化核算（尤其是手工核算），会计部门通常于月末根据各种材料入库凭证，编制"收料凭证汇总表"。收料凭证汇总表为一式一联。其基本格式如表3-16所示（此为套写凭证格式，也可以设计成单纯的汇总原始凭证格式）。

表3-16   收料凭证汇总表
年   月份

应借科目：原材料

材料类别 / 应贷科目	原料及主要材料		辅助材料		外购半成品		修理用备件		合　计		
	实际成本	计划成本	实际成本	计划成本	实际成本	计划成本	实际成本	计划成本	实际成本	计划成本	差异节约(－)超支(＋)
物资采购											
应付账款											
基本生产											
辅助生产											
合　计											

12. 退货单

退货单可以设置一式五联：①采购部门留存；②交供应单位（由会计部门按合同计算赔偿金后，与"代垫运费清单"一起寄供应单位）；③交会计部门（记账联）；④交仓库（作退货凭证）；⑤交运输部门（据以发运货物）。其基本格式如表3-17所示。

13. 材料卡片

材料卡片是为仓库部门设置的核算材料收发存数量的悬挂于货架上的卡片。应按材料品种、规格设置，并根据材料收发凭证逐笔登记。其基本格式如表3-18所示。

14. 产品入库单

产品入库单可以设置一式三联：①生产部门留存；②交仓库；③交会计部门（记账联）。其基本格式如表3-19所示。

表3－17

××公司

退 货 单

单位名称：　　　　　　　　　　　　　年　月　日　　　　　　　　　　　　第　号

发票号码				合同号码	
货物名称及规格	发票数量	退货数量	单价	退货总金额	退货原因

备注：

发运日期： 年　月　日	运输经办人： 年　月　日	编制人： 年　月　日	单位盖章 年　月　日

②交供应单位

表3－18

材 料 卡 片

材料类别：　　　　　　　　　　　　　　　最高储备量：

材料编号：　　　　　　　　　　　　　　　最低储备量：

材料名称及规格：　　　　　　　　　　　　计量单位：

年		凭证 号码	摘　要	收入 数量	发出 数量	结存 数量	签　章
月	日						

表3－19

产品入库单

年　月　日

车间：　　　　　　　　　　　　　　　　　　　　　　　　　　　　　第　号

班级：

产品名称	规格	鉴定等级	计量单位	交库数	实收数	单位成本	总成本

②交仓库

制单人：　　　　　　交库人：　　　　　　仓库验收人：　　　　　　记账人：

15. 产品交库汇总表

在实际工作中，为了简化核算（尤其是手工核算），会计部门通常于月末根据各种产品入库凭证，编制"产品交库汇总表"。产品交库汇总表为一式一联。其基本格式如表3－20所示（此为单纯的汇总原始凭证格式，也可以设计成套写凭证格式）。

表 3－20   产品交库汇总表
                          年　月份   编号：

A 产品				B 产品				成本合计
交库单张数	数量	单位成本	总成本	交库单张数	数量	单位成本	总成本	

16. 领料单

领料单是一种一次性使用的发料凭证，适用于没有消耗定额和不经常领用的材料。它一般采用一单一料式，每领用一次材料就要填写一份。由领料部门按照格式填写齐全，由部门负责人签章后到仓库办理领料手续。领料单可以设置一式四联：①领料部门留查；②交仓库；③ 交会计部门（记账联）；④ 交供应部门（如果供应部门也设置外购材料明细账）。其基本格式如表 3 – 21所示。

表 3－21   领　料　单
                          年　月　日

领料单位：   编号：
用途：   仓库：

材料编号	材料名称及规格	计量单位	数　量		单位成本	金额	备注	②交仓库
			请领	实发				

记账员：　　　　　发料员：　　　　　领料部门负责人：　　　　　领料员：

17. 限额领料单

限额领料单适用于经常领用并有消耗定额的材料。它可以记录在规定限额和有效期间（通常为一个月）内多次领用的材料。

限额领料单有两种格式，即一单一料式和一单多料式。一单一料式和一单多料式的限额领料单都可以设置一式四联：①领料部门留查；②交仓库；③交会计部门（记账联）；④交供应部门（如果供应部门也设置外购材料明细账）。
其基本格式如表3－22、表3－23所示。

表3－22　　　　　　　　　　限额领料单（一单一料式）
年　月份

领料部门：　　　　　　　　　　　　　　　　　　　编号：
用途（或订单号）：　　　　　　　　　　　　　　　发料仓库：

材料编号	材料名称及规格	计量单位	领用限额	实际领用		
				数量	单价	金额

领用日期	请领		实发		退回			限额结余
	数量	领料单位负责人	数量	发料人签章	领料人签章	数量	发料人签章	领料人签章

②交仓库

生产计划部门负责人：　　　　供应部门负责人：　　　　仓库负责人：

表3－23　　　　　　　　　　限额领料单（一单多料式）
年　月份

领料部门：　　　　　　　　　　　　　　　　　　　编号：
用途（或订单号）：　　　　　　　　　　　　　　　发料仓库：

日期	A 材料（限额＿＿；单价＿＿）					B 材料（限额＿＿；单价＿＿）					领料人	发料人
	规格	单位	请领	实发	限额结余	规格	单位	请领	实发	限额结余		
合计	数量					数量						
	金额					金额						

②交仓库

生产计划部门负责人：　　　　供应部门负责人：　　　　仓库负责人：

18. 领料登记簿

领料登记簿适用于经常领用的消耗性材料。平时由仓库保管，并在领料时填写；月末汇总后再分送有关部门。领料登记簿可以设置一式四联：①交领料部门备查；②仓库留存（据以登记材料吊卡）；③交会计部门（记账联）；④交供应部门（如果供应部门也设置外购材料明细账）。其基本格式如表 3 – 24 所示。

表 3 – 24 　　　　　　　　　领料登记簿

年　月份　　　　　　　　编号：

领料部门：　　　　　　　　　　　　　　　发料仓库：

领用日期	材料编号	材料名称及规格	用途	计量单位	数量		单价	金额	领料人签章	②仓库留存
					请领	实发				
合计										

仓库保管员（签章）：　　　　　记账员（签章）：

19. 委托外单位加工材料发料单

委托外单位加工材料发料单可以设置一式三联：①供应部门存查；②交仓库（据以发料和记账）；③交会计部门（据以记账）。其基本格式如表 3 – 25 所示。

表 3 – 25 　　　　　　委托外单位加工材料发料单

年　月　日

加工单位：　　　　　　　　　　　　　　编号：

合同号：　　　　　　　　　　　　　　　仓库：

材料类别：

材料编号	材料名称及规格	计量单位	数量	单价	金额	备注	②交仓库

记账：　　　　　　发料：　　　　　　制单：

20. 发料凭证汇总表

在实际工作中，为了简化核算（尤其是手工核算），会计部门通常于月末根据各种材料出库凭证，编制"发料凭证汇总表"。发料凭证汇总表为一式一联。其基本格式如表 3 – 26、表 3 – 27 所示（此为套写凭证格式，也可以设计成单纯的汇总原始凭证格式）。

表 3 – 26

发料凭证汇总表

年　月份

应贷科目　　　　应借科目	原　材　料					燃料	包装物	低值易耗品	合计
	原料及主要材料	辅助材料	外购半成品	修理用备件	小计				
合　计									

表 3 – 27

××企业

发料凭证汇总表

字第　号

年　月　日

附件　张

日　期	领料单张数	贷方科目	借方科目		
		原材料	生产成本	制造费用	管理费用
合　计					

会计主管（签章）：　　　记账（签章）：　　　审核（签章）：　　　填制（签章）：

21. 存货清查盘点单（表）

存货清查盘点单（表）可以设置一式一联，由清查人员在清查过程中根据清查结果填写实存数量，并由有关人员签章。其基本格式如表 3 – 28 所示。

22. 存货盘盈盘亏报告单（表）

存货盘盈盘亏报告单（表）可以设置一式三联：①清查小组存查；②交使用（保管）部门；③ 交会计部门（记账联）。其基本格式如表 3 – 29 所示。

如果企业采用实际成本进行日常存货的计价核算，应将表 3 – 29 中"计划单价"改为"实际单位成本"，同时取消"材料成本差异"栏。

如果不设置表 3 – 28"存货清查盘点单"，则可将表 3 – 29"存货盘盈盘亏报告单"改为表 3 – 30"存货盘点报告单（表）"格式。

表 3－28

存货清查盘点单

（永续盘存制）

使用（保管）部门：　　　　　　　年　月　日　　　　　　　　　编号：

存货编号	存货名称及规格	计量单位	账面数量	实有数量	说　明

使用（保管）部门负责人：　　　　　清查人：　　　　　　制单人：

表 3－29

存货盘盈盘亏报告单

（永续盘存制）

年　月　日　　　　　　金额单位：元

存货编号	存货名称及规格	计量单位	数　量		计划单价	盘　盈		盘　亏		材料成本差异（％）	盈亏原因	②交使用、保管部门
			账面	实盘		数量	金额	数量	金额			

盘点负责人（签章）：　　　　　　　盘点经手人（签章）：

表 3－30

存货盘点报告单

（永续盘存制）

清查盘点日期：　　　　　　　　　　　　编号：

使用（保管）部门：　　　　　　　　　　金额单位：

存货编号	存货名称及规格	计量单位	数　量		实际单位成本	盘　盈		盘　亏		盈亏原因	②交使用、保管部门
			账面	实盘		数量	金额	数量	金额		

使用（保管）部门负责人：　　　　　清查人：　　　　　　制单人：

23. 盘点报告表（实地盘存制）

盘点报告表（实地盘存制）可以设置一式二联：①使用（保管）部门留存；②交会计部门（记账联）。如果由清查小组负责清查盘点，也可设置一式三联（即增加清查小组留存联）。其基本格式如表 3－31 所示。

表 3 – 31　　　　　　　　　　**盘点报告表**

（实地盘存制）

盘点日期：　　　　　　　　　　　　使用（保管）部门：

存货名称及规格	计量单位	单价	期初结存		本期收入		期末盘点		本期发出	
			数量	金额	数量	金额	数量	金额	数量	金额

②交会计部门

供应部门负责人：　　　　　仓库保管员：　　　　　清点负责人：

24. 分期付款发票

分期付款发票可以设置一式三联：①收款收据（未交款前，此联作为购货人分期交款的凭证；每期交款和出纳员盖"收讫"章后，则作为收据）；②销售部门留存；③交会计部门（记账联）。其基本格式如表 3 – 32 所示。

表 3 – 32　　　　　　　　　　**分期付款发票**

年　月　日　　　　　　　　　　No：002345

购货单位（或姓名）		结算方式		身份证号码	
单位（或家庭）地址		开户银行及账号		电　话	

本发票所列分期付款有关内容，购货人完全同意，并承诺遵守不误。

购货单位（或个人）签章

年　月　日

商品名称及规格		购买数量		分期付款时间表	
生产厂家		单　价		第三期	付款日期：
附属设备		全部货款	（大写）		金　额：
购买时付款额(%)			（小写）	第二期	付款日期：
分期付款协议：					金　额：
				第一期（购货时）	付款日期：
					金　额：

②销售部门留存

25. 发货单

使用增值税专用发票（或设计一式三联普通发票）的企业，如果采用送货制商品交接方式对外销售，往往还需要设计"发货单"。发货单可以设置一式五联：①交仓库；②销售部门留存；③交运输部门（据以办理送货）；④交门卫（放行）；⑤交会计部门。其基本格式如表3-33所示。

表3-33

发 货 单

年 月 日

购货单位名称： 编号：

合同号码		发票号码		
运往地点		包装要求		
运输方式		托运日期		
产品名称及规格	计量单位	数量	重量	附件名称及重量

②销售部门留存

销售部门负责人： 发货： 运输：

26. 提货单

使用增值税专用发票（或设计一式三联普通发票）的企业，如果采用提货制商品交接方式对外销售，往往还需要设计"提货单"。提货单可以设置一式四联：①交仓库；②销售部门留存；③交门卫（放行）；④交会计部门。其基本格式如表3-34所示。

表3-34

提 货 单

年 月 日

购货单位名称： 编号：

合同号码		发票号码		
包装形式				
产品名称及规格	计量单位	数量	重量	附件名称及重量

②销售部门留存

销售部门负责人： 提货人： 仓库：

27. 固定资产清查盘点表

固定资产清查盘点表可以设置一式一联，由清查人员在清查过程中，根据清查结果填写实存数量，并由有关人员签章。其基本格式如表 3 - 35 所示。

表 3 - 35　　　　　　　　固定资产清查盘点表

使用（保管）部门：　　　　　　　年　月　日　　　　　　　　编号：

固定资产卡片号码	固定资产编　　号	固定资产名　　称	计量单位	账面数量	实有数量	说　明

使用（保管）部门负责人：　　　　　　清查人：　　　　　　制单人：

28. 固定资产盘盈盘亏报告单

固定资产盘盈盘亏报告单可以设置一式三联：①清查小组存查；②交使用（保管）部门；③交会计部门（记账联）。其基本格式如表 3 - 36 所示。

表 3 - 36　　　　　　　　固定资产盘盈盘亏报告单

使用（保管）部门：　　　　　　　年　月　日

固定资产编号	名称及规格	计量单位	盘　盈		盘　亏			毁　损			盈亏原因	②交使用、保管部门
			数量	计价金额	数量	原价	已提折旧	数量	原价	已提折旧		

盘点负责人（签章）：　　　　　　　盘点经手人（签章）：

29. 固定资产报废申报单

固定资产报废申报单可以设置一式三联：①使用部门留存；②交固定资产管理部门；③交会计部门（记账联）。其基本格式如表 3 - 37 所示。

30. 固定资产内部转移单

固定资产内部转移单可以设置一式四联：①交调入部门；②交调出部门；③固定资产管理部门留存；④交会计部门（记账联）。其基本格式如表 3 - 38 所示。

表 3 - 37　　　　　　　　　　　　　**固定资产报废申报单**

申报单位：　　　　　　　　　年　月　日　　　　　　固定资产编号：

固定资产名称		出厂时间		出厂编号	
型号、规格		交付使用时间		计量单位	
制造企业		预计使用年限		使用部门	
原价（元）		已使用年数		净值（元）	
已提折旧(元)				残值（元）	

报废原因：

　　　　　　　　　　　　　　　　　　　　　　　　报告人：
　　　　　　　　　　　　　　　　　　　　　　　　　年　月　日

固定资产管理部门意见	年　月　日	主管领导意　见	年　月　日

②交固定资产管理部门

表 3 - 38　　　　　　　　　　　　　**固定资产内部转移单**
　　　　　　　　　　　　　　　　　年　月　日

调出部门：
调入部门：　　　　　　　　　　　　　　　　　　　　　　编号：

固定资产名称		编　号		规格及型号	
转移原因：		附属设备	名称	规格及型号	数量

调出部门（签章）年　月　日	调入部门（签章）年　月　日	管理部门（签章）年　月　日	财会部门（签章）年　月　日

②交调出部门

　　31. 固定资产（设备）登记卡

　　固定资产（设备）登记卡可以设置一式三联：①交设备管理部门；②交设备使用部门；③会计部门自存。其基本格式如表 3 - 39（正面）和表 3 - 40（背面）所示。

表 3 - 39（正面）　　　　　　　　固定资产登记卡

卡片编号：

固定资产编号		附 属 设 备 记 录			
名称		名称和规格	单　位	数　量	金　额
型号规格或技术特征					
建造单位名称					
建造日期		使 用 记 录			
验收日期		日　期	使用部门	存放单位	管理部门
验收凭证号码					
原值					
其中：安装费					
预计残值					
预计清理费用					
预计使用年限		原 值 变 动 记 录			
月折旧额		日　期	凭证字号	增　加	减　少
月分类折旧率					
投入使用日期					

表 3 - 40（背面）　　　　　　　　固定资产登记卡

折 旧 记 录			停 用 记 录			恢 复 使 用 记 录	
年度	本年计提	累计提取	日期	凭证字号	原因	日期	凭证字号

大 修 理 记 录				报 废 清 理 记 录		
日期	凭证字号	摘要	金额	清理日期		报废清理原因	
				累计折旧额		批准文号	
				清理费用		实际使用年限	
				残值变价收入			
备注：						设卡日期	
						注销卡片日期	
						卡片登记人	

32. 固定资产（房屋）登记卡

固定资产（房屋）登记卡的基本格式如表 3 - 41、表 3 - 42 所示。

表 3 –41（正面）　　　　　　　　　　**房屋登记卡**

年　月　日

建 筑 物 标 示	地基坐落			用　途		使用部门	
	门　牌						
	保存登记						
	来　源	年　月　日 接受、购建、自建					
	建造日期执照字号	年　月　日 字　号					
	预计使用年限		屋　顶	屋　架	墙　壁	地　面	
	原始价值						
	式　样						
	建筑面积	层次	平方米（m²）		附属设备	平方米（m²）	
		基层					
		二层					
		三层					
		合计					

价值变动	变动日期	摘　要	增　值	减　损	已提折旧	净　值	备注：

表 3 –42（背面）　　　　　　　　　　**房屋登记卡**

房屋税	年度	月份	等级	评价	计税金额	税率	本税		税款总额

其他权利设定登记	权利人名称	地址	登记原因	收件		登记		存续期间	证明书字号	设定日期	申请注销登记	
				日期	字号	日期	字号				日期	字号

保险记录	年			有效期间		承保公司	投保目的	保单字号	保险金额	费率	保险费	备注：
	月	日		起	讫							

33. 土地登记卡

土地登记卡的基本格式如表 3-43 所示。

表 3-43　　　　　　　　　　　　　土地登记卡

土地标志	地区		新地名	街（路） 号		所有权记录	原所有权人	
	街道						购置日期	
	牌号		面积				所有权字号	
	等级						土地使用现状	

土 地 成 本			地 价 税					租赁（编号：）	

付款日期	摘要	金额	日期	评价总额	税率	本税	总税额	所有人核准文号：	
								期限	每月租金
								起　讫	公顷　小计 |备注
	合计								

土地权利设定记录	权利人名称	地址	登记原因	收件		登记		存续期间	证明书字号	设定日期	申请注销	
				日期	字号	日期	字号				日期	字号

34. 财产保管卡

财产保管卡的基本格式如表 3-44 所示。

表 3-44　　　　　　　　　　　　　财产保管卡

保管部门：

保管人：　　　　　　　　　　　　　　　　　　　　　　　　编号：

序号	日 期			凭单号码	品名及规格	厂牌	数量	计量单位	单价	确认	日 期			处理情况	凭单号码
	年	月	日								年	月	日		

35. 差旅费报销单

差旅费报销单的基本格式如表 3 – 45 所示。

表 3 – 45　　　　　　　　　　差旅费报销单

部门名称：　　　　　　　　　年　月　日　　　　　　　　　附单据　张第　页

姓 名		出差原因								结　算	
年　月　日　时起至　年　月　日　时止，共计住勤　天，途中　天。										差旅费	小计
日期		起止地址	交通工具	交通费	住宿费	途中伙食费		住勤费		说明	办公费
起	止					天数	金额	天数	金额		
											报话费
											合　计
											原借款
											应退回
											应补付
小　计											报销人（签章）：
差旅费合计（大写）　仟　佰　拾　元　角　分（￥　　）											审核人（签章）：

36. 医药费报销单

医药费报销单的基本格式如表 3 – 46 所示。

表 3 – 46　　　　　　　　　　医药费报销单

年　月　日

部　门		姓　名		职称（职务）		
项　目	凭证来源		全部金额	报销金额	备　注	
挂号费						
针药费						
住院费						
外配药费						
其　他						
报销合计	人民币（大写）　　仟　佰　拾　元　角　分（￥　　）					

第三节　记账凭证的设计内容和要求

一、记账凭证的种类及其优缺点

记账凭证是会计人员根据审核后的原始凭证，确定会计分录并作为记账依据的会计凭证。其主要作用是对原始凭证所反映的经济业务进行简要说明，确定应借应贷的科目名称及其金额，以便记账和检查。

企业应根据其经营规模的大小、业务繁简和管理要求，来确定记账凭证的种类和格式。

按填制记账凭证依据的不同，可将其分为直接记账凭证和汇总记账凭证。

1. 直接记账凭证

它是指直接根据审核后的原始凭证填制的记账凭证。按其作用和格式的不同，直接记账凭证又可分为复式记账凭证和单式记账凭证。

（1）复式记账凭证。

复式记账凭证是将某项经济业务所涉及的全部会计科目集中填写在同一张凭证上的记账凭证。

其优点主要包括：能够清晰地反映经济业务的全貌和资金运动的来龙去脉；便于检查和审核；可以减少核算工作量和凭证数量。

其局限性为：不便于人工记账的分工和科目汇总。

因此，在人工记账时，复式记账凭证一般适用于中小型企业。

复式记账凭证按其适用范围的不同，又可分为通用记账凭证和专用记账凭证两种。

①通用复式记账凭证。

通用复式记账凭证（简称"通用记账凭证"）是适用于所有经济业务的复式记账凭证。企业采用通用复式记账凭证时，对各项经济业务均使用同种记账凭证，而不论其所涉及的经济内容。

但是，如果某项经济业务涉及的会计科目较多，可连续编制若干张记账凭证，并采用一定的编号将所有记账凭证联结起来，以防散失。如企业发生的第10号经济业务涉及八个会计科目，需要填制两张记账凭证，则该笔业务的两张凭证可依次编号为 $10\frac{1}{2}$、$10\frac{2}{2}$。

②专用复式记账凭证。

专用复式记账凭证（简称"专用记账凭证"）是只适用于某一类经济业务的复式记账凭证。采用专用复式记账凭证，需要将所有经济业务按其与现金、银行存款关系的不同，划分为收款业务、付款业务和转账业务三类，并相应地分别填写收款凭证、付款凭证和转账凭证。专用复式记账凭证包括：现金收款凭证、银行存款收款凭证、现金付款凭证、银行存款付款凭证和转账凭证五种。

（2）单式记账凭证。

单式记账凭证（又称"单科目记账凭证"）是按每项经济业务所涉及的会计科目分别填写凭证，从而一张凭证只登记一个总账科目的记账凭证。

其优点主要包括：便于科目汇总，有利于记账分工。

其局限性为：在人工记账时，编制记账凭证的工作量较大；出现差错时，不易查找。因此，必须加强编号控制，以免混淆和丢失。如企业发生的第16号经济业务涉及三个总账科目，需要填制三张单式记账凭证，其编号应分别为 $16\frac{1}{3}$、$16\frac{2}{3}$、$16\frac{3}{3}$。

单式记账凭证主要适用于经营规模较大、业务较复杂、凭证较多、会计分工较细，从而采用科目汇总表核算组织程序的单位。

单式记账凭证按其格式的不同，可分为借项凭证和贷项凭证两种。借项凭证是用以填写借方科目的凭证；贷项凭证是用以填写贷方科目的凭证。

2. 汇总记账凭证

汇总记账凭证是将某一期间相同的记账凭证加以汇总而填制的记账凭证。按其汇总方式的不同，又可分为分类汇总记账凭证和集中汇总记账凭证两种。

（1）分类汇总记账凭证。

分类汇总记账凭证是按收款凭证、付款凭证和转账凭证分别加以汇总填制的记账凭证，包括汇总现金收款凭证、汇总银行存款收款凭证、汇总现金付款凭证、汇总银行存款付款凭证、汇总转账凭证。

（2）集中汇总记账凭证。

集中汇总记账凭证是根据记账凭证（主要是"借项凭证"和"贷项凭证"）将一定期间内每个会计科目的借、贷方合计金额填列在一起的记账凭证汇总表（即"科目汇总表"）。

二、记账凭证的设计要求和要点

记账凭证是以原始凭证为依据，用以记录经济业务的简要内容、确定经济业务所涉及的会计科目名称、记账方向和金额，并作为办理收付款人审核和记账依据的一种会计凭证。因此，设计记账凭证时，必须使其具备一些基本内容（即基本要素），并满足一些基本要求。

1. 记账凭证的基本内容

尽管复式记账凭证、单式记账凭证，以及汇总记账凭证的格式不同，但是任何记账凭证都必须具有下列基本内容：

（1）记账凭证的名称（如××公司收款凭证）。

（2）记账凭证的填制日期和编号。

（3）经济业务的内容摘要。

（4）会计分录，包括应记会计科目（总账科目和二级明细科目）名称、记账方向和金额。

（5）过账符号（即记账标记，它是根据记账凭证过入有关账簿后所做的已过账符号，反映数据的去向，并避免漏记或重记）。

（6）附件张数（即所附原始凭证的张数，反映数据的来源）。

（7）填制、审核、记账和会计主管人员的签章。如果是收、付款凭证还必须有出纳人员的签章。

2. 设计记账凭证格式的基本要求

由于记账凭证是用以标记会计分录，以便记账的会计凭证。因此，记账凭证的设计应满足以下要求：

（1）应清晰反映应借、应贷的会计科目和金额。

原始凭证所反映的经济业务及其有关数据（资金的来龙去脉），需要经过技术加工后才能转化为完整、全面和系统的账簿信息和会计报表信息。这种技术加工过程，就是在记账凭证上（从理论上讲，也可以在通用日记账上）标明应借、应贷的会计科目及其应记金额。否则，账簿信息和会计报表信息难以保证其完整性、全面性和系统性。

（2）应符合会计审核和会计内部控制的要求。

根据1996年6月17日财政部发布的《会计基础工作规范》的规定，记账凭证既是记账的依据，也是有效实施会计审核和会计内部控制的依据和形式。记账凭证格式必须清晰反映账户的对应关系、会计数据的来源和去向，以及填制、审核、出纳、记账和会计主管人员等有关人员的责任界限。

（3）应有利于控制和查阅相关原始凭证。

决策有用性的会计信息质量特征，不仅要求会计信息具有相关性，而且要求会计信息具有可靠性和可验证性。因此，记账凭证应具有对原始凭证的控制和索引作用。

（4）应尽可能减少填制凭证和记账的工作量，提高核算工作效率。

在人工记账的条件下，如果原始凭证较多，应尽可能通过设计套写凭证来减少填制记账凭证的工作量；如果记账凭证较多，应通过设计汇总记账凭证来减少登账的工作量。

3. 设计记账凭证的基本步骤

记账凭证的设计可大体分为以下三个基本步骤：

（1）确定记账方法。

不同的记账方法，记账凭证的记账符号和格式是有所不同的。如在"增减记账法"下，需要按照将所有反映某一时点财务状况的会计科目固定划分为"资金来源（即负债和所有者权益）"和"资金占用（即资产）"两大类并按照"同类科目有增有减，增减金额必相等；异类科目同增同减，两类金额必相等"的记账规则的要求，设计"资金来源及收入"和"资金占用及支出"两方，并需分别设计"增加金额"和"减少金额"两栏。其基本格式如表3－47所示。

表3－47

××公司

记 账 凭 证

2004 年 3 月 9 日　　　　　　　第 12 号

摘要	会计科目		资金来源及收入		资金占用及支出		记账
	总账科目	明细科目	增加金额	减少金额	增加金额	减少金额	
赊购	应付账款		2 000				√
		A 公司	2 000				√
	库存商品				2 000		√
		甲商品			1 000		√
		乙商品			1 000		√
合　计			2 000		2 000		

附件壹张

会计主管：　　记账：王五　　出纳：　　复核：李四　　制单：张三

但是，在"借贷记账法"下，由于其可以设计双重性质的科目，不需将所有反映某一时点财务状况的会计科目固定划分为"资产"和"负债和所有者权益"两大类，且记账规则较简单（有借必有贷，借贷必相等），因此，其格式也较简单，且具有下列基本特征：

①可以将借贷记账符号固定。即可以直接将借贷记账符号事先印在记账凭证上，以便编制和查阅，如在收款凭证的左上角设置"借方科目:"，下设的金额栏可固定为贷方金额；在付款凭证中则相反，在其左上角设置"贷方科目:"，下设的金额栏可固定为借方金额；而在转账凭证中，按左借右贷设计。符号固定后，在使用中不再变更。其基本格式如表3-48所示。

表3-48

××公司

收 账 凭 证

借方科目:银行存款　　　　　　2004年3月9日　　　　　　第12号

摘要	贷 方 科 目		金　额	记账	
	总账科目	明细科目			
销售	主营业务收入		30 000	√	附件壹张
		甲商品	10 000	√	
		乙商品	20 000	√	
	应交税金		5 100	√	
		应交增值税（销项）	5 100	√	
合　　　计			35 100		

会计主管:　　　　记账:王五　　　出纳:　　　　复核:李四　　　制单:张三

②通过设置"合计金额"，可以利用借贷相等原理，及时检查凭证编制是否正确。其中，在转账凭证中，可利用借贷总额平衡检查；而在收款凭证和付款凭证中，合计数就是货币资金收、付的金额。

③凭证栏目较少。其中:收款凭证和付款凭证可以只设置一个金额栏；转账凭证和汇总凭证，也可设置两个金额栏。

1992年11月30日财政部颁布的《企业会计准则》将我国企业会计的记账方法统一为"借贷记账法"，从而结束了"借贷记账法"、"增减记账法"和"收付记账法"三法并存的局面；1997年5月28日财政部颁布的《事业单位会计准则（试行）》、1997年6月25日财政部颁布的《财政总预算会计制度》、1998年2月6日财政部颁布的《行政单位会计制度》又将政府会计和行政事业单位的会计记账方法统一为"借贷记账法"，长期运用的传统的"收付记账法"由此退出了这些领域。因此，现在设计企业、行政事业单位等会计制度时，只能选择借贷记账法。

（2）确定记账凭证的单、复式形式。

通常，经营规模较大、业务较复杂、经济业务较多、会计分工较细的企业，如果采用科目汇总表核算组织形式，则应设计单式记账凭证较为适宜。而一般中小型企业，设计复式记账凭证较为合适。

在确定设计复式记账凭证后，最好进一步确定其种类，以规范其凭证业务。企业可以选择通用记账凭证，也可以选择收款凭证、付款凭证和转账凭证的专用记账凭证。如果采用汇总记账凭证核算组织形式，还应设计相应的汇总记账凭证。

（3）确定每种记账凭证的设计项目，并合理设计其格式。在此，必须符合记账凭证格式的设计要求。

三、记账凭证的主要格式

下面举例说明各种记账凭证格式的设计。

1. 通用记账凭证

通用记账凭证主要有三种基本格式（即表3–49、表3–50、表3–51）。

2. 专用记账凭证

专用收款凭证、专用付款凭证分别有两种基本格式（表3–52、表3–53、表3–54、表3–55），专用转账凭证主要有三种基本格式（表3–56、表3–57、表3–58）。

表3–49

华景公司

记 账 凭 证（格式一）　　　　第20号

1999年5月6日　　　　附件壹张

摘　要	会计科目	过账	借方金额		贷方金额	
			一级科目	明细科目	一级科目	明细科目
从乙公司购入甲材料，货款未付	物资采购	√	20 000			
	甲材料	√		20 000		
	应付账款	√			20 000	
	乙公司	√				20 000
合　计			20 000	20 000	20 000	20 000

会计主管：张三　　记账：李四　　出纳：王五　　复核：胡六　　填制：宋七

表 3 – 50

下塘公司

记 账 凭 证（格式二）

年　月　日　　　　　　　　　　　第　号

摘　　要	会计科目		借方金额	贷方金额	过账
	总账科目	明细科目			
附件　　张	合　　计				

会计主管：　　　　记账：　　　　出纳：　　　　复核：　　　　填制：

表 3 – 51

景泰公司

记 账 凭 证（格式三）

年　月　日　　　　　　　　　　　第　号

摘　　要	借方科目		贷方科目		金　　额	过账
	总账科目	明细科目	总账科目	明细科目		
附件　　张			合　　计			

会计主管：　　　　记账：　　　　出纳：　　　　复核：　　　　填制：

表 3 – 52

华景公司

收 款 凭 证（格式一）

银收字第 10 号

借方科目：银行存款　　　　　　1999 年 5 月 6 日　　　　　　附件壹张

摘　　要	贷方科目	账页	金　　额	
			一级科目	明细科目
收到 A 公司前欠货款	应收账款	√	10 000	
	A 公司	√		10 000
合　　计			10 000	10 000

会计主管：张三　　记账：李四　　出纳：王五　　复核：胡六　　填制：宋七

表 3-53

下塘公司
收 款 凭 证（格式二）

借方科目： 年 月 日 字第 号

摘 要	贷方科目		金 额	过账
	总账科目	明细科目		
附件 张	合 计			

会计主管： 记账： 出纳： 复核： 填制：

表 3-54

华景公司
付 款 凭 证（格式一）

银付字第 23 号
贷方科目：银行存款 1999 年 5 月 16 日 附件壹张

摘 要	借方科目	账页	金 额	
			一级科目	明细科目
支付刘八预借差旅费	其他应收款	√	50 000	
	刘八	√		50 000
合 计			50 000	50 000

会计主管：张三 记账：李四 出纳：王五 复核：胡六 填制：宋七

表 3-55

下塘公司
付 款 凭 证（格式二）

贷方科目： 年 月 日 字第 号

摘 要	借方科目		金 额	过账
	总账科目	明细科目		
附件 张	合 计			

会计主管： 记账： 出纳： 复核： 填制：

表 3 – 56

华景公司
转 账 凭 证（格式一）

转字第 20 号

1999 年 5 月 6 日　　　　附件壹张

摘　要	会计科目	过账	借方金额		贷方金额	
			一级科目	明细科目	一级科目	明细科目
从乙公司购入甲材料，货款未付	物资采购	√	20 000			
	甲材料	√		20 000		
·	应付账款	√			20 000	
	乙公司	√				20 000
合　　计			20 000	20 000	20 000	20 000

会计主管：张三　　　记账：李四　　　复核：胡六　　　填制：宋七

表 3 – 57

下塘公司
转 账 凭 证（格式二）

年　月　日　　　　转字第　号

摘　要	会计科目		借方金额	贷方金额	过账
	总账科目	明细科目			
附件　张	合　计				

会计主管：　　　记账：　　　复核：　　　填制：

表 3 – 58

景泰公司
转 账 凭 证（格式三）

年　月　日　　　　转字第　号

摘　要	借方科目		贷方科目		金　额	过账
	总账科目	明细科目	总账科目	明细科目		
附件　张			合　　计			

会计主管：　　　记账：　　　复核：　　　填制：

3. 分类汇总记账凭证（简称"汇总记账凭证"）

分类汇总记账凭证主要包括汇总收款凭证、汇总付款凭证、汇总转账凭证，其主要格式如表3－59、表3－60、表3－61所示。

表3－59　　　　　　　　　　景泰公司

汇总收款凭证

年　月份

借方科目：　　　　　　　　　　　　　　　　　　　　　　　　　　第　页

贷方科目	金　额				总账页数	
	自　日至　日收款凭证（第　号至第　号共　张）	自　日至　日收款凭证（第　号至第　号共　张）	自　日至　日收款凭证（第　号至第　号共　张）	合计	借方	贷方
合计						

表3－60　　　　　　　　　　景泰公司

汇总付款凭证

年　月份

贷方科目：　　　　　　　　　　　　　　　　　　　　　　　　　　第　页

借方科目	金　额				总账页数	
	自　日至　日付款凭证（第　号至第　号共　张）	自　日至　日付款凭证（第　号至第　号共　张）	自　日至　日付款凭证（第　号至第　号共　张）	合计	借方	贷方
合计						

表 3 –61

景泰公司

汇总转账凭证

年　月份

贷方科目：　　　　　　　　　　　　　　　　　　　　　　　　　　　　　第　　页

借方科目	金　　额				总账页数	
	自　日至　日转账凭证（第　号至第　号共　张）	自　日至　日转账凭证（第　号至第　号共　张）	自　日至　日转账凭证（第　号至第　号共　张）	合计	借方	贷方
合计						

4. 集中汇总记账凭证（即科目汇总表）

科目汇总表主要有下列两种基本格式（表 3 – 62、表 3 – 63）。

表 3 –62

景泰公司

科目汇总表（格式一）

年　月份　　　　　　　　　　　　　　　　　　　　　　　　第　　页

会计科目	自　日至　日		自　日至　日		自　日至　日		本月合计		过账
	借方	贷方	借方	贷方	借方	贷方	借方	贷方	
合　计									
记账凭证起讫号数	现收自第　号至　号		银收自第　号至　号		转账自第　号至　号		共计　张		
	现付自第　号至　号		银付自第　号至　号						

表 3 – 63

景泰公司

科目汇总表（格式二）

年　月　日　至　日　　　　　　　　　第　页

会计科目	账页	本月发生额		记账凭证起讫号数
		借　方	贷　方	
合　　计				

5. 单式记账凭证

单式记账凭证主要有下列四种格式（表 3 – 64、表 3 – 65、表 3 – 66、表 3 – 67）。

表 3 – 64

华景公司

单式收款凭证　　　　　　　　　银收字第 10 号

贷方科目	应收账款	1999 年 5 月 6 日		附件壹张
二级或明细科目		摘　　要	账页	金　　额
A 公司		收到 A 公司前欠货款		10 000
合　　计				10 000

会计主管：张三　　记账：李四　　出纳：王五　　复核：胡六　　填制：宋七

表 3 – 65

华景公司

单式付款凭证　　　　　　　　　现付字第 10 号

借方科目	其他应收款	1999 年 5 月 6 日		附件壹张
二级或明细科目		摘　　要	账页	金　　额
刘八		支付刘八预借差旅费		5 000
合　　计				5 000

会计主管：张三　　记账：李四　　出纳：王五　　复核：胡六　　填制：宋七

表 3 – 66

华景公司

借项转账凭证

转字第 20 $\frac{1}{2}$ 号

借方科目	物资采购	1999 年 5 月 6 日		附件壹张
二级或明细科目		摘　　要	账页	金　　额
甲材料		从乙公司购入甲材料，货款未付		20 000
对方科目：应付账款 – 甲		合　　计		20 000

会计主管：张三　　　　记账：李四　　　　复核：胡六　　　　填制：宋七

表 3 – 67

华景公司

贷项转账凭证

转字第 20 $\frac{2}{2}$ 号

贷方科目	应付账款 – 甲	1999 年 5 月 6 日		附件　张
二级或明细科目		摘　　要	账页	金　　额
乙公司		从乙公司购入甲材料，货款未付 （单据 1 张附在第 20 $\frac{1}{2}$ 号转账凭证上）		20 000
对方科目：	物资采购	合　　计		20 000

会计主管：张三　　　　记账：李四　　　　复核：胡六　　　　填制：宋七

　　6. 套写凭证

　　为了简化核算工作量，并减少误差的可能性，银行结算凭证中的银行收入、支出传票（银行记账联）通常设计成套写凭证格式，如支票正联、银行汇票的第二联（兑付行作联行往账付出传票）和第三联（签发银行作多余款收入传票）、银行承兑汇票的第二联（收款人开户银行作联行往账付出传票）、银行本票正联（签发银行作付出传票）、贴现凭证第一联（银行代申请书，银行作贴现付出传票）等。

　　企业填制的原始凭证中，常见的套写凭证有：收料凭证汇总表、发料凭证汇总表（或发出材料费用分配表）、待摊费用分配表、预提费用分配表、辅助生产费用分配表、制造费用分配表，银行汇票委托书的存根联等。

表 3 – 68　　　　　　　　中国工商银行**转账支票**

签发日期：　年　月　日　　　　　　　　　　支票号码：No 54673465

签发人	全称		收款人	全称	
	账号			账号	

②支票联（委托开户行办理付款）

人民币
（大写）

千	百	十	万	千	百	十	元	角	分

用途：_____
上列款项请从我账户内支付

科目（借）：_____
对方科目（贷）：_____
转账日期：　年　月　日

签发人（盖章）：　　　复核：　　　记账：　　　验印：

第四节　会计凭证的处理规则和管理规则的设计

各部门办理有关经济业务时，必须按规定填制或取得原始凭证，并及时送交会计机构。会计机构及时、完整地收集原始凭证，并对其进行合规、合理、有效性审核和加工处理，是确保会计信息质量和实现会计目标的前提和基础。因此，会计凭证的种类和格式设计完毕后，还应设计会计凭证的处理规则和管理规则。

一、原始凭证处理规则的设计

设计原始凭证的处理规则的主要目的，在于保证会计部门及时、完整地收集有关原始凭证，严格、有效地审核其真实性、合法合规性和全面性。下面以华景公司为例，说明原始凭证处理规则的设计内容和方法。

华景公司的原始凭证处理规则

（1）凡是能够证明本公司会计事项（主要是可以用货币计量的经济业务）的发生和完成情况的，并可据以编制记账凭证的文书单据（无论是自制的，还是外来的书面文件），均应作为本公司原始凭证处理，并由经办部门及时送交会计部门。

（2）原始凭证必须具备下列内容，缺一不得生效：凭证名称；填制凭证的日期；接受凭证单位名称；经济业务的内容、数量、单价和金额；填制单位名称（或填制人名称）；经办人员的签名（或盖章）。

此外，涉及货币资金收支等重要原始凭证（如发票、收款收据、支票、汇票、本票等），还必须有事先的凭证编号；特殊的原始凭证（如专用发票），还必须符合国家或地方政府对原始凭证的其他要求。

从外单位取得的原始凭证，必须有填制单位的公章；从个人取得的原始凭证，必须有填制人的签名（或盖章）。

自制的原始凭证，必须由经办部门负责人（或其指定的人员）签名（或盖章）。

对外开出的原始凭证，必须加盖本公司的公章。

（3）填制的原始凭证，必须字迹清晰、工整和规范，原始凭证的大、小写金额必须相符。

大写数字必须规范（如零、壹、贰、叁、肆、伍、陆、柒、捌、玖、拾、佰、仟、万、亿等），不得用简化字（如0、一、二、三等）代替，更不得随意自造简化字；大写金额数字应写至分位为止，否则应在大写金额数字后面加写"整"字（或"正"字）；大写金额数字之前未印货币名称的，应当加填货币名称，并且货币名称和金额数字之间不得留空白。

阿拉伯数字中间有"0"时，中文大写金额要写"零"字，如￥25 406.02，应写成"人民币贰万伍仟肆佰零陆元零贰分"；阿拉伯数字中间有几个"0"时，中文大写金额中间只写一个"零"字，如￥390 005.45，应写成"人民币叁拾玖万零伍元肆角伍分"。阿拉伯金额数字元位是"0"角位不是"0"时，汉字大写金额可只写一个"零"字，也可不写"零"字。如￥230.63，应写成"人民币贰佰叁拾元零陆角叁分"，也可写成"人民币贰佰叁拾元陆角叁分"。

不得连笔书写阿拉伯数字；在阿拉伯金额数字之前，应当书写货币货种符号（如￥、$等）；币种符号与阿拉伯金额数字之间不得留空白。

（4）购买实物的原始凭证，必须有验收证明（或由验收人在凭证后面签章）。

（5）支付款项时，必须及时取得收款单位（或收款人）的收款证明（如收款收据等）或及时填制有关合法单据（如支票存根等）。

（6）一式多联的原始凭证，必须按注明的用途加以使用。

（7）一式多联的发票和收款收据，必须用双面复写纸（或高级无碳复写纸）套写（除非凭证本身具有复写纸功能），并连续编号。

（8）已事先印好编号的原始凭证作废时，应加盖"作废"戳记（或注明作废字样），并连同存根一起妥善保存，不得撕毁。

(9) 经公司、部门负责人（或其他权力机关、个人）批准的重大经济业务，应将批准文件作为原始凭证的附件。如果有关批准文件需要单独归档保管，应在凭证上注明批准机关名称、日期和文件字号，以便核查。

(10) 无法取得原始凭证的会计事项，应由经办人员编制无单据证明，并经业务主管人员、会计主管人员和单位负责人审核同意后，方可进行会计处理。

如果遗失了外来原始凭证，应当尽可能取得原开出单位盖有公章的证明，并注明原来凭证的号码、内容、数量、单价和金额等，由经办部门负责人、会计部门负责人和公司负责人审核同意后，才能代作原始凭证；如果确实无法取得原开出单位的证明，应由当事人写出详细情况，并经业务主管人员、会计主管人员和单位负责人审核同意后，才能代作原始凭证。

(11) 对于职工的公出借款单（如预借采购资金、预借差旅费的借款收据），必须及时进行账务处理，并将其附在记账凭证的后面。收回借款时，应当另开收据（或退还借款单副联），不得退还原借款收据（指借款记账联）。

(12) 不得涂改、挖补原始凭证。发现原始凭证有错误时，如属非重要项目的文字错误，应由开出单位更正（或重开），更正时开出单位应当加盖其公章；如属数量、单位或金额等关键项目错误，应当由开出单位重开。

(13) 不得随意外借原始凭证。如果由于特殊情况，必须对外借阅、复印原始凭证，必须经公司负责人批准同意，并专门设置登记簿进行登记，由提供人员和借阅、复制人员共同签章。

(14) 凭证审核人员必须认真地、严格地审核原始凭证。原始凭证的审核内容包括：

①从形式上审核原始凭证的准确性和完整性。即审核原始凭证的填写是否规范、齐全，内容是否完整，计算是否正确，手续是否齐备。对记载不准确、不完备的，应予以退回，要求经办人员更正、补充。

②从实质上审核原始凭证的真实性和合法性。即审查发生的经济业务是否符合国家的政策、法令、制度和计划的规定，有无违反财经纪律等违法乱纪行为。如有违反，在不予受理的同时，应当予以扣留，同时要向本单位领导反映有关情况，提出拒绝执行的意见；如有必要，还应向上级领导机关反映有关情况，请求查明原因，追究当事人的责任。

凭证审核人员必须依照会计准则和制度，坚持原则，认真履行职责。因此，要求凭证审核人员必须具有强烈的责任感和正义感，同时还要通晓财经法规和计划、预算的规定，熟悉造假的伎俩和方法，切实把好会计监督的这一重要关口。

(15) 一张原始凭证所列支出由多个单位共同负担时，应由主办单位填制

"原始凭证分割单"。原始凭证分割单除了必须具有原始凭证的基本内容（包括凭证名称、填制凭证日期、填制凭证单位名称或填制人姓名、经办人员的签名或盖章、接受凭证单位名称、经济业务内容、数量、单价、金额等）外，还必须有费用分摊情况等。

（16）已向购货单位开具增值税专用发票的销售货物，如果发生退货，应视下列两种情况分别进行处理：

①如果退货时购货方未付货款，并且未作购货账务处理，应要求对方将原发票联和抵扣联退还本公司；本公司收到退回的原发票联和抵扣联后，应在4联增值税专用发票（包括退回的原发票联、抵扣联，以及本公司留存的存根联、记账联）上，加盖"作废"戳记（注明作废字样）。如果本公司已作了相关销售业务的账务处理，还应以此作为冲销的依据。

②如果购货方已付款（或虽然未付款，但已作了相关账务处理），从而原发票联和抵扣联无法退回，应要求对方取得当地主管税务机关开具的"进货退出或索取折让证明单"并送交本公司。本公司收到后，以此作为开具红字增值税专用发票的依据。红字专用发票的存根联和记账联，作为本公司冲减当期销售收入和扣减当期增值税销项税额的凭证；发票联和抵扣联，则交付购货方作为冲减进货成本和扣减增值税进项税额的凭证。

（17）已向购货单位开具增值税专用发票的销售货物，如果发生销售折让，也应视下列两种情况分别进行处理：

①如果退货时购货方未付货款，并且未作购货账务处理，应要求对方将原发票联和抵扣联退还本公司；本公司收到退回的原发票联和抵扣联后，也应在4联增值税专用发票上，加盖"作废"戳记（注明作废字样）。然后，按折让后的货款重开增值税专用发票，并进行相应的账务处理。

②如果购货方已付款（或虽然未付款，但已作了相关账务处理），从而原发票联和抵扣联无法退回，应要求对方取得当地主管税务机关开具的"进货退出或索取折让证明单"并送交本公司。本公司收到后，以此作为开具红字增值税专用发票的依据。红字专用发票的存根联和记账联，作为本公司冲减当期销售收入和扣减当期增值税销项税额的凭证；发票联和抵扣联，则交付购货方作为冲减进货成本和扣减增值税进项税额的凭证。然后，按折让后的货款重开增值税专用发票，并进行相应的账务处理。

（18）发生销货退回时，除按上述第16条规定进行处理外，还应有退货验收证明；退款时，必须取得对方的收款收据（或银行转来的汇款凭证），不得以退货发票代替收据。

二、记账凭证处理规则的设计

设计记账凭证的处理规则的主要目的，在于标记会计分录，以便记账；清晰反映账户的对应关系，以便全面反映经济业务全貌和资金的来龙去脉；联系原始记录和账簿记录，以加强会计内部控制。会计部门首先应利用原始凭证将企业所发生的经济业务产生的会计数据收集起来，再通过会计确认，运用会计特有的复式记账方法，将会计数据填写在记账凭证上，做成会计分录，来表述数据中含有的财务信息。下面以华景公司为例，说明记账凭证处理规则的设计内容和方法。

华景公司的记账凭证处理规则

（1）应根据审核无误的原始凭证填制记账凭证，并且除结账和错账更正等事项外，记账凭证必须附有原始凭证。

（2）记账凭证必须具备以下基本内容：记账凭证的名称；填制凭证日期和凭证编号；经济业务内容摘要；会计科目及其借贷方向、金额；所附原始凭证张数；记账符号；填制、稽核、记账、会计主管人员的签字或盖章（如果是收、付款凭证还必须有出纳人员的签章）。

代替记账凭证的套写凭证，也必须具备记账凭证的基本内容。

（3）应由专人严格审核记账凭证。审核要点包括：格式是否符合规定，记录内容是否完整；所附原始凭证是否真实、齐备，金额是否相等；摘要是否简明准确；会计分录是否正确；收支凭证是否加盖"收讫"或"付讫"章；文字、数字的更正是否符合会计错账的更正要求，更正人员是否在更正处签章。

（4）可以根据每一张原始凭证、若干张同类经济业务的原始凭证或原始凭证汇总表，填制记账凭证。

（5）如果一张原始凭证涉及多张记账凭证，可将原始凭证附在一张主要的记账凭证后面，并在其他记账凭证上注明附有原始凭证的记账凭证编号（即注明"附件见××号凭证"）。

（6）如果一张原始凭证所列支出需要其他企业共同负担，应将其他企业负担的部分开具原始凭证分割单，并交付对方与本公司进行结账。由其他单位负担的费用，不能作为本公司的费用处理。

（7）在一个月内，记账凭证应当连续编号，以便查核。本公司采用专用记账凭证（即收款凭证、付款凭证和转账凭证）格式，可按凭证类别和顺序编号（也可按总字顺序编号与按类别顺序编号相结合的方法处理）。如果改为通用记账凭证格式，可按经济业务发生的顺序编号。

一笔经济业务需要填制多张记账凭证时，应采用分数编号法编号。

（8）应正确填写凭证日期。本公司记账凭证填制日期的填写要求为：对于收、付款凭证，应按货币资金收、付的日期填写。

对于转账凭证，原则上应按收到原始凭证的日期填写。但是，如果一份转账凭证是依据不同日期的某类原始凭证填制的，可按填制凭证的日期填写；对于月末调整账项的转账凭证，应按月末日期填写。

（9）采用复式专用记账凭证时，应按下列方法选择记账凭证的种类：

①涉及现金或银行存款的收款业务，应填制收款凭证。

②涉及现金或银行存款的付款业务，应填制付款凭证。

③涉及现金和银行存款之间的划款业务，应按贷方科目填制付款凭证（不再填制收款凭证），以便重复记账，并减少核算工作量。

④不涉及现金、银行存款的业务，填制转账凭证。

⑤在一笔经济业务中，凡同时涉及现金（或银行存款）收付和转账会计事项时，应相应地分别填制收（付）款凭证和转账凭证。

（10）如果在填制记账凭证时发现填制错误，可将错误凭证撕毁并重新填制正确的记账凭证；如果在记账凭证登记入账后发现填制错误，应按更正错账的方法（即红字更正法或补充登记法，具体更正方法见"会计账簿的处理规则"）及时予以更正，并由更正人员在更正处签章，不得将已入账的记账凭证撕毁。

（11）记账凭证填写完毕后，应对其进行复核与检查，并进行凭证分录试算平衡。如检查有关人员是否签章；出纳员根据收、付款凭证收付款时，是否在凭证上加盖"收讫"或"付讫"戳记，以免重收重付；借贷金额是否相等；记账凭证的种类、格式和内容是否合规合法。

下列记账凭证为不合规、不合法的凭证，应及时予以更正：

①填制记账凭证的依据（即原始凭证）不合规或不合法。

②未依据规定的程序和要求填制的记账凭证。

③记账凭证的内容与其原始凭证内容不符合。

④有关人员的签章不齐全，或使用了别名。

⑤记录内容或计算结果错误且未按规定和要求予以更正。

⑥其他与有关法规、制度不符合的事项。

（12）记账凭证上应注明所附原始凭证的张数，张数的数字要用汉字大写，要顶着"附件"写，不要留空白。

（13）一张记账凭证填写完经济业务事项后，如果还有空白，应在记账凭证的空行中采用"／"（斜线）注销。

（14）对于机制记账凭证，应进行认真的审核，做到借贷方向和会计科目正确，数字准确无误。打印出的机制记账凭证，应由制单人员、审核人员、记账人员、会计主管人员签字或盖章。对于收付款凭证，还需由出纳员签字或盖章。

三、会计凭证管理规则的设计

各企业必须加强对会计凭证的管理，并制定相应的管理规则规范其管理行为，强化责任意识。下面以华景公司为例，说明会计凭证管理规则的设计内容和方法。

华景公司的会计凭证管理规则

（1）各种会计凭证必须按要求及时传递，不得积压。记账凭证登记完毕后，应按分类和编号顺序妥善保管好，以防散乱丢失。

（2）根据本公司会计部门内部分工情况和会计内部控制的要求，会计凭证的传递程序和有关要求规定如下表3－69：

各工作岗位应按业务处理程序，在规定的时间内办理有关手续，并及时传递凭证。会计部门经理应按顺序开展会计核算，保证会计信息质量，加强会计内部控制和有利于各部门利用会计信息的要求，不断完善凭证的传递程序和办理有关手续的时间规定，避免不必要的传递环节，防止会计凭证在各环节停留时间过长或过短。

（3）期末终了，应将各种输出的机制记账凭证连同所附原始凭证（包括原始凭证汇总表），按编号顺序装订成册并加具封面，注明本公司名称；注明年度、月份和起讫日期；注明凭证种类和起讫号码。并且，由装订人员在装订线封签处签章。

（4）重要的原始凭证及其附件（如各种经济合同、存出保证金收据、涉外文件等）应另编目录，单独登记保管；并在有关记账凭证和原始凭证上相互注明日期和编号。

数量较多的其他原始凭证（如收料单、领料单等）也可以单独装订保管。单独装订保管的原始凭证，必须在其封面上注明记账凭证的日期、编号和种类；同时，在记账凭证上注明"附件另订"和原始凭证的名称及编号。

（5）会计凭证（包括原始凭证和记账凭证）至少保存 15 年以上，其中涉外重要凭证应该永久保管。保管期满需要销毁的，须经单位领导批准，并报经主管部门审核同意后方可办理销毁手续。

（6）会计凭证应由指定的专人保管。非保管人员不得擅自接触已经归档的会计凭证。

表 3 – 69

序号	经办业务部门	会计部门		最长时间
		工作内容	执行岗位	或要求
①	填制或取得原始凭证			
	↓			
②	到会计部门报账 →	收集原始凭证		
		↓		
③		审核凭证	凭证审核岗位	半天
		↓		
④		填制记账凭证	原始凭证输入岗位	一天
		↓		
⑤		定期打印机制凭证	记账凭证输出岗位	每隔 10 天
		↓		
⑥		填制、复核、记账、会计主管人员签字（或盖章）	有关责任人员	一天

第五节　案例及其点评

案例 1　现行《事业单位会计制度》（1997 年 5 月财政部颁布实施）的"附件一"中设计的转账凭证格式如下：

表 3 - 70

转 账 凭 证

出纳编号：

年 月 日　　　　　　　　制单编号：

对方单位（或缴款人）	摘要	借　方		贷　方		金　　　额										记账符号	附凭证张
		总账科目	明细科目	总账科目	明细科目	千	百	十	万	千	百	十	元	角	分		

会计主管：　　　记账：　　　稽核：　　　出纳：　　　制单：　　　领缴款人：

案例点评

（1）转账凭证是专门用于标记不涉及货币资金收付业务会计分录的一种专用复式记账凭证。因此，在转账凭证格式中无须设计"出纳编号"、"领缴款人"、"出纳（签章）"项目。

（2）转账凭证主要用于企业内部的转账业务，设计"对方单位"项目没有多大实际作用，尤其是其后附的"（或缴款人）'应删除。

案例 2 现行《财政总预算会计制度》（1997 年 6 月财政部发布实施）的"附件一"中设计的记账凭证格式如下：

表 3 - 71

记 账 凭 证

总号：

年 月 日　　　　　　　　分号：

摘　　要	总账科目	明细科目	借方金额	贷方金额	记账符号	附凭证张
合　　计						

会计主管：　　　记账：　　　稽核：　　　制单：

案例点评

（1）显然，上述是一种通用复式记账凭证的格式。但是，作为通用记账凭证，还应设计"出纳（签章）"项目，以满足全面反映收、付款业务的需要。

（2）通常，采用专用复式记账凭证格式时，设计编号项目的方法有两种：①只设计分号项目（如"银收字第 10 号"，"现付字第 23 号"，"转字第 34 号"）；②既设分号项目，又设总号项目。但是，作为通用记账凭证，一般只设总号项目，不设分号项目。

思考题

1. 什么是套写凭证？为什么应尽可能设计套写凭证？
2. 你认为审核原始凭证时，应注意哪些事项？
3. 复式记账凭证和单式记账凭证各有哪些优缺点？其适用范围如何？
4. 调查一个大中型企业的会计凭证处理规则（书面的或习惯做法），并予以点评。

第四章 会计科目的设计

会计科目是账簿的名称。任何一个会计科目对应着一个账簿（账户），因此账簿种类和数量的设计取决于会计科目的设计。

会计科目又是根据外部会计报表使用者和企业内部会计信息使用者决策时所需财务指标的要求，对会计对象具体内容进行的分类项目，也是对会计数据进行分门别类处理的依据。只有通过会计科目的科学设计，才能保证为外部会计报表使用者和企业内部会计信息使用者提供系统的、分类的决策信息。

从会计制度的设计内容来看，会计科目的设计是整个会计制度设计的主体（通常占 60% 以上，甚至 2/3 以上）。

本章主要讨论：会计科目设计的内容、原则和基本步骤，会计科目的分类、排列和编号方法，会计科目使用说明的设计，并通过两个案例说明如何编制会计科目的使用说明。

第一节 会计科目设计的内容、原则和基本步骤

一、会计科目的设计目的和内容

会计信息使用者要求会计对所发生的各项经济业务进行分类、系统地反映和监督，以提供其各种对决策有用的会计信息。因此，设计会计科目的目的在于：为外部会计报表使用者和企业内部会计信息使用者提供分类的、系统的决策信息。

会计科目设计的主要内容包括：

（1）对会计对象的具体内容进行总括分类，确定一级科目，以全面反映企业财务状况和经营成果等的总括情况。

（2）对某些总括分类的一级科目进一步按会计信息使用者的要求作多层次的明细分类，确定各级明细科目，以反映各有关总括分类的明细具体情况。

（3）将所有横向结构的一级科目和纵向结构的多层明细科目结合在一起，

并形成一个完整的有机整体（即会计科目体系）。同时，在会计科目体系（又称"会计科目表"）中，还必须对会计科目进行科学地分类、排列和编号。

（4）编写会计科目的使用说明。

此外，会计科目的设计内容通常还包括主要会计事项的分录指南（或举例）。但是，在文体结构上，主要会计事项的分录举例通常作为附件，并放在会计制度的后面。

因此，可以将会计科目的设计任务概括为：确定每个会计主体的会计科目表（包括会计科目的分类、排列和编号），编写各个会计科目的使用说明及必要的会计分录指南（举例）。

二、会计科目的设计原则

根据会计制度设计的基本原则的要求，设计会计科目时应遵循下列一些具体原则：

（1）在会计准则和国家统一会计制度的基础上，适应各企业会计对象的具体特点和具体管理要求。

首先，会计科目的设计必须符合会计准则和国家统一的会计制度。如为了适应国营企业利改税的要求，我国曾根据马克思的劳动价值论原理将企业所得税作为税后利润的分配项目，专设"利润分配—应交所得税"科目，并按"应付税款法"进行核算；现在，我们根据国际惯例，从会计主体的角度将企业所得税作为企业为获取税后利润所必须支付的一种代价（即所得税费用），专设"所得税"科目（损益类科目），并按"应付税款法"或"纳税影响会计法"（包括递延法和债务法）进行核算。

其次，会计科目的设计必须以资金运动规律和会计要素为依据。企业的资金运动具有静态和动态两种形式，因此需要设计静态会计科目和动态会计科目，以全面反映企业资金运动状况。其中，静态会计科目是设计实账户和"资产负债表"的基本依据；动态会计科目是设计虚账户和"利润表"、"利润分配表"的基本依据。会计要素是会计对象的基本内容，因此会计科目分类设计必须考虑会计要素的划分要求。

再次，会计科目的设计必须符合各企业会计对象的具体特点和管理要求。如为了适应外商投资企业财务管理的特殊要求，需要在所有者权益类增设"已归还投资"科目，并在"盈余公积"总账科目下增设"储备基金"、"企业发展基金"和"利润归还投资"三个二级科目，在"利润分配"总账科目下增设"提取储备基金"、"提取企业发展基金"、"利润归还投资"、"提取职工奖励及福利基金"四个二级科目。又如对存货实行计划成本计价核算的企业，需要专设"材料成本差异"、"产品成本差异"科目，并按计划成本对所有存货科目进行日常计价核算；而对存货实行实际成本计价核算的企业，则不需要设置"材料成本差异"、"产品成本差异"科目，且按实际成本对所有存货科目进行日常计价核算。

（2）每一个重要的资金运动环节（或每一项重要的经济业务）应单独设计会计科目加以核算。

如果多个重要的资金运动环节（或多项重要的经济业务）同在一个会计科目中核算，就会模糊其反映的信息内容，也容易引起会计信息使用者误解。如1989年财政部制定的《国营工业企业会计制度》中，"销售"科目核算企业对外销售产品、材料，提供劳务所发生的销售收入、销售税金、销售工厂成本、销售费用及其他费用、销售利润（或销售亏损）。显然，它是一个计价对比科目，其优点是核算方法简单，其缺点就是直接提供的会计账簿信息量较少，并增加了编制"利润表"的分析填列难度等。

（3）会计科目的名称应简明扼要，含义清晰，以便于理解、记忆和使用。

在设计会计科目时，应力求简明，并能明确表示科目所代表的经济业务内容或用途，不易使人误解。如将"企业管理费用"、"应收销货款"、"计提固定资产折旧费用"科目简化为"管理费用"、"应收账款"、"累计折旧"科目，既简单清楚，又不会引起误解。

但是，不能为了简化或其他原因，致使其含义不清或容易引起误解。如目前实行的《事业单位会计制度》中，为了简化核算，设计了"结转自筹基建"科目并直接作为报表项目列入"资产负债表"中。对于该科目，可能只有少数专业人员才能确切把握其含义。其实，"结转自筹基建"科目是一个作为当期支出处理的专项银行存款（转存建设银行的自筹基建存款）。由于它将资产业务（自筹资金转存业务）和列报支出业务合二为一，且在会计科目名称上又未标明"存款"或"支出"字样，因此，连许多企业会计专家可能都不解其意。

（4）企业范围内总、分支机构相同的会计事项使用相同的会计科目进行核算。

因此，应该制定总公司、各分公司的会计科目表，明确各种经济业务所涉及的会计科目，并确保总、分支机构相同的会计事项在相同会计科目中反映。

（5）对会计科目进行科学的分类、排列和编号，并在某些科目之间留有适当的空号，供增设会计科目之用。

目前，从1993年开始，国家制定的企业会计制度已按会计准则的要求，将会计科目分为资产类、负债类、所有者权益类、成本类和损益类，并按流动性的大小对资产和负债科目进行排列。在过去高度集中的财务管理体制下，企业的产权关系单一，破产清算的可能性极小，因此负债和财务风险观念不强，没有必要严格区分债权人权益和所有者权益的界限，也无须按流动性大小对会计科目进行排列。在当时企业外部经营环境下，只需简单将会计科目分为资金来源类（或再分为资金来源类、收入类）和资金占用类（或再分为资金占用类、支出类），并在科目排列上凸显生产能力的分析（即将固定资产排在最前面）。随着企业的产权关系日益复杂，并获得了独立法人资格，自主经营、独立核算、自负盈亏、自担风险，客观上要求在会计核算上明确区分债权人权益与所有者权益的界限，并突显偿债能力的分析（即按流动性的大小对资产和负债科目进行排列），以满足会计报表使用者的信息要求。

会计科目的编号应该简单明了、层次分明、便于记忆、留有余地。编号应清晰，数字不宜过长；编号规律显而易见、便于记忆；编号之间留有余地，以便增添科目。

三、会计科目的基本设计步骤

会计科目的设计，包括分析经济业务、编制完整的会计科目表和编写详细的会计科目使用说明等。设计会计科目的主要依据包括：会计准则、国家统一的会计制度、本单位经济业务的具体情况、会计信息使用者对财务指标的要求等。其基本步骤包括：

（1）确定会计科目的类别（包括大类和小类）。

（2）确定总账科目的数量和名称。

（3）确定各层明细科目的数量和名称。

（4）对已确定的各级会计科目分别进行排列和编号，并编制会计科目表（即确定会计科目体系）。

（5）编写每个会计科目的使用说明。编写内容主要包括：确定会计科目核算的具体经济业务内容（即用途）；明确应设置的明细科目及其编号；说明会计科目的具体使用方法。

此外，最好在企业内部会计制度的后面，再附上"主要会计事项的分录指南（举例）"。

第二节 会计科目的分类、排列和编号方法

一、会计科目的分类设计和分级设计

企业应该依据会计准则和国家统一的会计制度的规定，并考虑外部会计报表使用者和内部会计信息使用者所需财务指标的详细程度，确定其会计科目的分类设计方法和会计科目的分级设计方法。

1. 会计科目的分类设计

在我国，会计科目的分类设计，曾经出现过二类分类法、四类分类法和五类分类法三种。

（1）二类分类法。

财政部1981年制定的，以及1985年和1989年修订实施的《国营工业企业会计制度》，均将会计科目分为"资金来源类"、"资金占用类"二类。

财政部1972年颁布施行的《基本建设会计制度》，也将会计科目分为"资金来源类"、"资金占用类"二类。

二类分类法是过去高度集中的财务管理体制下，制造行业和施工行业等大多数行业的传统分类方法。

（2）四类分类法。

原商业部1970年制定的《商业会计制度（试行方案）》，先将会计科目分为"资金来源及收入类"、"资金占用及支出类"；然后，在此基础上将会计科目具体分为"来源科目"、"收入科目"、"占用科目"、"支出科目"四类。

中国人民保险公司1984年修订的《中国人民保险公司会计制度》，将会计科目分为"资产类"、"负债类"、"资产负债共同类"、"损益类"四类。

（3）五类分类法。

财政部1985年4月24日颁布的《中外合资经营工业企业会计科目和会计报表》，将会计科目分为"资产类"、"负债类"、"资本类"、"成本类"、"损益类"五类。

财政部1992年5月25日颁布的《外商投资工业企业会计科目和会计报表》（同年7月1日开始实施），将会计科目分为"资产类"、"负债类"、"投资人权益类"、"成本类"、"损益类"五类。

财政部1992年12月31日颁布的《工业企业会计制度》（1993年7月1日开始实施），将会计科目分为"资产类"、"负债类"、"所有者权益类"、

"成本类"、"损益类"五类。这种分类法，是许多国家通行的一种会计科目分类方法；该制度按国际惯例所设计的会计科目和会计报表，意味着我国采用了国际通行的商业语言。从此，我国所有行业的企业会计制度均按此种分类方法进行设计。

财政部 1997 年 6 月 25 日颁布的《财政总预算会计制度》，将会计科目分为"资产类"、"负债类"、"净资产类"、"收入类"、"支出类"五类。随后，1997 年 7 月 17 日财政部颁布的《事业单位会计制度》和 1998 年 2 月 6 日财政部颁布的《行政单位会计制度》均将会计科目分为此五类。

2. 会计科目的分级设计

所谓会计科目的分级设计，是指确定至总账科目止会计科目的级数。对于会计科目的级数设计，主要有三级设计法和二级设计法两种。

（1）三级设计法。

它是指先根据会计科目的性质分为大类，大类之中再按某一标准划分小类，然后在小类基础上直接设置总账科目的一种分级设计方法。在该法中，第一级为大类，第二级为小类，第三级为总账科目，即：

一级	二级	三级
大类	小类	总账科目

（2）二级设计法。

它是指先根据会计科目的性质进行分类，然后在一次分类的基础上直接设置总账科目的一种分级设计方法。即：

一级	二级
类别	总账科目

对于会计科目的分类，企业应在会计准则和国家统一的会计制度的基础上，根据其规模的大小和会计信息需要者的要求加以确定。通常，大中型企业多采用三级设计法，小型企业可考虑采用二级设计法；或者"资产类"和"负债类"会计科目采用三级设计法，而"所有者权益类"会计科目采用二级设计法。

目前，在我国统一的企业会计制度中，"资产类"和"负债类"会计科目就是采用三级设计法。在这种分类设计中，由于第一级"大类"和第二级"小类"不具有会计核算意义，只有第三级"总账科目"才具有核算意义，因此，习惯上将总账科目称为"一级科目"。

二、会计科目的排列设计

会计科目的排列顺序主要取决于与其相应的报表项目在"资产负债表"和"利润表"中的排列顺序，为记账、检查、分析账簿记录和编制会计报表提供必要的方便。从理论上讲，会计科目的排列方法主要有"按流动性程度排列法"（即流动性列前法）、"非流动性列前法"、"按重要性程度排列法"三种。

1. 按流动性程度排列法（即流动性列前法）

它是指流动性强的科目排在前面，而流动性弱的科目排在后面的一种排列设计法。此法的主要目的在于：有利于分析企业财务状况和偿债能力（包括近期偿债能力、短期偿债能力、中期偿债能力和长期偿债能力等）。

它主要适用于市场经济条件下的资产类、负债类会计科目的排列。因为在市场经济条件下，企业会计报表使用者特别强调企业偿债能力和财务风险的分析。

2. 非流动性列前法

它是指将某些非流动性科目排在前面，而流动性强的科目排在后面或中间的一种排列设计法。此法的主要目的在于：有利于分析企业的生产经营能力及其未来变化趋势。

它主要适用于计划经济（或其他非市场经济）条件下的资产类、负债类会计科目的排列。因为在计划经济（或其他非市场经济）条件下，企业破产的可能性很小（或较小），因此对企业会计报表使用者来说，偿债能力和财务风险的分析并不显得特别重要，相反，企业的生产经营能力及其未来变化趋势的分析变得非常重要，以便安排生产经营计划，并检查计划的完成情况。

3. 按重要性程度排列法

它是指将重要的科目排在前面，而将次要的科目排在后面的一种排列设计法。此法的主要目的在于：有利于分析企业的经营成果状况及其稳定性，或凸显有关科目之间的前因后果关系等。

它主要适用于市场经济条件下的所有者权益类、成本类和损益类会计科目的排列。

目前，我国企业会计制度对资产、负债会计科目，采用按流动性程度排列法；而对所有者权益类、成本类和损益类会计科目，则主要采用按重要性程度排列法。

三、会计科目的编号设计

会计科目的编号是指在会计科目表中，以数字、文字、字母、横线或圆点等作为符号，对每一个会计科目所规定的固定编码。它从属于会计科目的分类和排列，设计者必须按会计科目的分类、排列顺序进行科学的编号。

对会计科目进行编号的主要目的在于：方便会计核算电算化；有利于清晰地反映会计科目的分类（包括大类、小类）、分级和会计科目体系，使会计科目的设计更系统、严密和具有逻辑性；有利于利用电脑对账簿数据进行科目汇总与分析等。

按其所使用的符号不同，会计科目的编号方法主要有单纯数字法、数字加圆点（或横线）法、数字加文字（或字母）法等。

1. 单纯数字法

单纯数字法是只采用阿拉伯数字组成编码的一种方法。它主要适用于全国性（或地区、部门性）会计制度设计中会计科目的编号设计。因为在全国性（或地区、部门性）会计制度设计中，通常只设计总账科目，而明细科目由各企业根据其生产经营的特点和管理要求自行设计确定。

按其所使用的数码位数的不同，单纯数字法又可分为三位数字法、四位数字法和六位数字法等。

（1）三位数字法。

自 1992 年 12 月起，财政部陆续发布的分行业的企业会计制度，基本上是采用三位数字法。以 1992 年 12 月 31 日财政部发布的《工业企业会计制度》为例，会计科目的编号规则如表 4 - 1 所示。（表中所列总账科目名称及其编号，仅为当时工业企业会计制度中的部分科目）

（2）四位数字法。

1992 年 5 月 25 日财政部发布的《外商投资工业企业会计科目和会计报表》就是采用四位数字法，其编号设计的特点是总账科目占两位数（见表 4 - 2）。其会计科目的编号规则如表 4 - 3 所示。

表 4－1

| 第1位 | | 第2位 | | 第3位 | |
| 大 类 | | 小 类 | | 总 账 科 目 | |
编号	名 称	编号	名 称	编号	名 称
1	资产类	10～13	流动资产类	101	现金
				102	银行存款
				109	其他货币资金
				111	短期投资
				121	材料采购
				131	材料成本差异
		15	对外长期投资类	151	长期投资
		16	固定资产和在建工程类	161	固定资产
		17	无形资产类	171	无形资产
		18	长期待摊费用类	181	递延资产
		19	待处理损溢类	191	待处理财产损溢
2	负债类	20～23	流动负债类	201	短期借款
				211	应付工资
				221	应交税金
				231	预提费用
		24～26	长期负债类	241	长期借款
				251	应付债券
				261	长期应付款
3	所有者权益类	30	资本金类	301	实收资本
		31	资本公积和资本积累类	311	资本公积
		32	利润的形成与分配类	321	本年利润
4	成本类	/	/	401	生产成本
				405	制造费用
5	损益类	50	主营业务收入费用类	501	产品销售收入
		51	附营业务收入费用类	511	其他业务收入
		52	管理、财务费用类	521	管理费用
		53	投资收益类	531	投资收益
		54	营业外收支类	541	营业外收入

表 4 - 2

编 号 数 字 的 位 序			
1	2	3	4
大 类	小 类	总 账 科 目	

表 4 - 3

第 1 位		第 2 位		第 3、4 位	
大 类		小 类		总 账 科 目	
编号	名 称	编号	名 称	编号	名 称
1	资产类	11~14	流动资产类	1101	现金
				1111	银行存款
				1201	待摊费用
				1301	材料采购
				1401	原材料
		15	对外长期投资类	1501	长期投资
		16	固定资产类	1601	固定资产
		17	在建工程类	1701	在建工程
		18	无形资产类	1801	场地使用权
		19	其他资产类	1901	开办费
2	负债类	21	流动负债类	2101	短期借款
				2131	应付工资
				2141	应交税金
				2181	预提费用
		22	长期负债类	2201	长期借款
				2211	应付公司债
3	投资人权益类	/	/	3101	实收资本
				3201	储备基金
				3301	本年利润
4	成本类	41	产品成本类	4101	生产成本
		42	生产费用类	4201	制造费用
5	损益类	51~52	营业损益类	5101	产品销售收入
				5141	管理费用
				5201	其他业务收入
				5211	其他业务支出
		55~56	营业外收支类	5501	营业外收入
				5601	营业外支出

此外，以此类推，还有五位数字法和六位数字法等。不过，从既简明又科学实用的角度看，笔者认为四位数字法（至总账科目为止，暂不考虑明细科目的编号）比较好。

2. 数字加圆点（或横线）法

表 4 – 4

小数点前						小数点后	
第1位		第2位		第3、4位		第1、2位	
大类		小类		总账科目		二级科目	
编号	名 称	编号	名 称	编号	名 称	编号	名 称
1	资产类	10~15	流动资产	101	现金		
				111	有价证券		
				121	应收票据		
				131	待摊费用		
				145	存货	.01	原材料
						.02	设备
						.03	低值易耗品
						.04	周转材料
						.05	商品
						.06	产成品
						.07	生活物资
						.08	实物结算物资
						.09	其他存货
				155	在途物资		
		16	对外长期投资类	161	长期投资	.01	股票投资
						.02	债券投资
						.03	其他投资
						.04	拨付所属资金
		17	固定资产	171	固定资产	.01	房屋及建筑物
							……
				172	累计折旧		
				……			
		……					

数字加圆点（或横线）法是同时采用阿拉伯数字和圆点（或横线）组成编码的一种方法。它主要适用于企业内部会计制度设计中会计科目的编号设计。因为在企业内部会计制度设计中，不仅应考虑类别和总账科目的编号，而且还必须考虑各级明细科目（包括二级科目、三级科目等）的编号。如果采用单纯数字法，会使编码过长，不便识别和记忆。

采用这种方法时，类别和总账科目的编号可以根据需要使用三位数码或四位数码，而在总账科目（一级科目）与二级科目之间通过圆点（或横线）加以隔开。

如果在全国性（或地区、部门性）会计制度中，有必要统一规范企业部分明细科目的编号，也可以采用数字加圆点（或横线）法。如1993年1月15日财政部发布的《对外经济合作企业会计制度》就是采用数字加圆点法，见表4-4。

在各种会计科目编号设计方法中，笔者认为"数字加圆点法"比较好。其中，小数点前为四位（第1位用于大类编号，第2位用于小类编号，第3、4位用于总账科目编号），小数点后也为四位（分别用于二级、三级、四级、五级科目的编号）的方法尤其值得考虑，如表4-5所示。

表4-5

编 号 数 字 的 位 序								
小 数 点 前				小数点	小 数 点 后			
1	2	3	4	·	1	2	3	4
大类	小类	总 账 科 目			二级科目	三级科目	四级科目	五级科目

当然，由于各企业的具体情况不同，除国家统一的会计制度中明确规定了部分明细科目的编号外，其余明细科目的编号设计由企业自行确定。

3. 数字加文字（或字母）法

数字加文字（或字母）法是同时采用阿拉伯数字和文字（或字母）组成编码的一种方法。它也是主要适用于企业内部会计制度设计中会计科目的编号设计。如：

1211   原材料

 1211-L   原料及主要材料

 1211-F   辅助材料

 1211-W   外购半成品

 1211-X   修理用备件

第三节 会计科目使用说明的设计

会计科目使用说明的设计内容和要求，主要包括：确定会计科目核算的具体经济业务内容（即用途）；明确有关经济业务或会计事项的账务处理方法（或说明会计科目的具体使用方法）；明确应设置的明细科目及其编号。此外，还可以根据不同科目的核算或管理要求，增加一些其他需要特别予以说明的内容。下面以"现金"和"短期投资"两个会计科目为例，说明其具体设计方法。

一、"现金"科目使用说明的设计

"现金"科目的使用方法较简单，通常只需规定：其借方登记的内容；贷方登记的内容；它的余额方向及其表示的经济含义。为了强化其指导、规范、监督、检查的功能，也可以在其后再列举一些库存现金主要收支业务和有关会计事项的账务处理方法（如下列编写的"现金"科目的使用说明）。

现金是企业流动性最强的资产。设置和登记现金日记账，既是及时、详细反映库存现金增减变化及其结存情况的重要方法，也是加强现金内部控制的必要措施。因此，应在会计科目使用说明中，明确规定现金日记账的设置和登记的规则和要求。

如果企业不另外单独制定现金管理制度（如将会计核算职能与财务管理职能合并设置机构的中小型企业，往往未单独制定有关现金内部控制制度或其他有关的财务管理制度），也可以将一些现金管理的要求列于其中（如下列编写的"现金"科目的使用说明。但是，如果企业已经建立了货币资金的内部会计控制制度或其他有关财务管理制度，则不必将现金管理的要求列于其中）。

下面以华景公司为例，说明如何编制"现金"科目的使用说明。

1001 现金

1. 本科目的核算内容
本科目核算企业出纳员所保管的库存现金的增减变化及其结存情况。
企业内部其他部门周转使用的备用金，在"其他应收款—××部门"科目核算，而不在本科目核算。

2. 主要现金收支业务或有关事项的账务处理

本科目的借方登记出纳员收入的现金；贷方登记出纳员支出的现金；本科目的余额在借方，借方余额表示出纳员所保管的库存现金的结存额。

（1）企业从银行提取现金时，应根据支票存根所记载的提取额借记本科目，贷记"银行存款"科目。

（2）企业将现金送存银行时，应根据银行盖章退回的送款单的回单联（第一联）借记"银行存款"科目，贷记本科目。

（3）职工因公预借差旅费或预借采购资金时，应根据审核批准的支出凭证所记载的金额，借记"其他应收款——××职工（或部门）"科目，贷记本科目。

（4）出差人员报账结算时，应按实际收回的现金，借记本科目；按应报销的金额，借记"管理费用"或"物资采购"等科目；按实际收回的现金和报销金额之和，贷记"其他应收款——××职工（或部门）"科目。

（5）在现金清查过程中，如果发现现金短缺，应按实际短缺的金额借记"待处理财产损溢——流动资产损溢"科目，贷记本科目。

待查明原因并根据管理权限经批准后，作如下处理：

①对于应由责任人赔偿的部分，应按批准的赔偿额借记"其他应收款——××个人"或"现金"等科目，贷记"待处理财产损溢——流动资产损溢"科目。

②对于应由保险公司赔偿的部分，应按保险公司确认的赔款额借记"其他应收款——××公司"科目，贷记"待处理财产损溢——流动资产损溢"科目。

③对于无法查明短缺原因的部分，应借记"管理费用——现金短缺"科目，贷记"待处理财产损溢——流动资产损溢"科目。

（6）在现金清查过程中，如果发现现金溢余，应按实际溢余的金额借记本科目，贷记"待处理财产损溢——流动资产损溢"科目。

待查明原因并根据管理权限经批准后，作如下处理：

①对于应支付给有关个人或单位的部分，应借记"待处理财产损溢——流动资产损溢"科目，贷记"其他应付款——××单位（或个人）"或"现金"等科目。

②对于无法查明短缺原因的部分，应借记"待处理财产损溢——流动资产损溢"科目，贷记"营业外收入——现金溢余"科目。

3. 设置和登记现金日记账的规则与要求

企业必须设置和如实、及时地登记现金日记账。由出纳员根据审核过的收付款凭证（包括现金收款凭证、现金付款凭证、从银行提取现金时填制的银行存款付款凭证），按经济业务发生的顺序逐日逐笔登记；每日终了，应计算出当日的现金收入合计数、现金支出合计数和结余数，并将现金日记账的账存数与现金实际库存数核对，做到账款相符；如果发现账款不符，应及时查明原因，并进行相应的账务处理。

如果现金的实际结存数超过了企业核定的库存现金限额，应将超过库存现金限额的部分，当日或次日上午（遇法定节假日和轮休日时，往后顺延）送存银行。

月末，现金日记账的余额应与现金总账余额核对，保证账账相符。

4. 明细账簿的设置及编号

本公司按币种设置下列"现金日记账"，进行明细核算：

1001.1 人民币现金日记账

1001.2 港币现金日记账

1001.3 美元现金日记账

5. 其他有关现金核算与管理的要求

（1）本公司收支的各种款项，必须按照国务院颁发的《现金管理暂行条例》的规定办理，在规定的现金使用范围内收付现金。

（2）本公司不允许坐支现金。

（3）出纳员不得白条抵库。

（4）财会部门和出纳员从银行支取现金时，不得谎报用途套取、挪用现金。

（5）财会部门和出纳员不准用本公司银行存款账户，代其他单位或个人存取现金。

（6）财会部门和出纳员不得公款私存，设置"小金库"。

二、"短期投资"科目使用说明的设计

"短期投资"等许多会计科目的使用方法较复杂，如果在其使用方法设计中只规定其借方登记的内容、贷方登记的内容、它的余额方向及其表示的经济含义，则难以达到指导会计工作、规范会计行为、加强会计内部控制和经济管理的目的。因此，应该按"在什么情况下，按什么金额借记什么科目；按什么金额贷记什么科目"的要求进行设计；且要求按会计科目的核算内容，全面、系统、简要、准确地说明其具体使用方法。

由于短期投资的期末计价（即期末调整"短期投资跌价准备"账户余额），不涉及"短期投资"科目，因此在国家统一的企业会计制度中，"短期投资"科目使用说明的设计通常不包括短期投资期末计价的计算与账务处理的内容，以求精简，并避免内容重复。但是，如果企业不另外设计"会计分录指南（举例）"，为了凸显会计制度的实践指导意义，也可以在"短期投资"科目使用说明中，增加短期投资期末计价的有关计算与账务处理的内容。

下面以华景公司为例，说明如何编制"短期投资"科目的使用说明。

1101　短期投资

1. 本科目的核算内容

本科目核算本单位购入的各种能够随时变现、持有时间不超过一年的有价证券以及不超过一年的其他投资，包括各种股票和债券等。

2. 主要短期投资业务的账务处理

（1）企业取得投资时，应按取得时的初始投资成本（实际成本）计价入账。

初始投资成本是指企业取得投资时实际支付的价款（或者放弃非现金资产的账面净值等）。但是，不包括实际支付的价款中已宣告但尚未领取的现金股利（或分期付息债券的已到付息期但尚未领取的债券利息）。

①以现金购入各种股票、债券时：

取得短期投资的入账金额（实际成本）＝ 买价＋相关佣金、手续费、税金－实际支付的价款中包含的已宣告发放但尚未领取的现金股利（或分期付息债券的已到期但尚未领取的债券利息）

企业购入各种股票、债券时，应按实际成本借记本科目，按实际支付的价款中包含的已宣告发放而尚未领取的现金股利（或分期付息债券的已到期但尚未领取的债券利息）借记"应收股利"（或"应收利息"）科目，按实际支付的价款贷记"银行存款"科目。即：

借：短期投资（差额）
　　应收股利（或应收利息）
　贷：银行存款（实际支付的价款）

②投资者投入的短期投资：

按投资各方确认的价值借记"短期投资"科目，按投资者的出资额占企业股权份额贷记"实收资本"科目，按其差额贷记"资本公积"科目。即：

借：短期投资（投资各方协商确定的价值）
　　贷：实收资本（投资者的出资额占企业股权份额）
　　　　资本公积（差额）

③债务重组取得的短期投资（或以应收债权换入的短期投资）：

债务重组取得资产的入账金额（实际成本）＝应收债权的账面价值＋应支付的相关税费 ＋ 支付的补价（或减收到的补价）－接受的短期投资中含有的已宣告但尚未领取的现金股利（或已到付息期但尚未领取的债券利息）

按照实际成本借记"短期投资"科目，按所接受的短期投资中含有已宣告但尚未领取的现金股利（或已到付息期但尚未领取的债券利息）借记"应收股利"（或"应收利息"）科目，按应收债权已计提的坏账准备借记"坏账准备"科目，按应收债权的账面余额贷记"应收账款"科目，按应支付的相关税费贷记"银行存款"或"应交税金"科目。即：

借：短期投资（差额）
　　应收股利（或应收利息）
　　坏账准备（应收债权已计提的坏账准备）
　　银行存款（收到的补价）
　　贷：应收账款（账面余额）
　　　　银行存款或应交税金（支付的相关税费＋支付的补价）

④以非货币性交易换入的短期投资：

按照"换出资产的账面净额＋应支付的相关税费－（收到的补价－收到的补价中应确认的收益）（或加支付的补价）"借记"短期投资"科目，按换出资产已计提的减值准备借记"无形资产减值准备"（或"存货跌价准备"等）科目，按收到的补价借记"银行存款"科目（如果是支付补价，则应贷记"银行存款"科目），按换出资产的账面余额贷记"无形资产"或"库存商品"科目，按税法规定应确认的换出存货的增值税销项税额贷记"应交税金——应交增值税（销项税额）"科目，按应支付的其他相关税费贷记"银行存款"或"应交税金"科目，按收到的补价中应确认的收益贷记"营业外收入——非货币性交易收益"。

a. 用无形资产换入短期投资时：

换入资产的入账金额 ＝ 换出资产的账面余额－换出无形资产已计提的减

值准备 + 应支付的相关税费 − （收到的补价 − 收到的补价中应确认的收益）（或加支付的补价）

　　借：短期投资（差额）
　　　　无形资产减值准备（已计提的减值准备）
　　　　银行存款（收到的补价）
　　　贷：无形资产（账面余额）
　　　　　银行存款和应交税金（支付的相关税费 + 应支付的补价）
　　　　　营业外收入——非货币性交易收益（收到的补价中应确认的收益）

　　b. 用存货换入短期投资时：
　　换入资产的入账金额 = 换出资产的账面余额 − 换出存货已计提的跌价准备 − （收到的补价 − 收到的补价中应确认的收益）（或加支付的补价）+ 按税法计算确定的增值税销项税额

　　借：短期投资（差额）
　　　　存货跌价准备（已计提的跌价准备）
　　　　银行存款（收到的补价）
　　　贷：库存商品（账面余额）
　　　　　应交税金——应交增值税（销项税额）
　　　　　银行存款（应支付的补价）
　　　　　营业外收入——非货币性交易收益（收到的补价中应确认的收益）

　　c. 用长期投资换入短期投资时：
　　换入资产的入账金额 = 换出资产的账面余额 − 换出长期投资已计提的减值准备 + 应支付的相关税费 − （收到的补价 − 收到的补价中应确认的收益）（或加支付的补价）

　　借：短期投资（差额）
　　　　长期投资减值准备（已计提的减值准备）
　　　　银行存款（收到的补价）
　　　贷：长期股权投资（或长期债权投资）（账面余额）
　　　　　银行存款和应交税金（支付的相关税费 + 应支付的补价）
　　　　　营业外收入—非货币性交易收益（收到的补价中应确认的收益）

（2）收到分派来的现金股利（或各期债券利息）时，应区分下列三种情况分别进行账务处理：

①对于投资时已记入"应收股利"、"应收利息"科目的现金股利、利息，应按实际收到的金额记：

借：银行存款
　贷：应收股利（或应收利息）

②对于持有短期投资期间所收到的现金股利、利息，应在投资成本的范围内先作为投资成本的收回，冲减短期投资的账面价值。即：

借：银行存款（或应收股利、应收利息）（实际收到或应收的金额）
　贷：短期投资

③对于收回投资成本后继续收到的现金股利、利息，应按实际收到的金额记：

借：银行存款（或应收股利、应收利息）（实际收到或应收的金额）
　贷：投资收益

（3）年末，企业按单项投资和"成本与市价孰低法"调整"短期投资跌价准备"账面余额时，应区分下列两种情况分别进行账务处理：

①短期投资账面金额＞其市价金额（可变现净值）时：

a. 如果"估计的跌价损失（短期投资的账面金额－其市价金额）"＞"短期投资跌价准备金"的贷方余额，应按其差额补提短期投资跌价准备，即按"（短期投资账面金额－其市价金额）－短期投资跌价准备之贷余"之差额记：

借：投资收益
　贷：短期投资跌价准备

b. 如果"估计的跌价损失"＜"短期投资跌价准备金"的贷方余额，应按其差额冲减短期投资跌价准备，即按"短期投资跌价准备之贷余－（短期投资账面金额－其市价金额）"的计算结果记：

借：短期投资跌价准备
　　贷：投资收益

②短期投资的账面金额＜其市价金额时：

如果股票价格不断上升，市价等于（或超过）短期投资的账面价值时，应将"短期投资跌价准备"账户余额调整为零，即按"短期投资跌价准备"账户的贷方余额记：

借：短期投资跌价准备
　　贷：投资收益

（4）企业出售股票和债券（或到期收回投资）时，应按实际收到的金额（转让价或到期兑现额－相关佣金、手续费和税金）借记"银行存款"科目，按"短期投资"的账面余额贷记"短期投资"科目，按尚未领取的现金股利和利息贷记"应收股利"、"应收利息"科目，按其差额借记或贷记"投资收益"科目。即：

借：银行存款（转让价或到期兑现金额－相关佣金、手续费、税金）
　　贷：短期投资（账面余额）
　　　　应收股利（或应收利息）（尚未领取的现金股利或利息）
　　　　投资收益（差额。如果发生了投资损失，则应记入其借方）

3. 明细科目的设置及编号

本科目应按短期投资种类设置下列明细账，进行明细核算：

1101.1　股票投资
1101.2　债券投资

第四节　案例及其点评

案例　现行《事业单位会计制度》（1997 年 5 月财政部颁布实施）中关于"预付账款"和"预收账款"科目的使用说明设计如下：

第 108 号科目　预付账款

（1）本科目核算按照购货、劳务合同规定预付给供应单位的款项。

（2）事业单位预付款项时，借记本科目，贷记"银行存款"科目。收到所购物品或劳务结算时，根据发票账单等所列的金额，借记"材料"等科目，贷记本科目。补付的货款，借记本科目，贷记"银行存款"科目；退回多付的货款，借记"银行存款"科目，贷记本科目。本科目借方余额为尚未结算的预付款项。

预付款项业务不多的单位也可以将预付的账款直接记入"应收账款"科目的借方，不设本科目。

（3）本科目应按供应单位名称设置明细账。

第 204 号科目　预收账款

（1）本科目核算事业单位按照合同规定向购货单位或接受劳务单位预收的款项。

（2）单位预收账款时，借记"银行存款"或"现金"科目，贷记本科目；货物销售实现（劳务兑现）时，借记本科目，贷记有关收入科目。退回多付的款项，作相反会计分录。

（3）预收账款业务不多的单位，也可以将预收的账款直接记入"应付账款"科目的贷方，不设本科目。

（4）本科目应按购买单位设置明细账。

案例点评

（1）过去，我国事业单位所需资金，主要是财政拨款、事业收入和上级补助等；其业务活动较单一，资金运动过程较简单；会计的主要目的是向有关政府部门反映会计主体预算的执行情况。因此，会计制度的设计内容可以相对简单些。可能正是基于以上原因，事业单位会计科目使用说明的设计内容和会计科目的编号设计均体现其简单要求。

（2）"预付账款"是用于核算和监督采购过程中资金运动情况的结算类科目（虽然通常将其归入资产类，但它具有资产和负债双重性质）。因此，预付款项业务不多的单位，如果不设置"预付账款"科目，不能将预付的账款直接记入"应收账款"科目的借方，而应将预付的账款直接记入"应付账款"科目的借方。

（3）"预收账款"是用于核算和监督销售过程中资金运动情况的结算类科目（虽然通常将其归入负债类，但它也具有资产和负债双重性质）。因此，预收款项业务不多的单位,如果不设置"预收账款"科目,不能将预收的账款直接记入"应付账款"科目的贷方,而应将预收的账款直接记入"应收账款"科目的贷方。

(4)在"预收账款"科目使用说明的设计内容中,还可以增加"补收的货款,借记'银行存款'科目,贷记本科目。"

思考题

1. 你认为设计会计科目时,应遵循哪些基本原则?
2. 会计科目设计的基本内容包括哪些?
3. 为什么需要设计"累计折旧"科目和"坏账准备"科目?
4. 对国家统一的企业会计制度(或某企业内部会计制度)中某个会计科目的使用说明,进行认真仔细地分析,并予以点评。

第五章　会计账簿的设计

由于会计账簿的名称就是会计科目。有一个会计科目，就必须相应地设置一个会计账簿。因此，会计账簿层次和数量的设置主要取决于会计科目的设置。

会计账簿记录是编制会计报表的主要依据。它是连接会计凭证与会计报表的中心环节，其设计质量直接影响着会计报表信息的恰当与公允性、编报的及时性、报表数据的可验证性等。因此，需要通过会计账簿的设计，来规范企业会计账簿的种类和格式，明确设置和登记账簿的规则和程序，确定账簿体系及其勾稽关系等。

本章主要讨论：会计账簿的种类和设计要求、序时账簿的设计、分类账簿的设计、备查账簿的设计、会计账簿处理规则的设计等。

第一节　会计账簿的种类和设计要求

一、会计账簿的种类

会计账簿是由许多具有一定格式又相互联系在一起的账页组成的，用来序时地或分类地记录和反映各项经济业务的簿籍。一方面，它以会计凭证为依据；另一方面，它又是编制财务会计报告的基本依据。通过设计会计账簿，可以全面、连续、系统地记录企业的经济活动情况，取得编制财务报告和进行会计内部控制所必要的信息。

1. 按会计账簿用途的分类

按会计账簿的用途，可将其分为序时账簿、分类账簿、备查账簿和联合账簿四大类。

（1）序时账簿。

序时账簿是按照经济业务发生的先后顺序，逐日逐笔登记的账簿（故序时账簿又称为日记账簿）。按其记录的内容不同，又可将序时账簿分为普通日记账簿和特种日记账簿。

普通日记账簿是用来登记企业全部经济业务发生情况的日记账簿，如通用日记账簿等。通用日记账簿是将所有的经济业务，按经济业务发生的先后顺序，直接根据原始凭证以会计分录的形式逐日逐笔进行登记的序时账簿（故又称为"分录簿"）。

特种日记账簿是用来记录某一类经济业务发生情况的日记账簿，如现金日记账簿、银行存款日记账簿、采购日记账簿、销售日记账簿等。

（2）分类账簿。

分类账簿是指对所有的经济业务，按照会计科目开设并进行分类登记的账簿。按其提供的信息详细程度不同，又可分为总分类账簿和明细分类账簿。

总分类账簿（简称总账）是按总账科目（即一级科目）开设并进行登记的分类账簿。

明细分类账簿（简称明细账）是按明细科目（即二级科目、三级科目等）开设并进行登记的分类账簿。

（3）备查账簿。

备查账簿是指对分类账簿和序时账簿中未登记的或登记不详的会计事项进行补充登记的账簿。如经营性租入固定资产登记簿、融资性租入固定资产登记簿、代管物资登记簿、委托加工物资登记簿、受托加工物资登记簿、支票（或汇票、本票、发票）使用登记簿、印花税登记簿、合同契约登记簿等。

（4）联合账簿。

联合账簿是指将序时账簿与分类账簿（或将总分类账簿与明细分类账簿）结合在一起的账簿，即具有两种（或两种以上）账簿功能的账簿。

它既具有序时账簿的功能，同时又具有分类账簿的功能，如日记总账；或既具有总分类账簿的功能，同时又具有明细分类账簿的功能，如单方细数多栏式管理费用（或财务费用、营业费用、制造费用）账簿等。

日记总账是兼具序时账簿和分类账簿两种账簿功能的联合账簿。

单方细数多栏式账簿是指通常在一定会计期间，只有单方向发生额，并且结账后无余额的多栏式账簿。单方细数多栏式管理费用、财务费用、营业费用、制造费用账簿是兼具总分类账簿和明细分类账簿两种账簿功能的联合账簿。

2. 按会计账簿外表形式的分类

按会计账簿的外表形式，可将其分为订本式账簿、活页式账簿和卡片式账簿三大类。

（1）订本式账簿。

订本式账簿是指未使用前已把许多账页装订成册的账簿。这种账簿的账页固定，不能随意增减抽换，可防止账页散失和抽换账页。但是，由于账页固定，不便灵活使用，所以必须预先估计各个账户的账页需要量。如果保留的空白账页少了，将影响该账户的连续登记；如果保留的空白账页多了，又会造成浪费。

在传统人工记账条件下以及尚未实行会计电算化的单位，总分类账簿、现金日记账簿、银行存款日记账簿必须采用订本式账簿。实行会计电算化的单位，总分类账簿和日记账簿可能不便采用订本式账簿，而是采用电脑机制账簿。但是，企业必须用计算机定期打印会计账簿记录，连续编号，经审核无误后装订成册，并由记账人员和会计机构负责人、会计主管人员签字或盖章。

（2）活页式账簿。

活页式账簿是指页数不固定，可以根据需要抽换账页的账簿。由于这种账簿的页数可根据需要来确定，不足时可随时增加账页，因此登记方便，还可由数人分工记账。其不足：账页容易散失或被会计信息造假舞弊者抽换。

在传统人工记账条件下，活页式账簿主要适用于财产物资明细分类账簿。实行会计电算化的单位，不仅必须将总分类账簿和日记账簿打印出来，而且必须将明细账簿定期打印出来；发生收款和付款业务时，在输入收款凭证和付款凭证的当天，必须打印出现金日记账和银行存款日记账，并与库存现金核对无误。

（3）卡片式账簿。

卡片式账簿是指由印有记账格式的卡片组成的登记经济业务的账簿。这种卡片不固定在一起，可根据记录经济业务的需要增减卡片数量。卡片使用完毕，不再登账时，应将卡片穿孔固定保管。企业常见的卡片式账簿包括材料卡片（吊卡）、固定资产卡片等。

卡片式账簿主要适用于价值较大、使用期限较长的财产物资明细分类账簿。

二、会计账簿设计的基本要求

会计账簿的设计，必须做到账簿组织严密、层次分明，账簿之间的内在联系和勾稽关系紧密，账户对应关系清晰，从而能够全面、连续和系统地反映企业经济业务、资金运动过程及其结果，以便提供分析企业经营状况、业绩所必需的资料，以及编制财务会计报告所必需的资料。因此，会计账簿的设置应该满足下列基本要求：

（1）按会计科目的层次和数量设计分类账簿，并确保账簿体系完整、严密和协调。各账簿记录的内容，必须层次分明，有关账簿之间的统驭关系和制约关系清晰；账簿种类齐全，各种账簿相互结合成一个统一整体；账簿信息衔接，不同的账簿具有不同的作用，各种账簿相互配合，能够满足企业经营管理和编制会计报表等各方面的需要。

（2）设计的账簿数量及其分割，必须充分考虑企业的生产经营业务量和管理要求。通常，经营业务量较大、管理要求较高的企业，会计核算工作量就较大，会计核算分工就较细，从而应进行适当的账簿分割。但是，不能因为分割而影响账簿相互之间的天然联系。

（3）尽可能地精简账簿数据的处理程序和方法，提高核算工作效率。应尽量避免不必要的、烦琐或无效的会计事项（如会计部门与其他部门重复设账、重复登账等）；应尽量使账簿格式简单明了，并避免账本册数过多、账页尺寸过大和账页栏次过多。但是，不应过分强调精简而减少必要的账簿，必须保证账簿记录的系统与完整。

（4）尽最大可能为对账、查账、期末结账和编制会计报表等提供方便。通常，账簿的基本信息是记账日期、凭证字号（记账依据）、摘要（经济业务的简要说明）、有关金额的增减及其结存情况。但是，为了对账、查账、期末结账和编制会计报表等的方便，有些明细分类账和备查账簿还需要设置其他项目（栏目），提供其他必要的信息。如材料明细账应增设"数量"和"单价"栏目；产品成本计算单应按成本项目设置专栏，并需要反映在产品、产成品的总成本和单位成本情况；银行采用复写方式及时提供"银行对账单"，并减少差错的可能性；在"应收票据备查账簿"、"应付票据备查账簿"中增设"到期日"等栏目等。

应该尽可能使账簿记录能够直接提供编制会计报表时所需的数据，增加编制会计报表时的直接填列项目（即根据账簿余额或发生额直接填列，而不需要分析、计算填列）。

此外，账簿的存放地点，应便于审核、查阅和保管。账簿是会计凭证和会计报表之间的中间环节。因此，设计会计账簿时，应考虑从会计报表审核会计账簿、从会计账簿审核会计凭证（包括记账凭证和原始凭证）的抽样逆查的要求。

第二节　序时账簿的设计

一、日记账簿的历史演变及其设计的基本要求

序时账簿是根据经济业务发生的前后顺序逐日逐笔登记的账簿。按照其登记的内容（对象）不同，可分为普通日记账簿和特种日记账簿。普通日记账簿是用来序时反映全部经济业务的日记账簿。特种日记账簿是用来序时反映某类（或某种）经济业务的日记账簿。

1. 日记账簿的历史演变

从会计发展史来看，在会计核算的初期，就已经出现了普通日记账（在我国唐宋时期，当时称之为"流水账"），其主要作用是逐日集中、序时反映有关经济业务的发生情况和完成情况，并为登记分类账（我国唐宋时期称之为"誉清账"或"总清账"）提供依据。当时，处于采用单式记账法的阶段，并且会计主体的经济规模小、经济业务量少，可以把各项经济业务集中登记在一本日记账簿（即普通日记账簿的最初形式）中。

其后，人们开始有了复式记账法的思想（如我国明末清初时期傅山的"龙门账"），就在普通日记账簿中反映各项经济业务的会计分录，并据以记入分类账簿。当时，称这种日记账簿为"分录簿"，也就是人们所称的"通用日记账"。

由于经济业务日益增多，在一本日记账簿中集中、序时登记所有经济业务，既不便于记账工作的分工，也不利于集中反映和监督某些重要经济业务的发生情况。因此，为了专门反映和监督某类（或某种）经济业务（主要是那些发生频繁且容易出问题的现金收付业务、采购业务、销货业务等）的发生情况及其结果，就将其从一般经济业务中分割出来，单独设置日记账簿加以登记，从而逐步产生了特种日记账（如现金日记账、银行存款日记账、购货日记账和销货日记账等）。而其余的经济业务仍然在原来的普通日记账簿中进行登记，但是这时的普通日记账簿主要限于登记企业期末账项调整和结账等转账业务，因此原来的普通日记账簿实质已转变为转账日记账簿（或转账业务"分录簿"）。

出于业务的需要，一些企业又在特种日记账簿和普通日记账簿中，按其对方科目设置专栏进行登记；并在认为应该结账和计算盈亏时（相当于现代会计的期末结账时），根据这种多栏式日记账簿的借方（或贷方）合计数，以及

为对方科目设置的各专栏合计数，分别记入有关分类账簿的贷方（或借方）。在多栏式日记账簿中，应用专栏来汇总账簿中本期发生额的合计数，以便期末一次性地过入分类账，从而减少过账的工作量。应用专栏格式的方法，不仅在设计日记账簿中可以应用，而且在设计其他账簿中也可以广泛地应用。因此，专栏格式的应用就成为近代账簿的一大进步。

到了现代会计发展阶段，由于记账凭证、汇总记账凭证的出现及其作为登记总分类账簿、明细分类账簿的依据，原作为登账依据的普通日记账（包括通用日记账、转账日记账）已失去了存在的价值。但是，由于货币资金的管理需要，为了及时和详细地反映、监督现金、银行存款的增减变动及其结存情况，仍然保留了现金日记账簿、银行存款日记账簿等少数特种日记账簿。

因此，序时账簿的设计，主要就是具体研究现金日记账簿、银行存款日记账簿等有关日记账簿的设计问题。

2. 日记账簿设计的基本要求

日记账簿设计的基本要求主要包括：

（1）能够详细地反映现金、银行存款及其他有关资金的增减变化及其结存情况。因此，应该科学规范企业日记账簿的种类、格式、登账规则和要求等，明确登账责任人（或岗位）、登账依据、登账程序和方法等。

（2）规范日记账簿与有关总账（包括现金、银行存款总账等）、银行对账单相互核对的方法和要求。因此，应该明确对账要求、责任人，规范各种对账结果的处理程序、方法和对有关问题处理的审批权限，并进行必要的业务培训。

二、现金日记账簿的设计

现金日记账簿的设计主要包括登账责任人和要求的设计、日记账簿格式和登账方法的设计以及有关日记账簿处理规则的设计等。有关账簿处理规则的设计，将在本章第五节统一介绍，本节主要介绍前两个问题的设计。

1. 登账责任人和要求的设计

正如前面第二章和第三章所讲解的，对于现金日记账簿的登账责任人和要求的设计，可以分别在出纳岗位职责和"现金"科目使用说明中加以明确和规范。下列是华景公司有关现金日记账簿登账责任人和要求的会计制度，从中可见其设计内容和方法。

华景公司有关现金日记账簿登账责任人和要求的会计制度：

（1）由出纳员根据审核过的现金收、付款凭证，以及从银行提取现金时填制的银行存款付款凭证，按照经济业务发生的前后顺序逐日逐笔登记现金日记账簿。

（2）每日终了时，出纳员应该根据现金日记账记录结算出当天现金收入合计数、支出合计数和结存数，并保证现金日记账的结存数与实存数核对相符。

（3）财会部门应与开户银行合理商定公司的库存现金限额。公司实际结存的现金超过库存现金限额的部分，出纳员应在当天或次日上午及时送存银行。

（4）公司审计部门或财务部门经理，应根据需要对库存现金的实际结存情况实施必要的突击检查，如实记录检查结果，并报公司主管负责人。

（5）每月结账前，出纳员的日记账的结存数应与会计现金总账余额进行核对，保证账账相符。

2. 现金日记账簿格式和登账方法的设计

现金日记账簿格式有许多，不同格式的现金日记账簿的登记方法也不完全相同。下面主要介绍在会计制度设计中可能遇到的三栏式、多栏式和非多栏的专用式日记账簿的格式、登记方法和适用范围等，其余现金日记账簿格式将在后面有关章节中陆续补充。

（1）三栏式日记账簿。

三栏式现金日记账簿是最简单、最基本的一种现金日记账格式。其设计格式如表5-1所示。

表5-1 现金日记账

年		凭证		摘　　要	对方科目	收　入	支　出	余　额
月	日	字	号					
				本日合计				
				本月合计				

其登记方法如下：

①"年月日"栏：填写实际收付现金的日期。

②"凭证字号"栏：填写入账依据（收付款凭证）的种类和号数。

③"摘要"栏：填写入账经济业务的简要说明。

④"对方科目"栏：填写现金收入的来源科目或现金支出的用途科目。

⑤"收入"、"支出"栏：填写实际收、付现金的金额。

⑥"余额"栏：每日终了时，应在现金日记账中计算和填写本日收入合计数和本日支出合计数，并将其结余数填入"余额"栏（并在该行下面划"单红线"）；同时，还应将日记账的结余数与实存数核对相符（这项工作称为"日清"）。到了月度终了时，同样需要在现金日记账中计算和填写本月收入合计数和本月支出合计数，并将其月末结余数填入"余额"栏（并在该行下面划"双红线"。这项工作称为"月结"）。

三栏式现金日记账簿主要适用于由一名出纳员负责登记现金日记账簿的单位。其优点为：便于记账；能在一本日记账簿中集中反映现金收、付、存情况。

（2）多栏式日记账簿

多栏式现金日记账簿是按现金收入的来源科目（即贷方科目）和现金支出的用途科目（即借方科目）设置专栏的日记账簿格式（如表5－2所示）。

表5－2　　　　　　　　　　　　　　现金日记账

年		凭证		摘要	收　入						支　出					余额
月	日	字	号		银行存款	预收账款	主营业务收入	应收账款	……	合计	银行存款	管理费用	营业费用	……	合计	

由于大多数企业的现金收入的来源科目和现金支出的用途科目较多，难以集中设置在同一账页上，故其使用范围受到限制。为了扩大其使用范围，往往将多栏式现金日记账簿分解为两本日记账簿，即现金收入日记账簿和现金支出日记账簿。其设计格式如表5－3和表5－4所示。

表 5 – 3 　　　　　　　　　　　　现金收入日记账

年		凭证		摘要	收入（或贷方科目）					支出合计	余额
月	日	字	号		银行存款	预收账款	主营业务收入	……	收入合计		

表 5 – 4 　　　　　　　　　　　　现金支出日记账

年		凭证		摘要	支出（或借方科目）						支出合计
月	日	字	号		银行存款	管理费用	营业费用	物资采购	其他应收款	……	

其登记方法如下：

①日常，在现金日记账簿中按现金收入来源和支出用途分别进行序时登记，并分别计算其收入合计数和支出合计数。

②每日终了时，将"现金支出日记账"的支出合计数过入"现金收入日记账"的"支出合计"栏，并结出当日现金结余数额。

③月末，应分别结出"现金收入日记账"和"现金支出日记账"中每个对方科目的合计数，以及本月现金收入、支出总额。

④除对方科目中的"银行存款"栏外，分别按"现金收入日记账"和"现金支出日记账"中每个对方科目的合计数过入相应账户的贷方或借方。对方科目中的"银行存款"栏的发生额，因已同时记入"多栏式银行存款日记账"中，因此，不能再据此过入"银行存款"总账，以免重复入账。

⑤按"现金收入日记账"的本月现金收入、支出总额分别过入现金总账的借方和贷方。

多栏式现金日记账簿主要适用于：现金收支业务繁多，但经济业务比较单一，从而现金收支的对方科目不太多并采用多栏式日记账核算组织程序的单位。

其优点是：①有利于分工登账，由两人分别专门登记现金收入、支出经济业务，以提高工作效率；②由于它是根据日记账的汇总数据过入总分类账簿，从而可以减少过账工作量；③能清晰地反映现金收入的来源和支出的去向，从而有利于加强现金业务的分析与控制。

为了进一步减少专栏数，可以将经常重复出现的对应科目设置专栏，而将较少出现的对应科目在增设的"其他"栏中登记。其设计格式如表5-5所示。

表5-5 多栏式现金日记账

年		凭证号数	摘要	现金收入（即对应贷方科目）						现金支出（即对应借方科目）						余额
月	日			银行存款	应收账款	其他			合计	银行存款	应付账款	其他			合计	
						科目名称	金额	过账				科目名称	金额	过账		

在设置这种格式的多栏式现金日记账簿情况下，过入分类账时，对于设有专栏的会计科目，可定期根据汇总数一次性过入有关分类账簿中，不需逐笔过账；对于"其他"栏的会计科目，则需逐笔过账。

（3）非多栏的专用式日记账簿

非多栏的专用式日记账簿是现金收付业务较多，需要多人负责登记现金日记账簿，但是又未采用（或不能采用）多栏式现金日记账核算组织程序的单位所采用的一种现金日记账簿。其设计格式如表5-6和表5-7所示。

表5-6 现金收入日记账
借：现金

年		凭证		摘　　要	贷方会计科目	金　　额
月	日	字	号			

表5-7 现金支出日记账
贷：现金

年		凭证		摘　　要	借方会计科目	金　　额
月	日	字	号			

其登记方法如下：

①由不同的出纳员分别负责登记"现金收入日记账"和"现金支出日记账"。负责登记"现金收入日记账"的出纳员与负责登记"现金支出日记账"的出纳员之间，不存在相互制约关系，他们共同受出纳管理人员的管理。

②每日终了时，负责登记"现金收入日记账"的出纳员与负责登记"现金支出日记账"的出纳员应将其登记的总额，以书面形式报告给出纳管理人员。

③出纳管理人员根据出纳业务员上报的收支总额登记"出纳登记簿"、结出当天余额，并编报"现金出纳报告单"（或称为"现金收支日报表"）。

三、银行存款日记账簿的设计

银行存款日记账簿的设计与现金日记账簿的设计具有许多相同之处。也包括登账责任人和要求的设计、日记账簿格式和登账方法的设计，以及有关日记账簿处理规则的设计等。

1. 登账责任人和要求的设计

下面以华景公司有关银行存款日记账簿登账责任人和要求的会计制度为例，从中可见其设计内容和方法。

华景公司有关银行存款日记账簿登账责任人和要求的会计制度：

（1）由出纳员根据审核过的银行存款收、付款凭证，以及从将现金送存银行时填制的现金付款凭证，按照经济业务发生的前后顺序逐日逐笔登记银行存款日记账簿。

（2）每日终了时，出纳员应该根据银行存款日记账记录结算出当天银行存款收入合计数、支出合计数和结存数。

（3）出纳员必须定期（通常为每隔10天）根据开户银行送来的对账单与公司银行存款日记账记录仔细、认真地逐笔进行核对，并根据银行对账单余额、公司银行存款日记账余额和发生的未达账项，编制"银行存款余额调节表"，以确保账实相符。但是，对于未达账项造成的不相符合，不能根据"银行存款余额调节表"进行调整，必须待有关原始凭证到达后，才据以填制记账凭证予以调整。

（4）如果发现银行对账单有误，必须及时通知开户银行予以更正；如果发现公司银行存款日记账记录有误，必须及时查明原因予以更正，重大的错误事项必须及时报告财会部门负责人请求处理。

（5）财会部门应指定专人对银行存款对账工作进行不定期的抽查或通过

重新对账、编制"银行存款余额调节表"进行检查，以确保银行存款的安全性和完整性。

（6）每月结账前，出纳员的日记账的结存数应与会计银行存款总账余额进行核对，保证账账相符。

2. 银行存款日记账簿格式和登账方法的设计

下面主要介绍在会计制度设计中可能遇到的三栏式、多栏式、出纳集中登记式和复币式银行存款日记账簿的格式、登记方法和适用范围等。

（1）三栏式日记账簿。

三栏式银行存款日记账簿的格式如表5-8所示。

表5-8 银行存款日记账

年		凭证		摘 要	银行结算凭证		对方科目	收入	支出	余额
月	日	字	号		种类	编号				

其登记方法与三栏式现金日记账基本相同：

① "年月日"栏：填写实际存取（或转账）的日期。

② "凭证字号"栏：填写入账依据（收付款凭证）的种类和号数。

③ "摘要"栏：填写入账经济业务的简要说明。

④ "银行结算凭证的种类和编号"栏：填写银行转账结算的方式及其编号。

⑤ "对方科目"栏：填写银行存款收入的来源科目或银行存款支出的用途科目。

⑥ "收入"、"支出"栏：填写实际存取（或转账）的金额。

⑦ "余额"栏：出纳员在每日终了时也应进行"日清"，即在银行存款日记账中计算和填写本日存入（转入）合计数和本日支出（取出或转出）合计数，并将其结余数填入"余额"栏（并在该行下面划"单红线"）。每月终了时也要进行"月结"，即在银行存款日记账中计算和填写本月收入合计数和本月支出合计数，并将其月末结余数填入"余额"栏。

它主要适用于由一名出纳员负责登记银行存款日记账簿的单位。其优点为：便于记账；能在一本日记账簿中集中反映银行存款增减及其结存情况。

（2）多栏式日记账簿。

多栏式银行存款日记账簿是按银行存款增加的来源科目（即贷方科目）和银行存款支出的用途科目（即借方科目）设置专栏的日记账簿格式（如表5－9所示）。

表5－9　　　　　　　　　　　银行存款日记账

年		凭证		摘要	收　　　入						支　　　出					余额
月	日	字	号		现金	预收账款	主营业务收入	应收账款	……	合计	现金	管理费用	营业费用	……	合计	

与现金日记账的设计一样，如果对应科目的专栏设置过多，账页过宽，也可以将多栏式银行存款日记账簿分解为两本日记账簿，即银行存款收入日记账簿和银行存款支出日记账簿。其设计格式如表5－10和表5－11所示。

表5－10　　　　　　　　　　　银行存款收入日记账

年		凭证		摘要	银行结算凭证		收　入（或贷方科目）					支出合计	余额
月	日	字	号		种类	号数	现金	预收账款	主营业务收入	……	收入合计		

表5－11　　　　　　　　　　　银行存款支出日记账

年		凭证		摘要	银行结算凭证		支　出（或借方科目）				支出合计
月	日	字	号		种类	号数	现金	管理费用	营业费用	低值易耗品	……

其登记方法如下：

①日常，在银行存款日记账簿中按银行存款收入来源和支出用途分别进行

序时登记，并分别计算其收入合计数和支出合计数。

②每日终了时，将"银行存款支出日记账"的支出合计数过入"银行存款收入日记账"的"支出合计"栏，并结出当日银行存款结余数额。

③月末，应分别结出"银行存款收入日记账"和"银行存款支出日记账"中每个对方科目的合计数，以及本月银行存款收入、支出总额。

④除对方科目中的"现金"栏外，分别按"银行存款收入日记账"和"银行存款支出日记账"中每个对方科目的合计数过入相应账户的贷方或借方。对方科目中的"现金"栏的发生额，因已同时记入"多栏式现金日记账"中，因此，不能再据此过入"现金"总账，以免重复入账。

⑤按"银行存款收入日记账"的本月银行存款收入、支出总额分别过入银行存款总账的借方和贷方。

多栏式银行存款日记账簿主要适用于：银行存款收支业务繁多，但经济业务比较单一，从而银行存款收支的对方科目不太多并采用多栏式日记账核算组织程序的单位。

其优点与多栏式现金日记账簿一样，主要包括：①有利于分工登账，由两人分别专门登记银行存款收入、支出经济业务，以提高工作效率；②可以减少过账工作量；③能清晰地反映银行存款收入的来源和支出的去向，从而有利于加强银行存款业务的分析与控制。

为了进一步减少专栏数，可以只将经常重复出现的对应科目设置专栏，而将较少出现的对应科目在增设的"其他"栏中登记。其设计格式如表5-12所示。

表5-12　　　　　　　　　多栏式银行存款日记账

年		凭证号数	摘要	存款额（即对应贷方科目）							支出额（即对应借方科目）							余额
月	日			现金	应收账款	……	其他			合计	现金	应付账款	……	其他			合计	
							科目名称	金额	过账					科目名称	金额	过账		

根据这种多栏式银行存款日记账过入分类账时，对于设有专栏的会计科目，可定期根据汇总数一次性过入有关分类账簿中；对于"其他"栏的会计科目，则需逐笔过账。

（3）出纳集中登记式银行存款日记账簿。

它是将现金日记账簿和银行存款日记账簿结合在一起的序时账簿。其设计格式如表 5－13 所示。

表 5－13   出纳日记账

年		凭证		摘　要	对方科目	现　　金			银行结算凭证		银　行　存　款		
月	日	字	号			收入	支出	余额	种类	号数	收入	支出	余额

它主要适用于货币资金收付业务不多，由一人负责现金、银行存款序时记录的单位。其优点为：能集中反映货币资金的增减变化及其结存情况，简化序时记录手续。

（4）复币式银行存款日记账簿。

当企业发生外币银行存款收付业务，需要按币种设置银行存款日记账簿，进行序时核算（发生外币现金收付时，也应按币种设置现金日记账簿）。其设计格式如表 5－14 所示。

表 5－14   银行存款日记账——美元户

年		凭证		摘　要	银行结算凭证		汇率	收　入		支　出		余　额	
月	日	字	号		种类	号数		美元	人民币	美元	人民币	美元	人民币

其设计特点是：需要增设汇率和反映外币增减变化及其结存情况的专栏。

四、其他日记账簿的设计

除现金日记账簿和银行存款日记账簿之外，企业有时还需要设计通用日记账簿、购货日记账簿和销货日记账簿等。前者属于普通日记账簿的一种类型，后两者属于特种日记账簿。

1. 通用日记账簿

通用日记账簿是直接根据原始凭证按照经济业务发生的前后顺序逐日、逐笔进行登记的一种序时账簿。由于它是将会计分录直接编制在账簿上，故又被称为"分录簿"。从理论上讲，它既具有日记账簿的功能，又具有记账凭证的功能，因此在未来会计电算化软件比较完善并得到普及的情况下，如果政府有关会计管理法规取消了对记账凭证的特殊规定，它具有替代记账凭证的可能性。

从会计账簿设计的角度看，通用日记账簿有二栏式和多栏式两种格式。这里所说的"二栏"是指只有两个金额栏。

（1）二栏式通用日记账簿。

二栏式通用日记账簿的格式如表 5-15 和表 5-16 所示。

表 5-15　　　　　　　　　　　　二栏式通用日记账

第　页

年		凭证		摘要	会计科目	记账符号	借方金额	贷方金额
月	日	字	号					

表 5-16　　　　　　　　　　　　二栏式通用日记账

第　页

年		凭证		摘要	会计科目	金额	记账符号	年		凭证		摘要	会计科目	金额	记账符号
月	日	字	号					月	日	字	号				

在目前采用记账凭证过账的账簿组织中，没有必要设置通用日记账簿。但是，为了取得完整、连续的经济业务的序时记录资料，在设置现金日记账簿和银行存款日记账簿的基础上，也可以增设某些转账业务日记账簿。其格式可参照表 5-15 和表 5-16 所示。

（2）多栏式通用日记账簿。

由于二栏式通用日记账的逐笔过账的工作量较大，直接影响了记账的工作效率，因此人们又在会计工作实践中探索出用"多栏式通用日记账簿"代替

"二栏式通用日记账簿"的方法，将经常重复发生的经济业务所涉及的会计科目，在通用日记账簿中设置一些专栏，并根据专栏的汇总数一次性地过入有关总账，而对于会计期间内使用次数不多的会计科目，则在通用日记账增设的"其他会计科目"栏内进行登记，并逐笔过入有关分类账簿。多栏式通用日记账簿的格式如表 5 – 17 所示。

表 5 – 17 　　　　　　　　　　　　多栏式通用日记账簿

第　页

年		凭证		摘要	现　金		银行存款		……	其他会计科目			
月	日	字	号		借方	贷方	借方	贷方	……	科目名称	借方	贷方	记账符号

从理论上讲，日记总账也可归属于多栏式通用日记账簿。日记总账是将序时账簿和总分类账簿结合在一起的一种联合账簿。它与其他多栏式通用日记账簿的区别，主要在于其他多栏式通用日记账簿仅仅是序时账簿，而不具有总分类账簿的功能。日记总账的具体格式和登记方法将在本章第三节"分类账簿的设计"中介绍。

2. 购货日记账簿

购货日记账簿是专门用来记录购货业务的特种序时账簿。其设计格式主要有两种：一种是单纯的序时账簿格式，另一种是将序时账簿与记账凭证结合在一起的双功能账簿。

（1）单纯的序时账簿格式。

它是仅仅反映企业外购货物情况的序时账簿。其格式如表 5 – 18 所示。

表 5 – 18 　　　　　　　　　　　　　购货日记账

第　页

年		凭证		摘要	供货单位（或明细科目）	记账符号	数量	单价	金额
月	日	字	号						

（2）双功能账簿。

双功能购货日记账簿是专门用来记录企业外购货物业务的采购成本及其货款结算方式的特种序时账簿。它是既集中、序时反映企业外购货物情况，又将有关经济业务所涉及的会计分录标示出来的账簿。其格式如表5-19所示。

表5-19　　　　　　　　　　　　　　购货日记账

第　页

年		凭证		摘要	供货单位	记账	借方:物资采购				贷方科目			
月	日	字	号		（或明细科目）	符号	买价	运费	其他	合计	现金	银行存款	应付账款	应付票据

由于双功能购货日记账簿具有记账凭证的功能，故可将其作为登记总分类账簿的依据，无须另外再编制有关记账凭证。

如果企业采用多栏式日记账核算组织程序，根据双功能购货日记账簿登记总账时，专栏中"物资采购"、"应付账款"和"应付票据"科目，可定期根据其合计数一次性过入总账，不需逐笔过账（对于所欠各供货单位的应付账款和应付票据，则应逐笔过入"应付账款"的明细账和"应付票据"的明细账）。但是，专栏中"现金"和"银行存款"科目，由于在现金日记账和银行存款日记账中也要同时登记，故不需据此过账，以免重复；同样，在现金日记账和银行存款日记账中，其专栏中"物资采购"科目也无须过账。

3. 销货日记账簿

销货日记账簿是专门用来记录企业销货业务的特种序时账簿。其设计格式也有两种，即单纯的序时账簿格式、将序时账簿与记账凭证结合在一起的双功能账簿。

（1）单纯的序时账簿格式。

它是仅仅反映企业对外销售货物情况的序时账簿。其格式如表5-20所示。

（2）双功能账簿。

双功能销货日记账簿是专门用来记录企业对外销售货物业务所实现的营业收入及其货款结算方式的特种序时账簿。它是既集中、序时反映企业销售货物情况，又将有关经济业务所涉及的会计分录标示出来的账簿。其格式如表

5－21所示。

表5－20   销货日记账

第 页

年		凭证		摘要	购货单位	记账	数量	单价	金额
月	日	字	号		（或明细科目）	符号			

表5－21   销货日记账

第 页

年		凭证		摘要	购货单位	记账	借方科目				贷方科目	
月	日	字	号		（或明细科目）	符号	现金	银行存款	应收账款	应收票据	主营业务收入	应交税金

　　由于双功能销货日记账簿具有记账凭证的功能，故可将其作为登记总分类账簿的依据，也无须另外再编制有关记账凭证。

　　如果企业采用多栏式日记账核算组织程序，根据双功能销货日记账簿登记总账时，专栏中"主营业务收入"、"应交税金"、"应收账款"和"应收票据"科目，可定期根据其合计数一次性过入总账，不需逐笔过账（对于各购货单位所欠的应收账款和应收票据，则应逐笔过入"应收账款"的明细账和"应收票据"的明细账）。但是，专栏中"现金"和"银行存款"科目，由于在现金日记账和银行存款日记账中也要同时登记，故不需据此过账，以免重复；同样，在现金日记账和银行存款日记账中，其专栏中"主营业务收入"和"应交税金"科目也无须过账。

第三节　分类账簿的设计

　　分类账簿是由一系列分类账户所组成的，用以提供分类核算资料的账簿。由于序时账簿是按经济业务发生的前后顺序进行登记的，各种经济业务均登记在一起，不能按类别反映经济业务的发生情况及其结果；通过分类账簿的记录，则可以提供企业的分类核算资料，并为成本计算和编制会计报表等提供资料。

一、分类账簿设计的基本内容

分类账簿是按经济业务的一定类别分别设立账户并进行登记的账簿，按其提供的资料的详细程度的不同，可分为总分类账簿和明细分类账簿。分类账簿的设计，主要包括以下三方面的基本内容：

（1）确定账簿的外表形式。企业应根据登记账簿和账簿管理的要求，确定各类或各种账簿所适用的外表形式。如在人工记账的情况下，总分类账簿必须采用订本式账簿；明细分类账簿可根据账簿格式的特点，以及登账和账簿管理的要求，分别选用订本式、活页式或卡片式账簿。

（2）确定分类账簿的层次。通常，只有少数会计科目（如"应收票据"、"坏账准备"、"累计折旧"、"应付票据"、"应付福利费"、"本年利润"等）只需要进行总分类核算，不进行明细分类核算；且大多数需要进行明细分类核算的会计科目，不仅需要进行二级明细核算，而且需要进行三级、四级甚至五级等明细核算。因此，必须为每一个会计科目确定其对相关经济业务进行分类核算的层次。分类账簿是根据会计科目体系（包括一级会计科目的类别和数量，以及明细科目体系）设置的。如景泰公司原材料设置三级账户，固定资产设置四级账户，如表5-22所示。

表5-22　　　　　　　　　景泰公司原材料、固定资产分类账簿层次

序号	一级账户	二级账户	三级账户	四级账户
1	原材料	黑色金属类	φ28mm 圆钢	
			φ20mm 圆钢	
2	固定资产	经营用固定资产	机器设备	一车间
			房屋及建筑物	一车间
		非经营用固定资产	房屋及建筑物	工会

总分类账簿是按一级科目设置的，用于全面、连续、总括地记录经济业务，反映企业的全部资产、负债、所有者权益、收入、成本费用和利润情况的

分类账簿。其作用主要包括：定期总括反映各类经济业务，为编制会计报表提供综合数据，并为加强企业经营管理提供对于决策有用的会计信息；控制所属明细分类账簿，保证企业资产的安全性与完整性；为会计信息的试算平衡、检验其正确与否提供依据。

明细分类账簿是按明细科目设置的，用来记录某一类经济业务、提供详细核算指标的分类账簿。其作用主要包括：对总分类账簿所反映的总括资料进行补充和详细的说明；为会计信息使用者（主要是企业内部经营管理者）提供比较具体的决策信息和明细核算指标（包括按明细科目反映的价值指标、按决策需要而输出的以实物或劳动时间量度反映的指标等）。

（3）设计总分类账簿和明细分类账簿的格式和登记方法。总的来说，分类账簿的层次及账簿体系（包括账簿种类、数量和排列顺序等）的设计是根据会计科目体系进行的，并没有多少新的内容和要求。但是，分类账簿的格式有许多，反映不同经济业务的分类账簿格式可以不同；反映相同经济业务的分类账簿格式，在不同企业也可以不同。

在一般情况下，总分类账簿主要采用普通三栏式（如果是企业自行设计账簿，有些总分类账簿也可以设计成联合账簿等形式），但明细分类账簿的格式则应根据企业具体的需要进行选购或设计，其格式往往有较大的差别。

总分类账簿的登记方法，主要取决于企业所确定的会计核算组织程序。不同的会计核算组织程序，登记总分类账簿的直接依据和方法往往是不同的。总分类账簿的登记方法通常包括以下三种：

（1）逐笔登账法。它是根据记账凭证（或通用日记账）逐笔过入总分类账簿的一种过账方法。该法登账的工作量较大，主要适用于经济业务量较少的单位。

（2）汇总登账法。它是首先根据记账凭证编制汇总记账凭证（或科目汇总表），然后再根据汇总记账凭证（或科目汇总表）中每个会计科目的汇总数登记总分类账簿的一种登账方法。该法可以较大幅度地减少登账工作量，主要适用于经济业务较多的单位。

（3）汇总与逐笔兼用登账法。它是对经常重复发生的经济业务，采用汇总登账法；而对于发生次数不多的经济业务，则采用逐笔登账法。该法可在通用日记账簿、多栏式日记账簿（它是多栏式特种日记账簿的简称）的设计中加以采用，即对于设置了专栏的会计科目均按汇总数登账，对于未设置专栏的其他会计科目则逐笔登账。该法也可以简化登记总账的工作量，主要适用于经济业务较多但所使用的会计科目不多（从而采取多栏式核算组织程序）的单位，以及采取通用日记账核算组织程序的单位。

此外，还有一种"以表代账"（即以科目汇总表代替总分类账簿）的特殊方法。采用这种方法时，需要在科目汇总表中，分别设置各会计科目的月初借（或贷）方余额、本月借贷方发生额、本年借贷方累计发生额和月末借（或贷）方余额八个专栏。它主要适用于采用科目汇总表核算组织程序的单位。

因此，下面着重讲解分类账簿格式和登记方法的设计。

二、总分类账簿格式和登记方法的设计

总分类账簿主要有普通三栏式、内设"对方科目"的三栏式和多栏式三大类账簿格式。其中，普通三栏式、内设"对方科目"的三栏式的总分类账簿均是分户式总账；而多栏式总分类账簿中，多栏式分类联合账簿是分户式总账，日记总账等则属于集中式总账。

分户式总账是指按会计科目分别设立账页的一种设计方式。它的特点是：使用比较灵活，适应性较强；记账和查阅比较方便；每一账簿所提供的信息具有连续性（即分户纵向连续性）。在人工核算情况下，这种设计适宜采用订本式账簿。

集中式总账是指不按会计科目分立账页的一种设计方式。它的特点是：在一页（或者二至三页）总账上能了解企业全部会计科目的增减变化及其结余情况；登记简便；可以按月横向全面反映企业的经济业务。但是，这种方法会使总账所提供的信息的连续性受到影响，有时为了了解某一会计科目的全年增减变化情况，必须翻阅 12 个月的总账。这种设账法一般不宜采用订本式。

1. 普通三栏式总分类账簿

普通三栏式总分类账簿是一种分户式总账。其格式如表 5－23 所示。

表 5－23　　　　　　　　　　　总分类账户

会计科目：　　　　　　　　　　　　　　　　　　　　　　　第　页

年		凭证		摘　要	借　　方	贷　　方	借/贷	余　　额
月	日	字	号					

其登记方法与三栏式现金日记账的登记方法基本相同：

① "年月日"栏：填写登记账簿的日期。

②"凭证字号"栏：填写入账依据（采用复式专用记账凭证时，包括现收、现付、银收、银付、转账）的种类和号数。

③"摘要"栏：填写入账经济业务的简要说明。

④"借方"、"贷方"栏：填写有关会计科目的入账金额；并且，凡借方科目的金额记入"借方"栏，凡贷方科目的金额记入"贷方"栏。

⑤"借/贷"栏：填写余额的借贷方向。

⑥"余额"栏：填写账簿的结余金额。

这种格式主要适用于根据记账凭证逐笔登记总账的方式，也适用于根据记账凭证汇总登记的方式。

2. 内设"对方科目"的三栏式总分类账簿

它也是一种分户式总账，与普通三栏式总分类账簿的格式基本相同，只是增加了一个"对方科目"栏，以便全面反映入账经济业务的全貌和资金的来龙去脉，增加账簿的信息含量。其格式如表5-24所示。

表5-24 总分类账户

会计科目： 第 页

年		凭证		摘 要	借 方		贷 方		借/贷	余 额
月	日	字	号		对方科目	金 额	对方科目	金 额		

其登记方法与普通三栏式总分类账簿的登记方法基本相同，只是需要在"借方"、"贷方"栏内注明入账科目借方的对方科目（即贷方科目），或入账科目贷方的对方科目（即借方科目）。

3. 多栏式总分类账簿

多栏式总分类账簿主要有日记总账、多栏式分类联合账簿、汇总登记的分月集中式总账、汇总登记的分年集中式总账等。其中，只有多栏式分类联合账簿是分户式总账，其余均为集中式总账（即将所有的总账科目集中在一起，不分立账页）。

（1）日记总账（即序时账簿与总分类账簿的联合账簿）。

日记总账是一种序时登记的集中式总账，它是将序时账簿与总分类账簿结合在一起的联合账簿，具有序时反映和分类反映的双重功能。其格式主要有"按科目设置专栏式"和"专栏与非专栏结合式"。

①按科目设置专栏式。

它是在账页中设置"发生额",作为"序时记录";其后按企业所使用的会计科目设置专栏,作为"分类记录"。其中:对于本期经常发生增减变化的会计科目还应分设借方、贷方两栏;对于本期日常只有增加发生额的会计科目,则可只设一个反映增加的记账方向(借方或贷方),发生减少发生额时(如损益类科目在期末结账时)用红字记录。其格式如表5–25所示。

表 5–25

日 记 总 账

年		凭证		摘　　要	发生额	现　金		银行存款		……	管理费用	财务费用	……
月	日	字	号			借方	贷方	借方	贷方		借方	借方	
				年初余额									
				本月发生额合计									
				月末结余									

其登记方法:

首先,在每年建立新账时,将上年的年末余额记入新账的第一行,并在"摘要"栏注明"年初余额"(或"上年结转")。

其次,每月按经济业务发生的前后顺序,登记有关会计科目的借、贷方发生额。

最后,各月终了时,应结出月末余额。

这种账簿格式的优点就是:可以简化账簿的设置、登记方便。其不足的是:企业所使用的会计科目不能太多,否则账页容纳不下。故这种格式适用范围较小。

②专栏与非专栏结合式。

它是将经常重复发生的经济业务所涉及的会计科目(如现金、银行存款、物资采购、管理费用、主营业务收入、应收账款、应付账款、生产成本、制造费用等)设置专栏;而在一个会计期间使用次数不多的会计科目,则在增设的"其他会计科目"栏中登记。其格式如表5–26所示。

表 5 - 26

日 记 总 账

年		凭证		摘　要	现　金		银行存款		……	管理费用	……	其他会计科目			
月	日	字	号		借方	贷方	借方	贷方		借方		科目名称	借方	贷方	记账符号

其主要优点：由于需要设置的专栏减少了，可扩大其适用范围。其主要不足：只能由一人过账，不便于过账工作的分工。

（2）多栏式分类联合账簿。

它是一种分户式总账，是将总分类账簿与明细分类账簿结合在一起的联合账簿，具有总账和明细账的双重功能。其格式如表 5 - 27 所示。

表 5 - 27　　　　　　　　　　　**总账与明细账的联合账簿**

总账科目：应收账款　　　　　　　　　　　　　　　　　　　　　　第　页

年		凭证		摘　要	借　方	贷　方	借/贷	余　额	A 公司	B 公司	……
月	日	字	号								

其前部是总分类记录，后部（如表 5 - 27 中的"A 公司"、"B 公司"……）则是明细记录。它主要适用于明细科目不多的，且只需提供价值核算资料的会计科目。

（3）汇总登记的分月集中式总账。

它是一种集中式总账，所有总账科目都集中在一起，不按会计科目分立账页；并且，它是一个月汇总登记一次，一个月只有一页总账（如果一页列示不下所有的会计科目，则可能有两页或三页总账）。其格式如表 5 - 28 所示。

它只适用汇总登记总账的单位。采用会计电算化的企业，定期打印总账资料时，也可采取这种格式输出。

（4）汇总登记的分年集中式总账。

它也是一种集中式总账，不按会计科目分立账页；一个月汇总登记一次，并且填写在同一行各会计科目的借贷栏中，一年只有一页总账（如果一页列示不下所有的会计科目，则可能有两页或三页总账）。其格式如表 5 – 29 所示。

表 5 – 28 总分类账簿
年   月份

会计科目	月初余额		本月发生额		月末余额	
	借　方	贷　方	借　方	贷　方	借　方	贷　方

表 5 – 29 总分类账簿
年份

月份	现　金			银行存款			其他货币资金			短期投资			……
	借方	贷方	余额	借方	贷方	余额	借方	贷方	余额	借方	贷方	余额	

它只适用每月末根据汇总凭证登记一次总账的单位。

三、明细分类账簿格式和登记方法的设计

明细分类账簿主要有三栏式、数量金额式、多栏式、数量式、累计金额式、复币式、综合资产信息式和横线登记式等账簿格式。

1. 三栏式明细分类账簿

它主要适用于只要求进行金额核算的经济业务（如债权、债务明细账等）。其格式和登记方法，与三栏式总分类账簿基本相同，如表 5 – 30 所示。

表 5 – 30 _____明细分类账
二级及明细科目：　　　　　　　　　　　　　　　　　　　　　　第　页

年		凭证		摘　　要	借　方	贷　方	借/贷	余　额
月	日	字	号					

2. 数量金额式明细分类账簿

它主要适用于既要求进行金额核算，又要求进行数量核算的各项经济业务（如原材料等财产物资明细账等）。其格式如表5–31所示。

表5–31　　　　　　　　　　　　　　　　　　　　　明细分类账

类别：　　　　　　　　　　　　　　　　　　　　　计量单位：

名称或规格：　　　　　　　　　　　　　　　　　　存放地点：

编号：　　　　　　　　　　　　　　　　　　　　　储备定额：

年		凭证		摘　要	收　入			发　出			结　存		
月	日	字	号		数量	单价	金额	数量	单价	金额	数量	单价	金额

如果存货的日常核算采用计划成本计价，则可以将上述表5–31的数量金额式明细分类账簿简化成表5–32所示。

表5–32　　　　　　　　　　　　　　　　　　　　　明细分类账

类别：　　　　　　　　　　　　　　　　　　　　　计量单位：

名称或规格：　　　　　　　　　　　　　　　　　　存放地点：

编号：　　　　　　　　　　　　　　　　　　　　　最高存量：

计划单位成本：　　　　　　　　　　　　　　　　　最低存量：

年		凭证		摘　要	收入数量	发出数量	结　存		稽核
月	日	字	号				数　量	金　额	

3. 多栏式明细分类账簿

多栏式明细分类账簿是指根据核算和管理要求，设计三个或三个以上金额栏的一种明细分类账簿。包括单方细数多栏式明细账簿、双方细数多栏式明细账簿。

（1）单方细数多栏式明细账簿。

单方细数多栏式明细账簿在账簿中既反映发生额的总额，又反映发生额的明细项目，并且主要从一个方向（借方或贷方）反映总额与细数；对于相反方向的发生额和余额转销额，则用红字在有关栏目中反映或转销（或设置"转出"栏予以登记）。它主要适用于明细项目较多，日常只有单方向发生额，且期末结账后通常无余额的会计科目（如管理费用、财务费用、营业费用、制造费用等）。其格式如表5-33、表5-34所示。

表5-33　　　　　　　　　　　管理费用明细账

第　页

年		凭证		摘　要	工资	福利费	办公费	折旧费	修理费	差旅费	……	合计
月	日	字	号									

表5-34　　　　　　　　　　　制造费用明细账

二级科目：第一基本生产车间

年		凭证		摘　要	工资	福利费	办公费	折旧费	……	其他	合计	转出	余额
月	日	字	号										

　　如果由企业自行设计和印制总分类账簿，可将表5-33的单方细数多栏式明细账簿格式作为总账与明细账的联合账簿使用，以减少核算工作量。
　　（2）双方细数多栏式明细账簿。
　　双方细数多栏式明细账簿是在账簿中借、贷方均按其明细项目设置专栏的多栏式明细分类账簿。其格式如表5-35所示。

表5-35　　　　　　　　　　　_____明细账

二级科目：

第　页

年		凭证		摘　要	借方（项目）		贷方（项目）		借/贷	余额
月	日	字	号			合计		合计		

如"应交税金—应交增值税"明细账可按此格式设计。

4. 数量式明细分类账簿

数量式明细分类账簿是只反映有关经济业务的数量增减变化及其结存情况的实物明细账簿。其格式如表 5－36 所示。

表 5－36　　　　　　　　　　　　　_____明细账

存放地点：　　　　　　　　　　　　　　　　　　　　计量单位：

年		凭证		摘　　要	收　　入	发　　出	结　　存
月	日	字	号				

5. 累计金额式明细分类账簿

如果某一总账科目的下属明细科目较多，同时企业经营管理者不仅需要会计反映其总账科目的增减变化及其结余情况，而且还需要会计按时间序列集中反映各明细科目的增减变化及其结余情况，以便加强其会计内部控制与分析，就可以设计累计金额式明细分类账簿。如企业采用分期付款方式销售商品时，如果发生应收账款的业务较多、在一定期间内的付款次数又是固定的（如每 n 个月付款一次），并且企业经营管理者需要会计随时集中反映每个客户的欠款情况，就可设置累计金额式明细账。其格式如表 5－37 所示。

表 5－37　　　　　　　　　　　　__应收账款__　明细账

二级科目：分期付款类　　　　　　　　　　　　　　　　　第　　页

客户姓名	欠款事项			1 月份				……	12 月份			
	日期	凭证字号	借方金额	日期	凭证字号	贷方金额	欠款余额		日期	凭证字号	贷方金额	欠款余额

6. 复币式明细分类账簿

当企业发生外币计价和结算的经济业务时，就需要设计复币式明细分类账簿（即外币明细账簿，如外币债权、债务明细账等），采用双重记录法（即同时反映外币金额和记账本位币金额）进行明细核算。其设计格式如表 5 - 38 所示。

表 5 - 38   _____明细账

二级科目：   第 页

年		凭证		摘 要	外币种类	汇率	借 方		贷 方		借/贷	余 额	
月	日	字	号				外币	人民币	外币	人民币		外币	人民币

7. 综合资产信息式明细分类账簿

对于一些资产明细核算，不仅需要反映其数量、价值的增减变动及其结存情况，而且还需要围绕该项资产反映其他相关重要的会计信息。如固定资产的明细核算，由于其价值较大，使用期限较长，是企业的重要财产物资。因此，固定资产明细账簿不仅需要登记固定资产的数量和价值的增减情况，而且还需要记录其使用部门、使用年限、折旧方法、折旧率、原价、净值、残值等其他相关情况。这时，就需要设计综合资产信息式明细分类账簿（有时采用卡片式明细账簿的形式）。其格式如表 5 - 39 和第三章表 3 - 39 所示。

表 5 - 39   固定资产明细账

明细科目：   第 页（或卡片编号）

名 称		固定资产项目编号			规 格		型 号	
使用部门		建造单位			折旧方法		折旧率	
使用年限		开始使用日期			净计残值		预计清理费用	
年		凭证		摘要	原始价值			折旧额		大修理费用	停用时间记录	备 注
月	日	字	号		借方	贷方	余额	本期	累计			

8. 横线登记式明细分类账簿

对于企业的外购物资业务，结算货款和货物验收入库可能会出现三种情況：结算货款的同时，货物验收入库；结算货款在前，货物验收入库在后；结算货款在后，货物验收入库在前。为了便于对照和检查每批外购货物的结算货款与货物验收入库的情况，加强货物采购过程的内部会计控制，就可以采用横线登记法（或平行登记法），设计横线登记式在途物资（或物资采购）明细分类账簿。

所谓在途物资（或物资采购）的"横线登记法"是指将同一批次外购商品的货款结算和验收入库记入账页的同一行（或相邻数行），结算货款时记入其借方，商品入库时记入其贷方，使在途物资的增加和减少相互对照，便于分批检查，分批转销。由于同一批次发运的商品，可能分批运到，所以借方的一行记录（表示货款结算是一次性完成的），贷方记录可能为两行或数行（表示分数次运达企业，并验收入库）；同样，同一批验收入库的商品，其买价和运杂费可能是分批次结算的，这样又会出现贷方的一行记录，借方记录可能为两行或数行。其格式如表5-40、表5-41所示。

表5-40 　　　　　　　　　　　在途物资　明细账

二级科目：甲材料　　　　　　　　　　　　　　　　　　　　　实物单位：kg

序号	供应商	借　方						贷　方						转销
		2004年		凭证		摘　要	数量	金额	2004年		凭证		摘　要	数量	金额	
		月	日	字	号				月	日	字	号				
1	A	4	22	转	5	承付货款	7	7 000	4	24	转	7	第一批入库	4	4 000	√
									4	26	转	9	第二批入库	3	3 000	
2	B	4	23	转	6	承付货款	5	5 100								
3	C								4	25	转	9	材料入库	3	3 000	

按实际成本计价核算的单位，可以参考表5-40格式进行设计。但是，按计划成本计价核算的单位，则应参考表5-41格式进行设计。

以此类推，应收账款（或应付账款等）也可以采用横线登记法，设计横线登记式应收账款（或应付账款等）明细分类账簿。其格式如表5-42所示。

表 5－41　　　　　　　　　　　　　**物资采购　明细账**

二级科目：乙材料

年		凭证字号	发票号码	供货单位	摘要	借　方			年		凭证字号	入库单号码	摘要	贷　方		
月	日					买价	运杂费	合计	月	日				计划成本	成本差异	合计

表 5－42　　　　　　　　　　　　　**应收账款　明细账**

二级科目：分期收款

购买者	2004 年		凭证		摘　要	借方金额	2004 年		凭证		摘　要	贷方金额	转销
	月	日	字	号			月	日	字	号			
A	1	2	转	1	赊销，分 2 次于每月月末收款	5 000	1	31	银收	12	收回货款	3 000	
							2	28	银收	10	收回货款	2 000	√
B	1	3	转	2	赊销，分 3 次于每月月末收款	9 000	1	31	银收	13	收回货款	3 000	
							2	28	银收	11	收回货款	3 000	
A	1	4	转	1	赊销，分 2 次于每月月末收款	8 000	1	31	银收	12	收回货款	4 000	

第四节　备查账簿的设计

　　备查账簿是对某些在序时账簿和分类账簿中未记录的事项或记录不详的事项进行补充登记的账簿。作为一种补充记录的账簿，它可以根据实际需要灵活进行设计，不受复式记账法和总分类账簿的限制。

一、备查账簿设计的作用

企业发生的一些重要的经济事项或会计事项，在序时账簿和分类账簿中并未予以记录，但在管理上却需要随时加以监督与控制，确保其能够及时地、合法合规地、有效地实施和完成，因此需要设计备查账簿进行登记。设计和使用备查账簿，可以在下列两个主要方面发挥较大的作用：

（1）它可以对一些经济业务内容提供必要的详细参考资料。无论是序时账簿，还是分类账簿，都不可能也没有必要完整而详细地记录一切相关的经济事项，因此应通过设计和运用备查账簿，进行补充登记，以满足企业内部经营管理和控制的需要。如在"应收票据"的总账和明细账中，不便于集中并详细地记录每张商业汇票的签发日、贴现、背书转让、到期收款或到期未能收回款项等信息。但是，通过设计"应收票据备查登记簿"（或设计"应收票据软件管理系统"，它也是备查账簿的一种形式）就可以轻易满足有关管理要求。

（2）它可以弥补序时账簿和分类账簿的记录信息的不足。序时账簿和分类账簿的记录往往受到复式记账法、价值核算和资产定义等的限制，对一些重要经济信息不便或不能进行登记。如企业对其代管物资、临时租入的固定资产或包装物等，按《企业会计准则》的资产定义，是不能在序时账簿和分类账簿中加以计量和确认入账的；又如，企业为了便于进行财务分析和所得税会计核算，可以设计"递延税款备查登记簿"，集中而详细地记录企业发生的每一项时间性差异的金额、原因、预计转销期限、已转销金额等情况；而在"递延税款"总账和明细账中都不便记录如此详细的信息。

二、备查账簿设计的基本类型

备查账簿的设计主要取决于企业有关管理信息的要求。其基本类型有下列四种：

1. 不符合资产定义的财产物资登记簿

不符合资产定义的财产物资登记簿是对虽不属于本单位，但由本单位负责保管的财产物资，及不符合资产定义的其他物资而设置的一种备查账簿。主要包括："代管商品（或物资）登记簿"、"代销商品登记簿"、"受托加工材料登记簿"、"经营性租入固定资产登记簿"、"借入固定资产登记簿"等。"经营性租入固定资产登记簿"的格式如表 5－43 所示（其他备查账簿的格式可参照设计）。

表 5 - 43　　　　　　　　　　　经营性租入固定资产登记簿

序号	固定资产名称	租约号数	租出单位	租入日期	租　金				使用部门	归还日期	备注
					每期租金	支付日期或期限	支付方式	租金总额			

经营性租入固定资产不属于本单位的资产，不能纳入本单位的固定资产分类核算范围。但是，由于租入单位负有妥善保管、安全使用和按期归还的责任，因此应该设置备查账簿加以管理与控制。

2. 账外自有财产物资登记簿

账外自有财产物资登记簿是原已纳入本单位有关资产分类核算范围，为了简化核算在领用时或在使用过程中已经冲销了其账面记录，但是目前仍在使用并且具有一定价值的财产物资而设置的一种备查账簿。如采用一次摊销法时，对领用的低值易耗品、出租出借包装物等就应设置"低值易耗品备查登记簿"、"出租出借包装物备查登记簿"等。"低值易耗品备查登记簿"的格式如表 5 - 44 所示（其他备查账簿的格式可参照设计）。

表 5 - 44　　　　　　　　　　　低值易耗品备查登记簿

序号	低值易耗品名称	规格或型号	领用日期	领用数量	领用人签字	报废日期	报废审批人员签字	报废经办人员签字

通常，低值易耗品和出租出借包装物使用时间较长、流动性较大，且具有一定的价值，如果不加强控制，容易出现被挪用和贪污问题，因此也应该设置备查账簿加以管理与控制。

3. 票据登记簿

票据是具有一定格式的书面债据，包括支票、本票和汇票三种。票据登记簿是专门用来记录各种票据的使用情况或其相关详细情况的备查账簿。如"应收票据备查登记簿"、"应付票据备查登记簿"、"支票领用情况登记簿"、"商业汇票领用情况登记簿"等。

"应收票据备查登记簿"的格式如表 5 - 45、表 5 - 46 所示（其他备查账簿的格式可参照设计）。

表5–45　　　　　　　　　　应收票据备查登记簿

汇票种类	汇票编制	签发日		票面金额	合同编号	付款人	承兑人	背书人	到期日		贴现记录			收款记录		备注
		月	日						月	日	月	日	利息	净额	月	日	金额	

表5–46　　　　　　　　　　应收票据备查登记簿

日期	种类	号数	出票人	付款银行	面值	出票日	期限	到期日	利率	利息	到期值	收款日	收回金额	贴现日	贴现率	贴现净额	注销	备注

　　应收票据备查登记簿是企业采用商业汇票结算方式下，根据有关资料登记的，以便加强对商业汇票赊销的有效控制。企业应逐笔登记：每张票据的种类、号数、出票日期、票面金额、交易合同号、付款人、承兑人、背书人的姓名或单位名称、到期日期、利率、贴现日期、贴现率、贴现净额、收款日期、收回金额。应收票据到期结清票款后，应在备查账簿内逐笔注销。

　　4. 其他业务资料整理备查簿

　　其他业务资料整理备查簿是为了满足经营管理、编制会计报表（尤其是合并会计报表）等的需要，根据分类账簿记录和经济业务与统计资料整理登记的备查账簿。如"经济合同执行情况登记簿"、按商品销售地域反映的"商品销售分类登记簿"、"递延税款备查登记簿"、"外购物资承付及验收入库登记簿"等。"外购物资承付及验收入库登记簿"的格式如表5–47所示（其他备查账簿的格式可参照设计）。

表5–47　　　　　　　　　　外购物资承付及验收入库登记簿

合同号	供货单位名称	物资名称及规格	计量单位	对方托收记录						承付记录			验收记录				转销号	备注
				日期	发票账单号数	发票数量	托收凭证号数	托收金额		日期	承付金额	拒付金额	日期	入库单号数	实收数量	实际成本		
								买价	运杂费									

第五节　会计账簿处理规则的设计

会计账簿处理规则的设计内容，主要包括：账簿启用规则、账簿登记规则、账簿核对规则、更正错账规则、账簿装订与保管规则等。此外，还有结账规则，结账规则的设计将在第七章中介绍。

一、账簿启用规则

（1）应按会计科目、有关规定和经济业务的需要，设置总账、明细账、序时账和各种备查账。其中，在人工核算条件下，现金日记账和银行存款日记账应该采用订本式账簿，不得用银行对账单（或其他方法）代替日记账。

（2）启用账簿时，应在账簿封面上写明单位名称和账簿名称。在账簿扉页上详细填写"账簿启用和经管人员一览表"，注明启用日期、账簿页数、记账人员、会计机构负责人、会计主管人员，并加盖单位公章和个人签名（或盖章）。

记账人员、会计机构负责人或会计主管人员调动工作时，应当注明交接日期、接办人员、监交人员，并由交接双方人员签名（或盖章）。

（3）应在账簿扉页的次页上，列明账户目录，并列示各账户的名称和起讫页数。

（4）启用订本式账簿，应当从第一页到最后一页事先按页次顺序编定（印好）页数，不得跳页或缺页；使用活页式账页时，应当按账户顺序编号，并须定期装订成册。装订后，再按实际使用的账页顺序编定页码。另加目录，记明每个账户的名称和页次。

（5）实行会计电算化的单位，总账和明细账应当定期打印，用计算机打印的会计账簿必须连续编号，经审核无误后装订成册，并由记账人员、会计机构负责人、会计主管人员签名（或盖章）。

发生收、付款业务时，在输入收款凭证和付款凭证的当天，必须打印出现金日记账和银行存款日记账，并与库存现金核对无误。

二、账簿登记规则

（1）必须根据审核无误的会计凭证（包括记账凭证、原始凭证或原始凭证汇总表）登记，并保证账证内容相同。账簿中所登记的会计科目、金额和其他事项均应与记账凭证所记载的内容相同。如果由原始凭证直接入账，则应与原始凭证的内容相同。

（2）除下列情况外，必须使用蓝、黑墨水（或碳素墨水）记账，不得使用铅笔和圆珠笔。红色墨水仅仅在下列情况下使用：

①根据红字的记账凭证，冲销错误的账簿记录（红字更正法）。

②发生购货退回或销货退回等时，根据红字的记账凭证，冲销原账簿记录（红字冲账法）。

③在未设"借/贷"余额方向栏的多栏式账页中，登记减少数。如期末转销单方细数多栏式明细账簿的本期发生额。

④在未设"借/贷"余额方向栏的账页中，在"余额"栏内登记负数余额。

⑤结转发出存货应分摊的节约差异。

⑥根据国家统一会计制度的规定，可以用红字登账的其他情况。

（3）登记账簿时，应当将会计凭证日期、编号、摘要、金额和其他有关资料逐项记入账内。

（4）登记完毕后，记账人员应在记账凭证上签名（或盖章），并注明已登账的符号（"√"），表示已经登记入账，避免重登或漏登。

（5）登记账簿时，文字和数字的书写不要顶满格，一般应占格距的二分之一或稍少于二分之一。

（6）在结出账户余额后，应在"借/贷"栏内注明余额的借贷方向。若余额为零，则应在"借/贷"栏内注明"平"字，并在余额栏的"元"位上用"Ō"表示。

现金日记账和银行存款日记账，必须逐日结出余额。

（7）登记账簿时，应按页次顺序连续登记，不得跳行、跳页。若发生跳行、跳页，应在账簿中将空行和空页注销。

出现空行时，应在该行"摘要"栏中填写"此行空白"，然后用红笔划一条通栏红线，并由记账人员在该行签名或盖章。

出现空页时，应在该页注明"此页空白"，然后用红笔在该页左上角至右下角划一条对角斜线，并由记账人员在该页签名或盖章。

（8）在每页的第一行"月份栏"要注明当前月份，以后本月再登记时，只要不跨月度，日期栏只需填入具体日期，月份可以不填。当跨月时，在新月度的起始行"日期"栏中填入新月份。

（9）每月月末总账通常只需要结计余额，年末需结计全年发生额和年末余额。

日记账需结计本期发生额和余额，不需结计本年累计发生额。

明细分类账中资产、负债、所有者权益账户只需结出余额，成本类账户需结计本期发生额的余额，不需结计本年累计发生额。

损益类账户既需结计本期发生额和余额，也需结计本年累计发生额。

备查簿中账户只需结出余额。

（10）当一张账页记满，需要换页继续登记时，应在该页的最后一行结出发生额合计数（或本页合计数）和余额，并在该行的"摘要"栏注明"过次页"字样；然后，在下一页的第一行"摘要"栏注明"承前页"，并把上页最后一行结出的发生额合计数和余额填写在下一页的第一行内。

"过次页"的发生额合计数（或本页合计数）的结计方法如下：

①需要结计本月发生额的账户（日记账、成本类账户、损益类账户），"发生额合计数（或本页合计数）"为自本月初起至本页末止的发生额合计数。

②需要结出本年累计发生额的账户（年末总账、损益类账户），"发生额合计数（或本页合计数）"为自年初起至本页末止的累计数。

③既不需要结计本月发生额，也不需要结计本年累计发生额的账户（年末之前的总账、与资产负债表相对应的明细账、备查账），可以只将每页末的余额结转次页。

（11）对于总账来说，可以逐日逐笔登记，或汇总登记（分次汇总或月末一次汇总）；对于明细账，应逐日逐笔登记或定期汇总登记。

（12）必须按照平行登记的原则，登记总分类账及其所属的明细分类账。平行登记的要点为：

①登记的时间相同。

对发生的每一笔经济业务，应依据相同的会计凭证，同时在有关的总账及其所属的明细分类账进行登记（没有明细分类账户的除外）。

②登记的方向相同。

将经济业务记入某一总分类账及其所属的明细分类账户时，必须记在相同方向，即同借或同贷。

③登记的金额相同。

记入总分类账与其所属的明细分类账户的金额必须相等。

（13）账簿记录应保持清晰、整洁，书写文字和数字应规范，不要写怪字和错别字。

三、更正错账规则

账簿记录发生错误时，不得采用涂改、刮擦、挖补、用药水消除字迹等手段更正，也不能将本页撕毁，必须按照下列方法进行更正：

（1）如果记账凭证无误，只是记账错误，可采取"划线更正法"予以更正。其更正步骤、方法和要求包括：

①应将错误的文字（或数字）划双红线注销，但必须使原字迹仍然清晰可辨。

②在划线上方填写正确的文字（或数字），并由更正人员在更正处签名或盖章。

更正要求：①对于错误的数字，应当全部划红线注销更正，不得只更正其中的某位（或多位）错误的数字；②对于文字错误，可只划去错误的部分。

（2）如果是由于记账凭证错误而使账簿记录发生错误，应当采取"红字更正法"或"补充登记法"予以更正（即按更正的记账凭证登记账簿）。

①如果记账凭证的会计科目和记账方向均无错误，只是所记金额（即错误的数字）小于应记金额（即正确的数字），可采取"补充登记法"予以更正。其更正的方法和要求是：按少记的金额填制一张与原记账凭证的会计科目和记账方向等相同的记账凭证，并据此登记总账和明细账。

②如果记账凭证的会计科目和记账方向均无错误，但是所记金额大于应记金额（或记账凭证的会计科目或记账方向发生错误），则应采取"红字更正法"予以更正。其更正的方法和要求是：a. 用红字填制一张与原错误的记账凭证相同的记账凭证，并据此登记总账和明细账；b. 用蓝黑墨水填制一张正确的记账凭证，并据此登记总账和明细账。

（3）账簿表册内，如有不应划线而误划的，应于直线两端各作"×"号注销，并应于"×"号中心处加盖经办人员图章或签名。

四、账簿核对规则

所谓对账就是核对账簿记录。为了保证各种账簿记录的正确性，保证会计报表数字的真实可靠，企业应当建立定期对账制度，确保账证、账账、账实相符。

1. 账证核对

账证核对就是账簿记录与会计凭证相互核对，即把各种账簿记录（总账、明细账、现金日记账、银行存款日记账）与原始凭证、记账凭证相核对。账证核对要求会计人员在编制凭证和记账过程中认真进行复核，并通过定期或不定期的复查进行核对，以保证账证相符。其中，账簿（明细账、日记账）与原始凭证核对，主要是对账簿记录的经济业务的真实性、合法性和合理性进行检查；账簿（日记账、总分类账、明细分类账）与记账凭证进行核对，主要是检查过账是否正确，即账簿（包括日记账、总分类账、明细分类账）记录的金额和方向、时间、凭证字号、内容是否与记账凭证上的相同。

2. 账账核对

账账核对就是对各账簿之间的有关数字进行核对。具体核对内容包括：

（1）总分类账簿中全部账户的借方余额合计数与贷方余额合计数应核对相符。这一过程主要是通过"总账科目余额试算平衡表"或"总账科目本期发生额试算平衡表"来进行。具体操作过程为：

①根据总分类账簿中各账户的期末余额（或本期借方发生额、本期贷方发生额）逐个抄写在"总账科目余额试算平衡表"或"总账科目本期发生额试算平衡表"中。

②计算期末借方余额合计数、期末贷方余额合计数（或本期借方发生额合计数、本期贷方发生额合计数）。

③检查期末借、贷方余额合计数是否相等（或本期借方发生额合计数是否等于本期贷方发生额合计数）。若相等，则说明总分类账簿的记录可能是正确的，可以继续进行其他账簿的核对工作；若不相等，则说明在编制"试算平衡表"或登记总分类账簿的工作中一定存在错误，需要根据"试算平衡表"中提供的有关错误的线索对相关账证资料进行检查，对查出的错误进行更正，直至总分类账户试算平衡为止。

（2）总分类账中各账户的期末余额，应与其所属的各明细分类账户的期末余额合计数核对相符。

（3）现金日记账、银行存款日记账的余额与总分类账的各该账户余额核对相符。

（4）会计部门有关财产物资的明细账的余额与财产物资保管和使用部门相应的明细账余额核对相符。

3. 账实核对

账实核对就是核对账簿记录与实物是否相符。主要包括：

（1）现金日记账的账面余额与现金实存数核对相符。

（2）银行存款日记账的账面余额与银行对账单核对相符。

（3）各种债权、债务明细账余额定期与有关单位或个人核对相符。

（4）各种财产物资的明细账的余额定期与其实存数核对相符。

五、账簿使用、装订与保管规则

（1）各种账簿的账页均应按顺序编号。对于分类账簿，应先按各科目的顺序编列分号；年终使用完毕装订前，再依科目编号顺序排列，逐页编列总号。

（2）各种账簿在同一决算期内，除已用尽外，应连续记载，不得随意更换新账簿。总分类账簿一般一年使用一本；明细分类账簿，决算期满后仍可酌情使用。

（3）更换新账簿时，应在旧账簿的空白页上逐页注明"空白作废"字样（或戳记），并将每个账户的年终余额直接记入下一年度启用的有关新账簿中。新旧账簿的有关账户之间的转记余额，无须编制记账凭证。

（4）各种账簿应妥善保管，不得丢失和随意销毁。保存期限一般应至少在 15 年以上。保管期满，应按照规定的审批程序，经批准后方可销毁。

（5）年度终了，应将各种活页账簿连同账簿启用和经管人员一览表一起装订成册；加盖封面，统一编号，与各种订本式账簿一起归档保管。账簿借出，应办理有关手续并如期归还。

第六节　案例及其点评

案例　某公司所使用的固定资产明细账格式如下：

表 5 - 48　　　　　　　　　固定资产明细账

明细科目：　　　　　　　　　　　　　　　　　　　编目：

名　称			编　号			规　格		型　号	
使用部门			性质编号						
使用年限			折旧方法			折旧率			
年	凭证		摘要	原始价值			折旧额		净值	残值	备　注
月	日	字	号		借方	贷方	余额	本期	累计			

案例点评

（1）该格式所提供的会计信息较少，有关固定资产大修理记录、停用时间记录、附属设备、开始使用日期、建造单位等因素均未在该格式中得到反映。

（2）格式中的"净值"和"残值"的含义还不够清晰，如果"净值"是指实际净值（即原价减累计折旧后的余额），则作用不大，因此无需经常在账（或卡）中直接记录其净值。如果"残值"是实际报废时的残值，则账（或卡）中没有预计清理费用和预计残值的记录；如果"残值"是指预计残值或预计净残值，则项目的排列不太合理，也没有必要预留多行空白。

思考题

1. 请根据已学知识和会计账簿管理的要求，为企业制定 5～8 条登记账簿的基本规则和要求。

2. 什么是联合账簿？请设计一种联合账簿（包括名称、格式和登记方法与要求）。

3. 设计会计账簿应遵循哪些基本原则？

4. 什么叫通用日记账，它有哪些特点和优点？

第六章 会计核算组织程序的设计

会计核算组织程序是指会计凭证、会计账簿、会计报表三者相结合的方式，也称之为会计账务处理程序或会计核算形式，即从收集和审核原始凭证，填制记账凭证，登记账簿，一直到编制会计报表的整个账务处理过程中所采用的技术方法。如确定会计凭证和会计账簿的种类、格式；确定会计凭证与会计账簿之间的联系方法；确定会计账簿与会计报表之间的联系方法；确定由收集和审核原始凭证，填制记账凭证，登记账簿，到编制会计报表的工作程序和方法等。

本章主要讨论：会计核算组织程序设计的意义、要求和步骤，记账凭证核算组织程序的设计，汇总记账凭证核算组织程序的设计，科目汇总表核算组织程序的设计，多栏式特种日记账核算组织程序的设计，日记总账核算组织程序的设计，通用日记账核算组织程序的设计等。

第一节 会计核算组织程序设计的意义、要求和步骤

一、确定会计核算组织程序的意义

会计凭证、会计账簿和会计报表是记录、整理、贮存和提供会计信息的必不可少的工具。因此，如何设计会计凭证、账簿和报表的种类、格式和填制方法，如何规定各种凭证之间、各种账簿之间和各种报表之间的相互联系，以及凭证、账簿和报表之间的相互联系和登记程序，是科学和合理地组织会计核算工作必须解决的一个重要问题，也是会计制度设计的一个重要方面。

会计凭证、会计账簿、会计报表之间的结合方式不同，就形成了各种不同的会计核算组织程序，而不同的核算组织程序又具有不同的特点、优缺点和适用范围。因此，科学、合理地确定适用于特定企业的核算组织程序，对于保证会计信息质量，有效地组织和管理会计工作，提高会计核算工作效率和满足会计报表使用者的信息需求，具有重要的意义：

（1）有利于会计核算工作程序的规范化，保证会计信息的质量。只有合理地确定了会计凭证、会计账簿、会计报表之间的结合方式，才能保证会计信息处理的系统性、完整性、全面性和及时性。

（2）有利于保证会计信息的可靠性，提高会计信息的可信度。通过会计凭证、会计账簿、会计报表相互之间的联系和制约，可保证会计信息的可靠性和可信度。

（3）有利于减少不必要的会计核算环节，提高会计核算工作效率。通过科学、合理地确定特定企业的会计核算组织程序，可以使其核算组织程序井然有序，减少不必要的会计凭证、账簿的传递环节和核算手续，从而提高会计工作效率。

二、设计会计核算组织程序的基本要求

各企业应该根据其生产经营过程的特点和管理要求等具体情况，科学、合理地确定核算组织程序。企业在确定核算组织程序时，应符合以下几项基本要求：

（1）能够适应会计单位的经营特点、规模的大小和业务的繁简情况，有利于会计核算的分工与汇总。任何会计单位的核算组织程序，既要适合本单位的经营活动的特点和业务的繁简，又要符合本单位的经济管理的要求和财会机构组织状况，便于会计核算的分工与协作，建立财会岗位责任制。

（2）各种会计资料必须协调一致，以便提供正确、及时的会计信息。因此，应该注意凭证与凭证之间、凭证与账簿之间、账簿与账簿之间、账簿与报表之间的联系，使其成为一个有机整体。

（3）有利于加强会计资料的检查和会计内部控制。应明确设计关键控制点，规定会计核算各环节或岗位应负的职责，使各个岗位和有关人员相互制约、相互监督，从而能够有效地查错防弊。

（4）能够全面、系统、公允和及时地反映会计主体的财务状况、经营成果和现金流量情况，为财务报表使用者提供其决策有用的信息，并确保其不被误解。确定会计凭证、会计账簿的种类和格式时，不仅应保证能够及时编制会计报表，而且应便于利用账簿资料作各种必要地分析；同时，还要建立完整的序时账簿体系，保持核算形式的统一，以利于会计检查。

（5）有利于简化核算手续，提高核算工作效率，节约核算费用。在保证提供准确、完整、及时的会计信息的前提下，应尽量简化会计工作手续，减少重复和不必要的劳动，提高工作效率。

三、会计核算组织程序的设计步骤

对于会计核算组织程序的设计，可以采取下列两种不同的设计方式：

（1）先进行总体框架设计，然后逐项进行具体设计。

它是首先根据企业经营特点（包括经营对象的特点和企业组织的特点）和管理要求等，初步确定企业会计核算组织程序的基本类型和框架（或规划出草图）；然后，以账簿组织为核心，根据设计框架的要求逐项设计会计报表体系（包括法定的对外会计报表、企业内部会计报表）、账簿体系（包括总分类账簿、明细分类账簿、序时账簿、备查账簿）和会计凭证体系（包括原始凭证、原始凭证汇总表、记账凭证等），以及报表、账簿和凭证之间的相互联系方式；最后，通过试行和修改，使它们成为一个完整的体系。

这种设计方式主要适用于修订性会计制度设计和创建性会计制度的重新设计。

（2）先逐项进行具体设计，然后通过分析、调整、优化和测试，使其成为一个有机整体。

它是首先根据全面、系统、完整地反映和监督企业各类经济业务的发生情况和完成情况的要求，分别设计各种原始凭证；进而逐步设计记账凭证和各种会计账簿；然后，将凭证和账簿进行有机组合，确定它们之间的联系方式和工作程序；最后，通过试行和修改，使其成为一个有机统一的会计核算组织程序。

这种设计方式主要适用于新设立单位的创建性会计制度的设计。

四、会计核算组织程序的基本模式

在会计实务中，会计核算组织程序有许多种，不同企业的会计核算组织程序均存在一定程序的差异性。但是，按过账的直接依据的不同，企业采用的核算组织程序主要有以下八种基本模式（注意：在同一基本模式下，各企业所采取的会计核算的具体组织程序，往往也存在不同程度的差别）：

（1）记账凭证核算组织程序。

（2）汇总记账凭证核算组织程序。

（3）科目汇总表核算组织程序。

（4）多栏式日记账核算组织程序（即多栏式特种日记账核算组织程序）。

（5）日记总账核算组织程序。

（6）通用日记账核算组织程序（包括二栏式通用日记账核算组织程序和多栏式通用日记账核算组织程序）。

（7）三栏式特种日记账核算组织程序。

（8）凭单日记账核算组织程序。

以上八种核算组织程序既具有许多相同点，又具有一些不同点。各种核算组织程序的特点主要表现在登记总账的依据和方法的不同。

在目前各企业的会计实务中，最常用的核算组织程序是前四种。不过，从理论上讲，在会计电算化条件下，由于可以直接根据会计凭证将数据输入计算机，而且一次输入的数据可以同时存储在各个磁盘中；编制会计报表时，也可以直接从各种磁盘中调用，因此更适合采用通用日记账核算组织程序，简化核算手续。但是，由于这种会计核算组织程序，强调直接根据原始凭证登记通用日记账簿（也称为"分录簿"），再根据通用日记账簿登记总分类账簿，与现行我国《会计基础工作规范》中的有关记账凭证的规定不完全一致，故在会计实务中它的运用还存在一定的限制。

第二节　记账凭证核算组织程序的设计

一、记账凭证核算组织程序的特点

记账凭证核算组织程序的特点是：直接根据每张记账凭证逐笔登记总账。它是现代会计中最基本的一种核算组织程序，其他各种核算组织程序基本上是在此基础上根据会计主体经营特点和管理要求而发展起来的。

采用记账凭证核算组织程序时，记账凭证具有对经济业务进行完整的分类序时记录的作用。

二、凭证和账簿的协调设计

在记账凭证核算组织程序下，记账凭证一般采用收款凭证、付款凭证和转账凭证三种格式（也可采用通用记账凭证格式）。为了便于通过记账凭证了解资金的来龙去脉、便于查账，并减少核算工作量和凭证数量，一般不采用单式记账凭证格式。

总账、现金日记账和银行存款日记账一般采用借、贷、余三栏式。

对于各种明细分类账的格式，应该根据本单位的管理需要，分别采用三栏式、数量金额式或多栏式等。

三、账务处理程序

记账凭证核算组织程序的账务处理程序为：

（1）根据原始凭证（或汇总原始凭证）填制记账凭证。

（2）根据收款凭证和付款凭证，逐日逐笔登记现金日记账和银行存款日记账。

（3）根据原始凭证、汇总原始凭证或记账凭证，登记各种明细分类账。

（4）直接根据每张记账凭证逐笔登记总分类账。在总账的"摘要"栏内，应说明经济业务的主要内容或对方科目。其中，现金和银行存款账户也可以根据各类日记账汇总登记；也可以不设置这两个科目的总账，而用其日记账簿代替总账，不过这样处理可能会影响会计账簿的控制功能。

（5）月终，将现金日记账、银行存款日记账、各种明细账余额分别与有关总账余额核对相符。

（6）月终，根据核对无误的总分类账、各种明细分类账记录及其他有关资料编制会计报表。

为了减少登记总分类账簿的工作量，简化核算手续，应尽量把业务内容相同的原始凭证先汇编成汇总原始凭证（如各种原始凭证汇总表），再根据汇总原始凭证填制记账凭证。这样，可以大大减少记账凭证的数量，并由此减少登记总账和明细账的工作量。

四、记账凭证核算组织程序的优缺点和适用范围

记账凭证核算组织程序的优点：由于总账是根据记账凭证逐笔登记的，可以较详细地反映经济业务的发生和完成情况；核算手续简单明了，便于理解。

记账凭证核算组织程序的缺点：由于总账是直接根据记账凭证逐笔登记的，所以登记总账的工作量较大。

因此，记账凭证核算组织程序主要适用于规模较小且经济业务量较少的会计单位。

第三节　汇总记账凭证核算组织程序的设计

汇总记账凭证是指根据一定时期内所有的记账凭证，按收款凭证、付款凭证和转账凭证加以分类汇总而成的记账凭证。因此，也称之为分类汇总记账凭证。

一、汇总记账凭证核算组织程序的特点

汇总记账凭证核算组织程序的特点是：先定期（如每隔 5 天、10 天或者 15 天）将全部记账凭证按收款凭证、付款凭证和转账凭证分别归类编制成汇总记账凭证（包括汇总收款凭证、汇总付款凭证和汇总转账凭证），再根据汇总记账凭证登记总账。

二、凭证和账簿的协调设计

在汇总记账凭证核算组织程序下，不仅需要设置收款凭证、付款凭证和转账凭证，还需要设置汇总记账凭证，作为登记总账的依据。但是，不能采用通用记账凭证和单式记账凭证。

与记账凭证核算组织程序一样，总账、现金日记账和银行存款日记账一般采用借、贷、余三栏式；对于各种明细分类账的格式，也应该根据本单位的管理需要，分别采用三栏式、数量金额式或多栏式等。

三、汇总记账凭证的编制方法

汇总记账凭证是将收款凭证、付款凭证和转账凭证分别加以汇总而成的记账凭证。下面分别介绍其编制方法：

1. 汇总收款凭证的编制方法

汇总收款凭证是指按"现金"和"银行存款"科目的借方分别设置的，按其对应的贷方科目归集的一种汇总记账凭证。它汇总了一定时期内所有现金和银行存款的收款业务。其格式如表 6 – 1 所示。

表 6-1　　　　　　　　　　　　　　　汇总收款凭证

借方科目：现金（或银行存款）　　　　　年　月　日　　　　　　　　第　号

贷方科目	金　额									合计	总账页数	
	自　　日至　　日			自　　日至　　日			自　　日至　　日				借方	贷方
	凭证自	号至	号共　张	凭证自	号至	号共　张	凭证自	号至	号共　张			
合计												

汇总收款凭证的编制方法是：

根据一定期间内的所有现金或银行存款的收款凭证，按其对应的贷方科目进行归类，定期（一般可每隔 5 天、10 天或者 15 天）计算出每一个贷方科目发生额合计数，并据此填入汇总收款凭证中。月终时，再在汇总收款凭证中计算出每个贷方科目的合计数，并据以登记总分类账，即根据汇总收款凭证的合计数，记入总账中"现金"或"银行存款"科目的借方，以及有关科目的贷方。

2. 汇总付款凭证的编制方法

汇总付款凭证是指按"现金"和"银行存款"科目的贷方分别设置的，按其对应的借方科目归集的一种汇总记账凭证。它汇总了一定时期内所有现金和银行存款的付款业务。其格式如表 6-2 所示。

表 6-2　　　　　　　　　　　　　　　汇总付款凭证

贷方科目：现金（或银行存款）　　　　　年　月　日　　　　　　　　第　号

借方科目	金　额									合计	总账页数	
	自　　日至　　日			自　　日至　　日			自　　日至　　日				借方	贷方
	凭证自	号至	号共　张	凭证自	号至	号共　张	凭证自	号至	号共　张			
合计												

汇总付款凭证的编制方法是：

根据一定期间内的所有现金或银行存款的付款凭证，按其对应的借方科目进行归类，定期（一般可每隔 5 天、10 天或者 15 天）计算出每一个借方科目发生额合计数，并据此填入汇总付款凭证中。月终时，再在汇总付款凭证中计算出每个借方科目的合计数，并据以登记总分类账，即根据汇总付款凭证的合计数，记入总账中"现金"或"银行存款"科目的贷方，以及有关科目的借方。

3. 汇总转账凭证的编制方法

汇总转账凭证是指按每一贷方科目分别设置的，按其对应的借方科目归集的用来汇总一定时期内转账业务的一种汇总记账凭证。它汇总了一定时期内所有转账业务。其格式如表 6 - 3 所示。

表 6 - 3   汇 总 转 账 凭 证

贷方科目：   年   月   日   第   号

借方科目	金　　　额						总账页数	
	自　　日至　　日		自　　日至　　日		自　　日至　　日		合计	借方	贷方
	凭证自　号至　号共　张		凭证自　号至　号共　张		凭证自　号至　号共　张				
合计								

汇总转账凭证的编制方法是：

根据一定期间内的所有转账凭证，按其对应的借方科目进行归类，定期（一般可每隔 5 天、10 天或者 15 天）计算出每一个借方科目发生额合计数，并据此填入汇总转账凭证中。月终时，再在汇总转账凭证中计算出每个借方科目的合计数，并据以登记总分类账，即根据汇总转账凭证的合计数，记入总账中设证科目的贷方，以及有关科目的借方。

由于汇总转账凭证中的科目对应关系是一个贷方科目与一个或几个借方科目相对应，因此为了便于编制汇总转账凭证，要求平时填制的转账凭证，其科目对应关系应该是一贷一借或一贷多借，不要一借多贷（更不能多借多贷）。

如果月内某一贷方科目的转账凭证不多，也可以不编制"汇总转账凭证"，直接根据转账凭证记入总账的借方和贷方。

四、账务处理程序

汇总记账凭证核算组织程序的账务处理程序为：

（1）根据原始凭证（或汇总原始凭证）填制收款凭证、付款凭证和转账凭证。

（2）根据收款凭证和付款凭证，逐日逐笔登记现金日记账和银行存款日记账。

（3）根据原始凭证、汇总原始凭证或记账凭证，登记各种明细分类账。

（4）定期根据收款凭证、付款凭证和转账凭证，编制"汇总收款凭证"、"汇总付款凭证"和"汇总转账凭证"。

（5）根据定期编制的汇总收款凭证、汇总付款凭证和汇总转账凭证，登记总分类账。具体来说，就是根据汇总收款凭证的合计数，记入"现金"或"银行存款"总账的借方，以及各个对应账户的贷方；根据汇总付款凭证的合计数，记入"现金"或"银行存款"总账的贷方，以及各个对应账户的借方；根据汇总转账凭证的合计数，记入设证科目总账的贷方，以及各个对应账户的借方。

（6）月末终了时，将现金日记账、银行存款日记账、各种明细账余额分别与有关总账余额核对相符。

（7）月末终了时，根据核对无误的总分类账、各种明细分类账记录及其他有关资料编制会计报表。

五、汇总记账凭证核算组织程序的优缺点和适用范围

汇总记账凭证核算组织程序的优点：由于总账是在月末根据汇总记账凭证一次性登记入账的，因此减少了登记总账的工作量；由于汇总记账凭证是定期根据专用复式记账凭证按科目对应关系分类汇总而填制的，因此通过有关科目之间的对应关系，可以了解经济业务的全貌和资金运动的来龙去脉。

汇总记账凭证核算组织程序的缺点：由于汇总记账凭证是按每一个贷方科目分类汇总的，而不是按经济业务的性质进行归类汇总的，因此不利于对日常核算工作的合理分工；当同一贷方科目的转账凭证不多，则记账凭证的汇总难以起到简化记账工作的作用。

因此，汇总记账凭证核算组织程序主要适用于规模较大，经济业务量较多的会计单位。

第四节　科目汇总表核算组织程序的设计

科目汇总表是指根据一定时期内所有的记账凭证，分类计算每一个总账科目的本期借方发生额合计数和贷方发生额合计数，并据此编制的汇总表。因

此，科目汇总表也称之为全部记账凭证汇总表。

一、科目汇总表核算组织程序的特点

科目汇总表核算组织程序的特点是：先定期（如每隔 5 天、10 天或者 15 天）根据所有的记账凭证编制科目汇总表，然后再根据科目汇总表登记总账。

二、凭证和账簿的协调设计

在科目汇总表核算组织程序下，不仅需要设置记账凭证，还需要设置科目汇总表，作为登记总账的依据。

在手工核算的条件下，为了便于编制科目汇总表，通常要求采用单式记账凭证（包括借项凭证和贷项凭证）格式；如果采用复式专用记账凭证，要求记账凭证的科目对应关系应该是一借一贷，不能一借多贷或一贷多借或多借多贷，并且转账凭证应该一式两份（一份为借项转账凭证，另一份为贷项转账凭证）。

总账、现金日记账和银行存款日记账一般采用借、贷、余三栏式。

对于各种明细分类账的格式，也应该根据本单位的管理需要，分别采用三栏式、数量金额式或多栏式等。

三、科目汇总表的编制方法

科目汇总表有两种不同的主要格式，如表6-4、表6-5所示。

表6-4　　　　　　　　　　科目汇总表（格式一）

　　　　　　　　　年　月　日至　日　　　　　　　　　　　　　　第　号

会计科目	记账凭证起讫号码	本期发生额		总账页数
		借　方	贷　方	
合　计				

表6-4是每汇总一次编制一张科目汇总表的格式。

表 6 – 5 　　　　　　　　　　科目汇总表（格式二）

　　　　　　　　　　　年　　月份　　　　　　　　　　　　　第　号

会计科目	1 ~ 10 日		11 ~ 20 日		21 ~ 30 日		本月合计		总账页数
	借 方	贷 方	借 方	贷 方	借 方	贷 方	借 方	贷 方	
合　计									
记账凭证 起讫号数	现收第　号至第　号 现付第　号至第　号		银收第　号至第　号 银付第　号至第　号		转账第　号至第　号			共　张	

表 6 – 5 是每旬汇总一次，但全月只编制一张科目汇总表的格式。科目汇总表的编制方法是：

定期（一般可每隔 5 天、10 天或者 15 天）将所有的记账凭证按照相同会计科目归类，分别计算出每一个总账科目的借方发生额合计数和贷方发生额合计数，并据此填入科目汇总表内即可。

科目汇总表无须反映会计科目之间的对应关系，只需将记账凭证中的相同科目定期归类汇总出本期借、贷方发生额即可。所有会计科目的全月借、贷方发生额可以汇总在同一张汇总表内，然后据以登记总账。汇总的次数一般视业务多少而定，可以每天汇总一次，也可以定期汇总，但一般是每隔 5 天、10 天或者 15 天汇总一次。由于借贷记账法的记账规则是"有借必有贷，借贷必相等"，因此所编制的科目汇总表内借方发生额合计数一定等于贷方发生额合计数。

同时，还应注意：①科目汇总表内现金和银行存款的本期借、贷方发生额，也可以根据"现金日记账"和"银行存款日记账"的收、支合计数填列。②采用复式记账凭证时，所有记账凭证的科目对应关系应该是一借一贷，即收款凭证只填列一个贷方科目；付款凭证只填列一个借方科目；转账凭证也应该是一借一贷，同时复写两份，其中一份作为借方科目的转账凭证，另一份作为贷方科目的转账凭证（或者对于转账业务，采用单式记账凭证格式，即按经济业务所涉及的每一个会计科目分别填列借项凭证和贷项凭证）。

四、账务处理程序

科目汇总表核算组织程序的账务处理程序为：

（1）根据原始凭证（或汇总原始凭证）填制单式记账凭证（或收款凭证、付款凭证和转账凭证等记账凭证）。

（2）根据单式记账凭证（或收款凭证和付款凭证），逐日逐笔登记现金日记账和银行存款日记账。

（3）根据原始凭证、汇总原始凭证或记账凭证，登记各种明细分类账。

（4）根据一定时期内所有的记账凭证，汇总编制"科目汇总表"。

（5）根据"科目汇总表"，登记总分类账。由于科目汇总表不能清楚地反映各项经济业务的内容，所以总账中的"摘要"栏可以改填科目汇总表的编号。

（6）月末终了时，将现金日记账、银行存款日记账、各种明细账余额分别与有关总账余额核对相符。

（7）月末终了时，根据核对无误的总分类账、各种明细分类账记录及其他有关资料编制会计报表。

五、科目汇总表核算组织程序的优缺点和适用范围

科目汇总表核算组织程序的优点：由于它是先定期根据记账凭证编制科目汇总表，然后再根据科目汇总表登记总账的，因此可以大大地减少登记总账的工作量；科目汇总表可以起到试算平衡表的作用。

科目汇总表核算组织程序的缺点：由于科目汇总表只汇总总分类账户的本期借、贷方发生额，不反映会计科目之间的对应关系，因此不便于分析经济业务的全貌及其资金运动的来龙去脉，不便于查对账目。

因此，科目汇总表核算组织程序主要适用于规模较大，经济业务量较多的会计单位。

第五节　多栏式特种日记账核算组织程序的设计

多栏式特种日记账核算组织程序，简称"多栏式日记账核算组织程序"。

从日记账簿的产生与发展历史来看，最初出现的是"普通日记账（包括通用日记账）"及其核算组织程序。

后来，为了减少逐笔过账的工作量，将经常重复发生的经济业务所涉及的会计科目，在通用日记账中设置一些专栏，并根据专栏的汇总数一次性地过入有关总账，而对于会计期间内使用次数不多的会计科目，则在通用日记账增设

的"其他会计科目"栏内进行登记，并逐笔过入有关分类账簿，因此产生了"多栏式通用日记账"及其核算组织程序；与此同时，为了满足记账分工的需要，又对通用日记账簿进行分割，把大量重复发生的同类经济业务集中在一本日记账簿中进行登记，从而产生了"三栏式特种日记账"及其核算组织程序。特种日记账就是专门用来序时登记某类经济业务发生情况和完成情况的序时账簿。目前，常见的特种日记账包括现金日记账和银行存款日记账两种，此外还有购货日记账和销货日记账等。

在"三栏式特种日记账"的基础上，又为了减少逐笔过账的工作量，将经常重复发生的经济业务所涉及的会计科目，在特种日记账中设置一些专栏，并根据专栏的汇总数一次性地过入有关总账，而对于会计期间内使用次数不多的会计科目，则在特种日记账增设的"其他会计科目"栏内进行登记，并逐笔过入有关分类账簿，因此产生了"多栏式特种日记账"及其核算组织程序。

同样，常见的多栏式特种日记账包括多栏式现金日记账和多栏式银行存款日记账两种，此外还有多栏式购货日记账和多栏式销货日记账等。多栏式现金日记账是在账内按现金收支的对应科目设置专栏的一种序时账簿。多栏式银行存款日记账是在账内按银行存款收支的对应科目设置专栏的一种序时账簿。多栏式购货日记账是在账内按借方科目（即"物资采购"）和对应的贷方科目（包括"现金"、"银行存款"、"应付账款"、"应付票据"）设置专栏的一种序时账簿。多栏式销货日记账是在账内按借方科目（包括"现金"、"银行存款"、"应收账款"、"应收票据"）和对应的贷方科目（包括"主营业务收入"、"应交税金—应交增值税（销项税额）"设置专栏的一种序时账簿。

根据设计使用的多栏式特种日记账的数量，可将多栏式特种日记账核算组织程序分为两类，即两本（现金、银行存款）多栏式特种日记账核算组织程序和四本（现金、银行存款、购货、销货）多栏式特种日记账核算组织程序。

一、多栏式特种日记账核算组织程序的特点

两本多栏式特种日记账核算组织程序的特点是：现金日记账和银行存款日记账均采用多栏式，并根据多栏式现金日记账和银行存款日记账的记录登记总账。但是，对于转账业务，可以直接根据转账凭证逐笔登记总账；也可以根据转账凭证定期编制转账凭证科目汇总表（或填制汇总转账凭证，或填制转账日记账），然后据此登记总账。

四本多栏式特种日记账核算组织程序的特点是：现金日记账、银行存款日记账、购货日记账和销货日记账均采用多栏式，并根据多栏式现金日记账、银

行存款日记账、购货日记账和销货日记账的记录登记总账。但是，对于与现金、银行存款、购货和销货业务无关的其他经济业务，可以直接根据转账凭证逐笔登记总账；也可以根据转账凭证定期编制转账凭证科目汇总表（或填制汇总转账凭证，或填制转账日记账），然后据此登记总账。

下面主要介绍两本多栏式特种日记账核算组织程序（即是目前教科书中所称的"多栏式日记账核算组织程序"，本书中也简称为"多栏式日记账核算组织程序"）。

二、多栏式日记账核算组织程序的凭证和账簿要求

在多栏式日记账核算组织程序下，不仅需要设置记账凭证（包括收款凭证、付款凭证和转账凭证），还需要设置多栏式现金日记账和多栏式银行存款日记账。多栏式现金日记账和银行存款日记账按收、付的对应科目设置专栏。

此外，对于转账业务，也可以同时设置转账凭证科目汇总表（或汇总转账凭证，或转账日记账）。

三、多栏式日记账的编制方法

多栏式现金日记账和多栏式银行存款日记账，是把收入栏和支出栏分别按照对应科目即收入的来源科目（贷方科目）和支出的用途科目（借方科目）设置若干专栏。其基本格式如表6-6所示。

表6-6　　　　　　　　　　　　银行存款（或现金）日记账

第　页

年		凭证		摘要	收　　入					支　　出				余额
月	日	字	号		主营业务收入	应收账款	预收账款	……	收入合计	管理费用	应付工资	……	支出合计	
			合计											

显然，表6-6多栏式日记账篇幅太大。因此，为了扩大其适用范围，在会计实务中一般将表6-6多栏式日记账分设成多栏式收入日记账和多栏式支

出日记账两本。其基本格式如表6－7、表6－8所示。

表6－7　　　　　　　　　银行存款（或现金）收入日记账

第　页

年		凭证		摘　要	收　入					支出合计	余额
月	日	字	号		主营业务收入	应收账款	预收账款	……	收入合计		
				合　计							

表6－8　　　　　　　　　银行存款（或现金）支出日记账

第　页

年		凭证		摘　要	支　出					支出合计
月	日	字	号		管理费用	应付工资	预付账款	其他应收款	……	
				合　计						

多栏式现金日记账和银行存款日记账的编制方法主要有两种：

（1）由出纳员根据审核后的收、付款凭证逐日逐笔登记多栏式现金（或银行存款）的收入日记账和支出日记账；每日终了时，再将多栏式"现金（或银行存款）支出日记账"中当日的支出合计数，过入多栏式"现金（或银行存款）收入日记账"中当日"支出合计"栏内，并结出当日现金（或银行存款）的账面结存数额。会计人员应对多栏式现金（或银行存款）日记账的记录进行检查监督，并负责于月末根据多栏式现金（或银行存款）日记账各专栏的合计数，分别登记有关总账账户。

月末终了时，应结出多栏式"现金（或银行存款）日记账"的对应账户栏合计数额，及现金（或银行存款）本月收入合计数额和本月支出合计数额，作为现金（或银行存款）收款业务和付款业务的登记总账的依据。注意：多栏式"现金（或银行存款）日记账"中对应账户"银行存款（或现金）"栏的发生额，因已同时记入多栏式"银行存款（或现金）日记账"，所以不应再过入总账，以免重复。下面的"多栏式日记账账务处理程序"主要就是针对这种情况说明的。

（2）另外设置"现金和银行存款出纳登记簿"，由出纳员根据审核后的收、付款凭证逐日逐笔登记，以便逐笔掌握库存现金收付情况和与银行核对收付款项；然后，将收、付款凭证交由会计人员据以逐日汇总登记多栏式"现金（银行存款）日记账"，并于月末根据多栏式日记账登记总账。"出纳登记簿"与多栏式"现金（银行存款）日记账"要相互核对。

上述第一种方法可以简化核算工作，而第二种方法可以加强内部牵制。总之，采用多栏式现金日记账和多栏式银行存款日记账可以减少收、付款凭证的汇总编制手续，简化总账登记工作；同时，可以清晰地反映账户的对应关系，了解现金、银行存款收付款项的来龙去脉。

四、账务处理程序

多栏式日记账核算组织程序的账务处理程序为：

（1）根据原始凭证（或汇总原始凭证）填制收款凭证、付款凭证和转账凭证。

（2）根据收款凭证和付款凭证，逐日逐笔登记多栏式"现金日记账"和多栏式"银行存款日记账"。如果企业不另外设置"出纳登记簿"，则应由出纳员根据审核后的收、付款凭证逐日逐笔登记多栏式日记账；如果企业另外设置"出纳登记簿"，则应由会计人员根据审核后的收、付款凭证逐日汇总登记多栏式日记账。登记多栏式日记账时，应根据收款凭证登记多栏式现金、银行存款收入日记账；根据付款凭证登记多栏式现金、银行存款支出日记账。

（3）根据原始凭证、汇总原始凭证或记账凭证，登记各种明细分类账。

（4）月末终了时，根据多栏式"现金（银行存款）日记账"登记总分类账。同时，根据转账凭证（或转账凭证科目汇总表，或汇总转账凭证，或转账日记账）登记总分类账。将现金、银行存款的收入栏合计（即全月收入总额）过入现金、银行存款总账的借方；将现金、银行存款的支出栏合计（即全月支出总额）过入现金、银行存款总账的贷方；将多栏式日记账的收入栏下各专栏合计数（即对应科目的本期贷方发生额）分别过入各有关总账的贷方；将多栏式日记账的支出栏下各专栏合计数（即对应科目的本期借方发生额）分别过入各有关总账的借方。正如上面所述，还应根据转账凭证（或转账凭证科目汇总表，汇总转账凭证或转账日记账）登记总账。

注意：现金、银行存款总账的本期借贷方发生额，只能根据多栏式现金、银行存款日记账的收、付栏合计数登记。而对于多栏式日记账中设有的银行存款、现金专栏内的数字，无须过账，以免重复。

（5）月末终了时，将各种明细分类账的余额分别与有关总分类账户的余额核对相符。

（6）月末终了时，根据核对无误的总分类账和明细分类账记录编制会计报表。

采用四本多栏式特种日记账核算组织程序时，还需设置多栏式购货日记账和多栏式销货日记账。其格式如表6-9和表6-10所示。

表6-9　　　　　　　　　　　多栏式购货日记账

年		凭证		摘要	供货单位（或明细科目）	记账符号	借方：物资采购				贷方科目			
月	日	字	号				买价	运费	其他	合计	现金	银行存款	应付账款	应付票据

表6-10　　　　　　　　　　　多栏式销货日记账

年		凭证		摘　要	购货单位（或明细科目）	记账符号	借方科目				贷方科目	
月	日	字	号				现金	银行存款	应收账款	应收票据	主营业务收入	应交税金

企业根据多栏式购货日记账簿登记总账时，专栏中"物资采购"、"应付账款"和"应付票据"科目，可定期根据其合计数一次性过入总账，不需逐笔过账。但是，专栏中"现金"和"银行存款"科目，由于在现金日记账和银行存款日记账中也要同时登记，故不需据此过账，以免重复；同样，在现金日记账和银行存款日记账中，其专栏中"物资采购"科目也无须过账。

企业根据多栏式销货日记账簿登记总账时，专栏中"主营业务收入"、"应交税金"、"应收账款"和"应收票据"科目，可定期根据其合计数一次性过入总账，不需逐笔过账。但是，专栏中"现金"和"银行存款"科目，由于在现金日记账和银行存款日记账中也要同时登记，故不需据此过账，以免重复；同样，在现金日记账和银行存款日记账中，其专栏中"主营业务收入"和"应交税金"科目也无须过账。

五、多栏式特种日记账核算组织程序的优缺点和适用范围

多栏式特种日记账核算组织程序的优点：有利于核算分工；可大大地减少过账工作（因为月终是根据各该专栏的合计数记入总账的，从而能大大地减少登记总账的工作量）；有利于检查分析货币资金的来源与去向（因为日记账采用专栏记录，使每一笔经济业务的记录都能清楚地反映会计科目的对应关系，从而为检查分析货币资金的来源与去向提供了方便）。

多栏式特种日记账核算组织程序的缺点：在经济业务较复杂，会计科目设置较多的企业中，多栏式日记账的专栏栏次过多，账页篇幅太大，不便于记账。

因此，多栏式特种日记账核算组织程序主要适用于货币资金收、付业务较多，但是使用的会计科目较少的企业。在这些企业中，由于货币资金收付业务量大，为了便于分工和加强货币资金收支的内部控制，通常还将收入和支出分别设置账簿，并由专人负责管理。

第六节 日记总账核算组织程序的设计

日记总账是一种兼有序时记录和总分类记录双重功能的联合账簿。

一、日记总账核算组织程序的特点

设置兼有序时记录功能和总分类记录功能的日记总账，并根据记账凭证逐日逐笔登记日记总账。

二、凭证和账簿的协调设计

在日记总账核算组织程序下，记账凭证一般采用收款凭证、付款凭证和转账凭证三种格式（也可采用通用记账凭证格式）。

现金日记账和银行存款日记账一般采用借、贷、余三栏式。

对于各种明细分类账的格式，应该根据本单位的管理需要，分别采用三栏

式、数量金额式或多栏式等。

但是，企业除了需要设置一本日记总账外，不需要再另外设置其他总分类账簿。

日记总账的基本格式如表 6 – 11 所示。

表 6 – 11　　　　　　　　　　　日 记 总 账

第 页

年		凭证		摘　要	发生额	现　金		银行存款		……	管理费用	……	主营业务收入	……
月	日	字	号			借方	贷方	借方	贷方	……	借方	……	贷方	……

在日记总账中，其金额栏要按照一级会计科目分设若干栏。有多少一级科目，就应设置多少金额栏；并且，在每一科目栏之下，一般还需要再分"借方"和"贷方"两小栏。当然，为了简化日记总账的格式，对于平时只有单方发生额且期末结账后无余额的科目（如管理费用、财务费用和营业费用等），也可以只设单方向栏。

三、账务处理程序

日记总账核算组织程序的账务处理程序为：

（1）根据原始凭证或原始凭证汇总表，编制记账凭证。

（2）根据记账凭证及其后面所附的原始凭证，登记账簿。

（3）根据记账凭证及其所附的原始凭证（或汇总原始凭证），登记各种明细分类账。

（4）根据记账凭证逐日逐笔登记日记总账。每笔经济业务的借方发生额和贷方发生额应该分别登记在同一行的有关科目的借方栏和贷方栏（它属于分类性质的记录）；并将发生额记入"发生额"栏内（它属于序时性质的记录）。但是，为了简化核算，对于收、付款业务，可以根据收款凭证和付款凭证逐日汇总登记；对于转账业务，应该根据转账凭证逐日逐笔登记。

（5）定期（或月末）将日记总账与有关明细账核对。月末，应结算出各栏的合计数，并计算各科目的月末借方（或贷方）余额。"发生额"栏所列本月发生额合计数应与全部科目的借方发生额合计数和贷方发生额合计数核对相符。

(6) 月末终了时，根据日记总账、各种明细账记录及其他有关资料编制会计报表。

四、日记总账核算组织程序的优缺点和适用范围

日记总账核算组织程序的优点：记账手续简单；容易检查记账的正确性；科目之间的对应关系和经济业务的全貌一目了然，便于会计分析；可以直接根据日记总账编制会计报表，且不必另外再进行试算平衡。

日记总账核算组织程序的缺点：当会计科目较多时，账页过大，使用不便；不便于记账的分工，不便于加强内部控制。

因此，日记总账核算组织程序主要适用于规模较小，经济业务量较简单，从而使用的会计科目不多的单位。

第七节　通用日记账核算组织程序的设计

通用日记账核算组织程序是将所有经济业务按所涉及的会计科目，以分录的形式记入通用日记账簿，然后再根据通用日记账簿的记录登记总分类账簿的一种会计核算组织程序。它包括二栏式通用日记账核算组织程序和多栏式通用日记账核算组织程序。

一、通用日记账核算组织程序的特点

直接根据原始凭证在通用日记账簿中编制会计分录，然后再据以逐笔过入总分类账簿。

二、凭证和账簿的协调设计

采用通用日记账核算组织程序时，不需设置记账凭证，但是需要设置通用日记账（"二栏式通用日记账"或"多栏式通用日记账"）和三栏式总分类账，并根据实际需要设计三栏式、数量金额式或多栏式等明细账。

二栏式通用日记账的格式如表 6-12 所示，多栏式通用日记账的格式如表

6 – 13 所示。

表 6 – 12　　　　　　　　　　　　　二栏式通用日记账

第　页

年		凭证		摘　要	会计科目	记账符号	借方金额	贷方金额
月	日	字	号					

表 6 – 13　　　　　　　　　　　　　多栏式通用日记账

第　页

年		凭证		摘　要	现　金		银行存款		……	其他会计科目			记账符号
月	日	字	号		借方	贷方	借方	贷方	……	科目名称	借方	贷方	

多栏式通用日记账是为了减少逐笔过账的工作量，将经常重复发生的经济业务所涉及的会计科目，在通用日记账中设置一些专栏，并根据专栏的汇总数一次性地过入有关总账，而对于会计期间内使用次数不多的会计科目，则在通用日记账增设的"其他会计科目"栏内进行登记，并逐笔过入有关分类账簿。

三、账务处理程序

通用日记账核算组织程序的账务处理程序为：

（1）根据原始凭证或原始凭证汇总表，登记通用日记账，并在通用日记账上编制会计分录。

（2）根据原始凭证、原始凭证汇总表或通用日记账，登记明细分类账簿。

（3）根据通用日记账，逐日逐笔登记总分类账簿和现金、银行存款日记账。

（4）月末，核对总分类账与有关明细账记录。

（5）根据总分类账和各种明细账记录及其他有关资料编制会计报表。

四、通用日记账核算组织程序的优缺点和适用范围

通用日记账核算组织程序的优点：由于可以根据原始凭证，直接登记通用日记账，从而减少了编制记账凭证的大量工作量；一本通用日记账可以对经济业务作序时的列表式分录，既反映了一定期间的全部经济业务，也便于采用电脑进行操作。

通用日记账核算组织程序的缺点：它要求根据通用日记账逐笔登记总分类账，登记总账的工作量较大；它取消记账凭证，不便于会计分工，不利于对经济业务进行分类汇总。

因此，通用日记账核算组织程序主要适用于业务比较简单的单位或已实现了会计电算化的单位。

第八节　案例及其点评

案例　公信会计师事务所接受新设立的凯丽服务公司的委托，为其设计一套会计制度。凯丽服务公司当时的经营规模较小，业务较简单，因此所使用的会计科目不多。根据凯丽服务公司的经营特点和管理要求，公信会计师事务所该项目负责人决定参照"日记总账核算组织程序"为其设计账务处理程序，并将该项任务分配给刚从大学毕业的王磊负责。王磊很快就完成了设计任务。其中，他所设计的"凯丽服务公司日记总账核算组织程序图"如下：

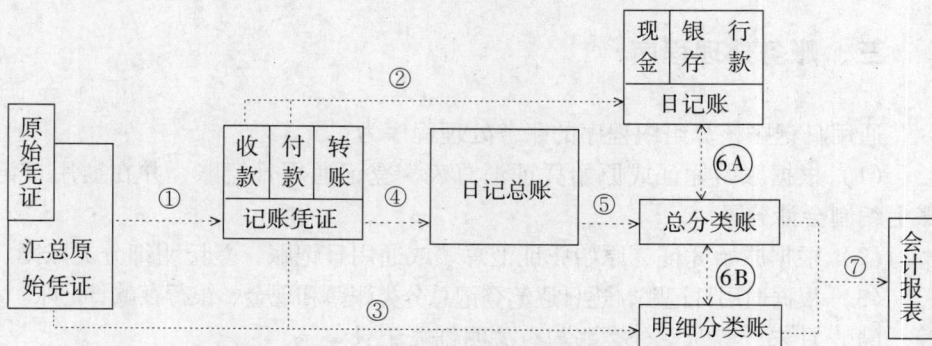

图 6-1　凯丽服务公司日记总账核算组织程序图

案例点评

（1）凯丽服务公司的经营规模较小，业务较简单，所使用的会计科目不多，因此公信会计师事务所该项目负责人决定采取"日记总账核算组织程序"模式，有其合理性和现实性。

（2）日记总账是一种将序时账簿与总分类账簿结合在一起的联合账簿。它本身就是总分类账簿。因此，在王磊设计的"凯丽服务公司日记总账核算组织程序图"中，根据日记总账登记总分类账簿是重复设账和重复登账，应将其删除。

思考题

1. 简述科学、合理地确定适用于企业的核算组织程序的意义。
2. 简述设计企业会计核算组织程序的基本要求。
3. 记账凭证核算组织程序的特点、基本程序和适用范围是什么？
4. 汇总记账凭证核算组织程序的特点、基本程序和适用范围是什么？
5. 科目汇总表核算组织程序的特点、基本程序和适用范围是什么？
6. 简述汇总记账凭证的编制方法。
7. 简述科目汇总表的编制方法。

第七章　定期汇总和结账工作的设计

会计资料的汇总和结账是会计循环的一个必要环节。它是定期将企业会计账簿记录按照一定的程序进行汇总与结转，以便反映企业某一时点的财务状况、某一时期内的经营成果和现金流量情况的工作。因此，企业应按照有关规定和要求，把一定时期内所发生的经济业务全部登记入账，并将各种账簿结算清楚，以便进一步根据账簿记录编制会计报表。

本章主要讨论：定期汇总和结账工作的设计内容和要求、会计期间和会计循环的确定、定期汇总和结账工作时间安排的设计方法、结账前的账项调整内容及其时间设计、成本和损益账户结账方法的设计、结账规则的设计等。

第一节　定期汇总和结账工作的设计内容和要求

定期汇总和结账是在企业会计期间内所发生的经济业务全部登记入账并核对无误的基础上，定期将企业会计账簿记录按照一定的程序和方法进行汇总与结转，结算出本期发生额合计数和余额，并将余额结转下期或者转入新账，以便反映企业某一时点的财务状况、某一时期内的经营成果和现金流量情况的工作。其设计内容主要包括：

一、确定会计期间，明确会计循环的主要工作

我国《企业会计准则》规定："会计核算应当划分会计期间，分期结算账目和编制会计报表。"为了向各种会计报表使用者定期提供其决策有用的会计信息，企业必须按《企业会计准则》和国家统一的《企业会计制度》的规定，将企业连续不断的经营过程人为地划分为若干较短的过程，以便定期地总结账簿记录和编制会计报表，反映其财务状况、经营成果和现金流量情况。

同时，为了指导会计报表的编制程序、保证结账和会计报表的编制工作的顺利进行，企业还应该规范其会计循环的步骤和工作要求。

二、确定结账方法

对于损益类账簿的记录，企业选择哪种方法（账结法或表结法）结账，应在企业内部会计制度中予以明确。账结法是指将各损益类账户的本期发生额，于每月月末结转到"本年利润"账户的一种结账方法。由于账结法是按月结转的，可以更清晰地反映企业各月的利润实现情况或亏损的发生情况，并便于编制月度会计报表。表结法是指在月度终了时不将各损益类账户的本期发生额结转到"本年利润"账户，而只在年度终了时才将各损益类账户的本期发生额结转到"本年利润"账户的一种结账方法。由于表结法是按年结转的，可以更清晰地反映年初至本期末的累计情况，有利于检查和分析有关损益年度计划的执行情况。在平时，各月的利润实现情况或亏损的发生情况主要是通过"利润表"来反映。

同时，企业还应明确其结账的内容，规范各类账簿（包括资产、负债、所有者权益、成本、损益类账簿）的具体结账方法、步骤和要求。

三、编制结账工作的日程表，并明确应提前做好的结账工作内容和要求

由于会计结账工作较复杂，工作量较大，并且其完整性、规范性和工作效率，直接影响会计报表编制的及时性和会计信息质量，因此，必须认真做好结账工作的组织安排。编制结账工作的日程表，是控制期末结账程序、规范结账工作的一种有效手段。

同时，为了减轻期末会计工作量，在不影响会计信息质量的前提下，企业可以将一部分结账工作和结账前的账项调整工作提前到期末之前完成。因此，应在企业会计制度中明确应提前做好的结账工作内容和要求。

第二节 会计期间和会计循环的确定

会计期间的确定包括会计年度的确定及其更短的经营报告期间的确定两个部分。

会计年度的确定方法，通常有日历年度法和营业年度法两种。日历年度法是指按日历年度（即公历年度的 1 月 1 日开始至 12 月 31 日止）来确定会计年

度的一种方法。营业年度法是指按企业的生产经营周期（或选择各类企业生产经营业务量较少的日期作为会计年度的起点和终点）确定会计年度的一种方法。为了规范各企业的结账和编报会计报表工作，为会计报表使用者及时提供决策有用的会计信息，各国政府通常将企业连续不断的生产经营过程通过立法形式进行会计分期，明确规定企业的会计年度。如我国《企业会计准则》第六条规定："会计期间分为年度、季度和月份。年度、季度和月份的起讫日期采用公历日期。"而美国的会计年度是从每年的 7 月 1 日至次年的 6 月 30 日；日本的会计年度是从每年的 4 月 1 日至次年的 3 月 31 日。

会计年度中更短的经营报告期间（包括会计月份，会计季度等）的确定方法，通常采用公历期间法（包括公历月份法和公历季度法），很少采用或无法采用营业期间法等。

会计循环是指每个会计期间从经济业务发生起，到编制会计报表止的周而复始地进行一系列会计处理的工作程序。为了规范企业的会计工作，保证企业能够及时结账和编报会计报表，应在企业内部会计制度中明确规定企业会计循环及其各个步骤的主要会计工作。通常，企业会计循环包括：审核原始凭证→编制记账凭证（实行会计电算化时，用键盘填制记账凭证）→过账（实行会计电算化时，过账事项和其后的试算平衡事项等可由电脑软件自动完成）→试算平衡（采用"多栏式日记账核算组织程序"时，可不用进行试算平衡）→账项调整→结账→编制会计报表。

例如，永和公司有关会计循环制度的内容为：

（1）财务稽核人员、业务稽核人员在业务人员报账时收集原始凭证，并对原始凭证进行认真审核。

（2）账务岗位人员 A 根据审核过的原始凭证编制记账凭证，并在记账凭证上正确填制会计分录。

（3）账务岗位人员 B 根据记账凭证登记总分类账簿，资金岗位人员 A 负责登记资本公积、盈余公积、公益金和各项对外投资明细账簿，结算岗位人员 A 负责登记债权债务明细账簿，成本岗位人员 A 负责登记生产成本、制造费用、产成品和待摊预提费用明细账簿，物资核算岗位人员 A 负责登记各项实物资产、物资采购和材料成本差异明细账簿，除规定应由其他人员登账外其余明细账簿由账务岗位人员 A 负责登记。

（4）账务岗位人员 B 根据总分类账户记录进行试算平衡，并编制总分类账户期末余额试算平衡表。

（5）账务岗位人员 B 负责根据有关资料（包括有关明细账簿记录和备查账簿记录等）填制期末账项调整（包括费用分摊的调整、收入分摊的调整、应计费用的调整、应计收入的调整等）的记账凭证，并交由账务稽核人员审核后转交有关人员过账。

（6）账务岗位人员 B 负责结清各损益类的总分类账簿（出纳员和其他负责明细账簿登账工作的人员也应结算其负责的日记账簿和明细账簿），填制有关转账记账凭证，将损益类账簿的本期发生额转入"本年利润"账簿，并据此登记入账。

（7）利税岗位人员 A 负责编制"利润表"、"利润分配表"及其他有关附表，资金岗位人员 B 负责编制"现金流量表"，账务岗位人员 B 负责编制"资产负债表"及其他有关附表和其他内部会计报表。

第三节　定期汇总和结账工作时间安排的设计方法

为了及时编制会计报表，并向会计报表使用者提供其决策有用的会计信息，企业必须严密组织期末汇总与结账工作。为此，应尽可能科学编制企业结账工作日程表。

结账工作日程表是将结账工作程序进行适当地排列，并对每项工作制定一个切实可行的完成时间，以提高会计工作效率并加强其工作质量和时间的控制。因此，需要找出企业汇总与结账工作中的"关键路线"。企业汇总与结账工作中的"关键路线"是指企业整个汇总与结账过程中费时最长的路线。在这条路线上，任何一个环节上的迟延都将影响整个汇总与结账工作的完成时间。因此，只有把"关键路线"上的工作切实做好了或提前完成了，整个汇总与结账工作才可能及时、高效完成。

定期汇总和结账工作的时间安排较复杂，需要较丰富的会计工作和管理经验。通常，企业可以按下列方法和步骤确定其定期汇总和结账工作程序，并编制结账工作时间安排表。

一、确定结账工作的主要环节及其工作内容，编制结账工作关系表

结账工作关系表是反映结账工作的主要环节，各环节的工作内容和时间，以及上下工作环节关系的结账工序明细表。例如，永和公司设计的汇总与结账工作关系如表 7 - 1 所示。

表 7 - 1   汇总与结账工作关系表

序号	工 作 内 容	紧前工序	作业时间（小时）
A	编制折旧费、待摊费用、无形资产摊销费、预提费用等分配表（套写凭证格式），并登记入账；计算和结转租金收入、应收票据的利息收入，并登记入账	／	4
B	编制收料凭证汇总表、材料费用分配表、外购动力费用分配表、工资和福利费分配表（套写凭证格式），并登记入账；将本月发生的其他经济业务，根据有关记账凭证全部登记入账	／	4
C	结算总账、明细账的发生额和余额	A、B	5
D	盘点在产品	B	3
E	盘点材料、包装物、低值易耗品、产成品	B	4
F	编制库存月报表	E	2
G	车间计算产品的车间成本	C、D、F	5
H	车间编制有关成本报表	G	4
I	基层上交报表	H	1
J	编制总分类账户余额试算平衡表	G	4
K	编制补充调整的记账凭证，对所得税费用、股利收入、预收账款和各项资产减值准备进行调整，并登记入账	I、J	3
L	编制对内会计报表	K	5
M	编制对外会计报表	L	6

在表 7 - 1 中，序号是工作内容的代号；紧前工序是指该工序紧接的前道工序（或前几道工序）；作业时间是指完成该项工作所需的小时数。

二、根据结账工作关系表，绘制汇总和结账工作网络图，并确定关键路线

在编制完结账工作关系表之后，就可以着手绘制汇总和结账工作网络图，目的在于确定结账工作的关键路线。例如，根据表 7 - 1 的数据，永和公司可编制结账工作网络图，如图 7 - 1 所示。

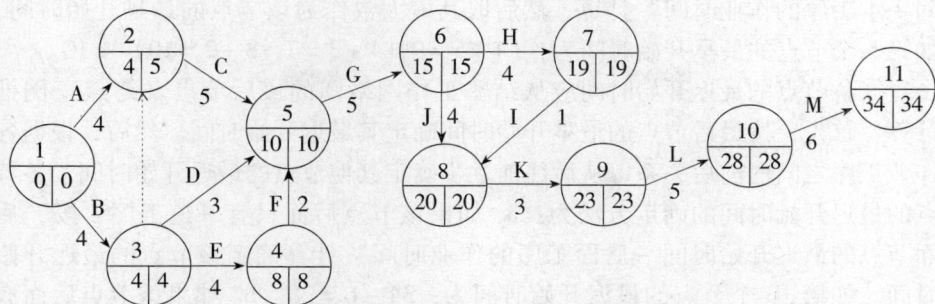

图 7-1 结账工作网络图

结账工作网络图的绘制方法和要点：

（1）圆圈"○"称为前后作业工序的节点。在圆圈"○"中注明节点的编号、其后作业工序的最早开始时间和最迟开始时间。其表示方法如图 7-2 所示。

图 7-2

（2）结账工作网络图只有一个始点和一个终点。中间节点的前后必须有箭线相连接，它既是前一作业的终点，又是后一作业的起点。节点本身不占用时间。

（3）箭线"→"表示各项作业（工序），一条箭线只表示一项作业。箭线方向表示作业前进的方向，箭线方向不能出现回路。

（4）节点前面的箭线，表示其后作业（即其后箭线）的紧前作业（或前道工序）；节点后面的箭线，表示其前作业（即其前箭线）的紧后作业（或后道工序）。

（5）箭线两旁分别为工序号和该工序的作业时间。虚箭线代表结账工作中并不存在的虚工序，用以表达相邻工序之间的衔接关系，其占用时间为零。

（6）节路"○→○→○"的画法为：

①先画第一个节点（即始点），其最早开始时间和最迟开始时间均定为零。

②根据各作业工序之间的前后关系，从前至后逐步画出其他节点及其最早开始时间（它表示为后面作业的最早开始时间）。各节点的最早开始时间（即各节点之后的作业最早开始时间）的确定方法为：a. 如果该节点前面只有一道工序，按"前面节点的最早开始时间＋本节点前面工序的作业时间"计算确定该节点的最早开始时间。如第 2 个节点的最早开始时间为：0＋4＝4。b. 如果该节点前面有多道工序，每道工序应分别按"前面节点的最早开始时

间＋本工序的作业时间"计算，然后取其最大数作为该节点的最早开始时间。如第 5 个节点的最早开始时间为：（4＋5＝9，4＋3＝7，8＋2＝10）＝10。

③各节点的最迟开始时间应从结账工作网络图的最后节点（终点）倒推计算。首先，按最后节点的最早开始时间确定其最迟开始时间。然后，根据各作业工序之间的前后关系，从后往前逐步确定其他节点的最迟开始时间。各节点的最迟开始时间的确定方法为：a. 如果该节点后面只有一道工序，按"后面节点的最迟开始时间－后面工序的作业时间"计算确定该节点的最迟开始时间。如第 10 个节点的最迟开始时间为：34－6＝28。b. 如果该节点后面有多道工序，每道工序应分别按"后面节点的最迟开始时间－本工序的作业时间"计算，然后取其最小数作为该节点的最迟开始时间。如第 6 个节点的最迟开始时间为：（19－4＝15，20－4＝16）＝15。

（7）计算每道工序的时差，并确定结账的关键路线。

每道工序的时差是该道工序可以机动的时间。其计算公式为：时差＝其后节点的最迟开始时间（即下道工序的最迟开始时间）－本工序的作业时间－其前节点的最早开始时间（即本工序的最早开始时间）。如：A 工序的时差＝5－4－0＝1；B 工序的时差＝4－4－0＝0；J 工序的时差＝20－4－15＝1；K 工序的时差＝23－3－20＝0。各工序时差计算结果如表 7－2 所示。

表 7－2　　　　　　　　　　　工序时差计算表

作业序号	A	B	C	D	E	F	G	H	I	J	K	L	M
前后节点号	1→2	1→3	2→5	3→5	3→4	4→5	5→6	6→7	7→8	6→8	8→9	9→10	10→11
时差	1	0	1	3	0	0	0	0	0	1	0	0	0

时差为零的工序叫做关键工序。关键工序的开工时间和完工时间没有机动余地。将时差为零的工序连接起来所形成的连线，叫做结账工作的关键路线。关键路线各工序的作业时间之和，即为总作业时间（本例总作业时间为 34 小时）。如果能够将关键路线上的工序时间缩短，整个汇总和结账工作就可提前完成。

三、编制结账工作日程表

下面以上述结账工作网络图为例，说明结账工作日程表的编制方法。本例总作业时间为 34 小时，每天按 8 小时工作时间（8:00 ~ 12:00,13:00 ~ 17:00）计算。其实，为了减轻期末汇总与结账工作量，可将 A 项作业（即部分账项调整工作）和 B 项作业的部分工作提前到会计期终了之前完成，但下面暂不考虑这种情况。

表 7 - 3　　　　　　　　　　　结账工作日程表

序号	工 作 内 容	拟定完成时间	最迟完成时间	责任部门	备注
A	部分账项调整工作	1 日 8:00 ~ 12:00	1 日 14:00	会计部门	
B	费用分配工作及将本月发生的其他经济业务，根据有关记账凭证全部登记入账	1 日 8:00 ~ 12:00	1 日 12:00	会计部门	关键点
C	结算总账、明细账的发生额和余额	1 日 13:00 ~ 2 日 9:00	2 日 10:00	会计部门	
D	盘点在产品	1 日 13:00 ~ 16:00	2 日 10:00	车间	
E	盘点材料、包装物、低值易耗品、产成品	1 日 13:00 ~ 17:00	1 日 17:00	仓库	关键点
F	编制库存月报表	2 日 8:00 ~ 10:00	2 日 10:00	仓库	关键点
G	车间计算产品的车间成本	2 日 10:00 ~ 16:00	2 日 16:00	车间	关键点
H	车间编制有关成本报表	2 日 16:00 ~ 3 日 11:00	3 日 11:00	车间	关键点
I	基层上交报表	3 日 11:00 ~ 12:00	3 日 12:00	车间	关键点
J	编制总分类账户余额试算平衡表	2 日 16:00 ~ 3 日 11:00	3 日 12:00	会计部门	
K	补充账项调整工作	3 日 13:00 ~ 16:00	3 日 16:00	会计部门	关键点
L	编制对内会计报表	3 日 16:00 ~ 4 日 12:00	4 日 12:00	会计部门	关键点
M	编制对外会计报表	4 日 13:00 ~ 5 日 10:00	5 日 10:00	会计部门	关键点

第四节　结账前的账项调整内容及其时间设计

账项调整是指在会计期末将涉及多个会计期间的经济业务，根据权责发生制原则的要求编制调整收入、费用的转账凭证并据以入账，以确定本期收入和费用的账务处理行为。我国《企业会计准则》规定，"会计核算应当以权责发生制为基础"。按权责发生制原则的要求，凡是属于当期的收入和费用，无论款项是否已经收付，均应作为当期的收入和费用处理；凡是不属于当期的收入和费用，即使款项已经收付，也不能作为当期的收入和费用处理。因此，企业在编制会计报表之前，必须进行有关账项调整。

一、结账前的账项调整内容

结账之前，需要进行账项调整的会计事项主要包括以下五类：

1. 费用分摊的调整事项

它是以前会计期间已经支付，但是按规定应由本期负担的费用调整事项，包括固定资产折旧费用的计提、预付费用（包括待摊费用和长期待摊费用）的摊销、无形资产的摊销等。为了按权责发生制原则正确计算各期盈亏，对于多个会计期间共同受益的支出，不能将其全部作为支出当期的成本费用，而应按受益原则在各受益期内进行分摊。

2. 收入分摊的调整事项

它是已经满足收入确认条件的预收销货款，按规定应转作本期营业收入的调整事项。在会计期末，应按本期应确认的相关收入，冲减预收账款，同时增加主营业务收入（或其他业务收入）和应交税金（增值税的销项税额）。

3. 应计费用的调整事项

它是本期虽然尚未支付，但是本期已经受益，按规定应由本期负担的费用调整事项，包括借款利息、应付债券的利息、带息应付票据的利息、借入固定资产或包装物的租金、所得税费用等。为了按权责发生制原则正确计算各期盈亏，对于本期已经受益但尚未支付的费用，应按受益原则在本期预提或确认。

4. 应计收入的调整事项

它是本期虽然尚未收到有关款项，但已经符合收入确认条件的、按规定应属于本期收入的会计调整事项，包括出租各种资产的租金、带息应收票据的利息、采用权益法核算长期股权投资时的投资收益（即被投资企业本期实现的净利润乘以企业的持股比例之积）等。

5. 期末计价时有关资产减值准备的调整事项

为了防止企业资产计量不实造成虚增资产和利润，并使当期费用与当期收入相配比，按谨慎性原则要求，1992 年 12 月 31 日财政部颁发的《工业企业会计制度》规定企业应计提应收账款的坏账准备；1998 年 1 月 27 日财政部颁发的《股份有限公司会计制度》又将提取资产减值准备的范围扩大为四项（即应收账款的坏账准备、短期投资跌价准备、存货跌价准备、长期投资减值准备）；2000 年 12 月 29 日财政部颁发的《企业会计制度》再次将提取资产减值准备的范围扩大为八项（即应收账款和其他应收款的坏账准备、短期投资跌价准备、存货跌价准备、长期投资减值准备、固定资产减值准备、在建工程减值准备、无形资产减值准备、委托贷款减值准备）。

因此，企业应当定期（或至少于每年年度终了）对短期投资、应收账款、其他应收款、存货、长期投资、委托贷款、固定资产、在建工程、无形资产进行全面检查，并根据谨慎性原则的要求，合理预计各项资产可能发生的减值损失，计提有关资产的减值准备，使其在会计报表中按成本与市价（或可收回的金额、可变现净值）孰低计量。

此外，在结账前，还应根据单位或部门负责人的批准意见，对"待处理财产损溢"及时进行处理；及时办理车间（或分厂）多余材料和边角材料的退材手续，以及尚未使用材料（下期还需使用）的假退材手续，并进行有关账务处理等。

二、账项调整的时间设计

为了减轻月末汇总、结账和编制会计报表的工作量，避免月末会计工作过于集中，可将部分账项调整工作适当提前完成，并做好其他各项结账前的准备工作。

（1）提前完成各期重复发生的且金额已定的部分账项调整工作。如可以选定月底前的较空闲的日期，编制固定资产折旧费计算分配表、待摊费用分配表、预提费用分配表和无形资产摊销费表，并登记入账（如果将各种费用分配表设计成套写凭证格式，可据此直接登记入账；如果这些分配表仅仅是自制原始凭证，还需要编制转账凭证，然后根据转账凭证登记入账）；计算和结转属于本期的租金收入、应收票据的利息收入，并登记入账等。

（2）预先填好试算平衡表和各种会计报表的表首、期初数或上期数等部分项目。为了将试算平衡、账项调整和编制会计报表工作结合在一起，以便自动发现和减少差错，提高会计工作效率，一些企业利用工作底稿作为编制会计报表的手段。这时，也可以事先填写工作底稿的表首和部分项目。

（3）采用人工结账方式时，对某些月末基本不会再发生的经济业务（如工资结算业务、付款业务、领料业务等），选择月底前的某一天（各月均应在同一天）计算其相关分类账簿的本月借方发生额合计数、贷方发生额合计数和余额。如果结账前又收到这类经济业务的原始凭证，再按重要性原则处理，即如果对当月损益影响较大，应填制相关记账凭证并补充登记入账（不能提前结账）；如果对当月损益影响不大，则可视同下月经济业务，记入下月的相关账簿内。

（4）选择月底前的某一天（各月均应在同一天）提前做好总分类账簿的试算平衡工作和对账工作。期末编制会计报表前，只需在此基础上加以调整即可。

第五节　成本和损益账户结账方法的设计

成本、损益账户结账方法的设计，通常有两种方法：账结法（即每月月末结账一次）和表结法（即每年年末结账一次）。

一、账结法

账结法是指每月月末将成本、损益账户的有关数据（主要是有关账簿本期借贷发生额之差）一次性地结转到"本年利润"或"库存商品"账户之中的一种结账方法。其中，成本类账簿一般采用账结法，而损益类账簿既可采用账结法，也可采用表结法。

例如，制造企业首先应归集和分配辅助生产成本和制造费用，并将应由当月各种产品和期间费用负担的部分，分别从"辅助生产"（或"生产成本——辅助生产成本"）和"制造费用"账户结转到"生产成本"（或"生产成本——基本生产成本"）账户和有关期间费用账户。对于非季节性生产的企业，应将当期发生的制造费用全部分配、转入本车间（或分厂）所生产的各种产品成本之中。其次，计算出本期完工产品的实际成本后，根据产品成本计算单和产成品验收入库单，将完工产品成本从"生产成本"（或"生产成本——基本生产成本"）账户结转到"库存商品"账户。再次，计算出本期已售商品应分摊的成本后，应将其商品销售成本从"库存商品"账户结转到"主营业务成本"账户。最后，应将本期所有损益类账户的借贷方发生额之差，分别结转到"本年利润"账户。

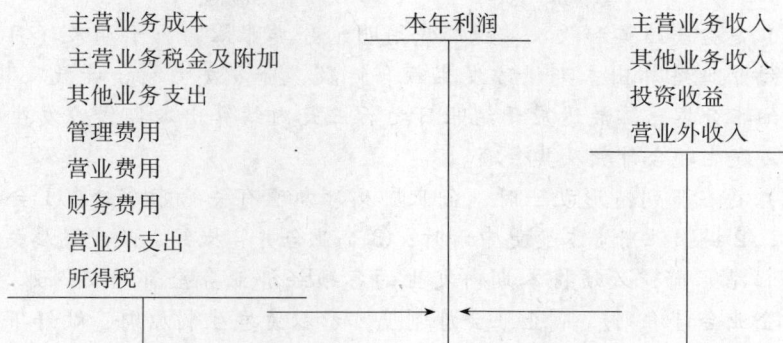

主营业务成本	本年利润	主营业务收入
主营业务税金及附加		其他业务收入
其他业务支出		投资收益
管理费用		营业外收入
营业费用		
财务费用		
营业外支出		
所得税		

结账完毕后，所有损益类账户的余额应为零；除季节性生产企业的"制造费用"账户可能有余额外，其他制造企业的"制造费用"账户也应无余额；如果"生产成本"账户有余额，其余额就是月末在产品成本。

这种方法可以清晰地反映各月损益项目的发生情况；并更方便编制月度会计报表。

二、表结法

表结法是指每年年末将损益账户的有关数据（有关账簿本期借贷发生额之差）一次性地结转到"本年利润"账户之中的一种结账方法。采用表结法时，各月月末无须办理损益类账户的结账手续，不用每月结清损益类账户。因此，年内各月末损益类账户的余额，表示其年内累计数（即年初至本月末止的累计数）；而本期数则为本期末余额减上期末余额之差。

这种方法可以清晰地反映年初至本期末止的各损益项目的累计发生情况，有利于检查有关项目的计划执行情况。

第六节　结账规则的设计

企业会计报表是根据其会计账簿记录编制而成的。因此，及时、正确地结账，是保证会计报表信息公允、及时和有用的一项基础工作。下面以华景公司为例，说明结账规则的设计内容和方法。

华景公司的结账规则

（1）总分类账簿和收入、成本费用明细分类账簿，应于期末（月末、年末等）结账日结算出本期借方发生额合计数、贷方发生额合计数及其余额。其他明细账分类账簿最迟应于结账日之后三天内结算出本期借方发生额合计数、贷方发生额合计数及其余额。

（2）存在下列情形之一时，企业应及时办理有关结账手续：①会计期间终了时；②提出注册资本变更申请时；③企业合并、撤销、改变隶属关系时。

（3）结账前，必须将本期内发生的各项经济业务全部登记入账。同时，应按《企业会计准则》、《企业会计制度》和权责发生制原则，做好下列各项目的账项调整记录：①费用分摊的调整记录，包括折旧、折耗、待摊费用或长期待摊费用的摊销、无形资产的摊销等；②收入分摊的调整记录，包括预收账款的结转等；③应计费用的调整记录，包括预提费用和所得税费用等；④应计收入的调整记录，包括租金收入、应收票据的利息收入和股利收入等；⑤各项资产减值准备的调整记录，包括坏账准备、存货跌价准备、短期投资跌价准备、长期投资减值准备、固定资产减值准备、无形资产减值准备等；⑥原材料、在产品、产成品、固定资产等实物库存与账面结存不符事项的调整记录，包括待处理财产损溢（待处理流动资产损溢、待处理固定资产损溢）等；⑦其他应列入本期损益，以及至本期结账日止已经发生而尚未登记入账的债权债务等事项的调整记录。

（4）月末结账时，应在每个账户最后一笔经济业务记录下面划通栏单红线，然后分别结算出其当月借、贷方发生额，并在"摘要"栏中注明"本月合计"字样，最后在其下面划一条通栏单红线；如果某些账户还需要结出其本年累计发生额，应在其下行"摘要"栏内注明"本年累计"字样，然后在其下面划一条通栏单红线。

年终结账时，应在月结的基础上，分别结算出每个账户全年借、贷方发生额和年末余额，并在该行"摘要"栏内注明"本年合计"（损益类账户）或"本年合计及余额"（资产、负债、所有者权益等类账户）字样，然后在其下面划一条通栏双红线（表示封账）。

第七节 案例及其点评

案例 华强公司（制造企业）内部会计制度的结账规则

其主要内容如下：

结账是在将本公司会计期间内所发生的经济业务全部登记入账并经对账无误的基础上，按照规定的方法对本期内的账簿记录进行小结，结算出本期发生额合计数和余额，并将余额结转下期或者转入新账。

1. 本公司结账的内容

（1）结算各种收入、费用账户，并据以计算确定本期利润。

（2）结算各资产、负债和所有者权益账户，分别结出本期发生额合计和余额。

2. 本公司结账的程序

（1）将本期发生的经济业务全部登记入账，并保证其正确性。

（2）根据权责发生制的要求，调整有关账项，合理确定本期应计的收入和应计的费用。

（3）将各有关损益类账户的本期借、贷发生额差额分别转入"本年利润"账户，结平所有损益类账户。

（4）结出资产、负债和所有者权益账户的本期发生额和余额，并结转下期。

3. 本公司各类账簿的具体结账方法

（1）对不需要按月结计本期发生额的账户（如各应收应付款明细账和各项财产物资明细账等），每次入账以后，都要随时结出余额，各月最后一笔余额即为月末余额。月末结账时，只需要在最后一笔经济业务记录之下划通栏单红线，不需要再结计一次余额。

（2）现金、银行存款日记账簿和需要按月结计发生额的收入、费用等明细账簿，每月结账时，在最后一笔经济业务记录下面划通栏单红线，然后结出本期发生额和余额，并在摘要栏内注明"本月合计"字样，在下面划通栏单红线。

（3）需要结计本年累计发生额的某些明细账簿，每月结账时，应在"本月合计"行下结出自年初起至本月末止的累计发生额，登记在月份发生额下面，并在摘要栏内注明"本年累计"字样，然后在其下面再划通栏单红线。12月末的"本年累计"就是全年累计发生额，全年累计发生额下面划通栏双红线。

（4）总分类账簿平时只需要结出月末余额。年终结账时，为了总括地反映全年各项资金运动情况的全貌和核对账目，要对所有总分类账簿结出全年发生额和年末余额，在摘要栏内注明"本年合计"字样，并在合计数下划通栏双红线。

年终结账时，有余额的账户，要将其余额转入下年。方法是：将每个账户的年末余额直接记入下一年度启用的有关新账簿的第一行余额栏内。新旧账簿之间的转记余额，不需编制记账凭证（也不必将余额记在旧账户的借方或贷方，使本年有余额的账户变为零），只需在新账簿第一行摘要栏内注明"上年转入"。

案例点评

（1）华强公司设计的结账规则，包括其结账的内容、程序与方法等，比较完整、可行。

（2）不足之处主要包括：结账的内容还应包括成本类账簿（制造费用、生产成本等）；结账程序中可将期末账项调整项目具体化，以增强其指导作用。

思考题

1. 制造企业结账内容主要包括哪些？
2. 制造企业结账程序主要包括哪些？
3. 如果请你设计有关期末账项调整的具体方法（如折旧调整）、规则和要求，你将如何编写有关期末账项调整的具体方法、规则和要求？

第八章　财务会计报告的设计

　　企业财务会计报告是反映其财务状况、经营成果和现金流量等情况的总结性书面文件。企业的投资者、债权人、经营管理者等利益相关者（尤其是外部利益相关者）进行的相关决策，主要就是依据企业提供的财务报告信息。因此，企业财务会计报告的设计是企业会计制度设计的一项重要内容。

　　企业的财务会计报告由会计报表、会计报表附注和财务情况说明书组成。企业对外提供的财务会计报告的内容、会计报表种类和格式、会计报表附注的主要内容等，必须符合财政部统一制定的《企业会计准则》和《企业会计制度》的规定；企业内部管理需要的会计报表，由企业自行设计和实施。

　　本章主要讨论：财务会计报告设计的意义和要求、财务会计报告的设计内容、资产负债表的设计、利润表的设计、现金流量表的设计、附表和附注的设计、会计档案管理规则的设计等。

第一节　财务会计报告设计的意义和要求

　　财务会计报告是企业根据其会计账簿记录以及其他有关资料，编制而成的通过一定的财务指标体系以反映其某一日期财务状况、某一期间经营成果和现金流量情况的书面报告文件。它主要包括会计报表（主表、附表和附注）和财务情况说明书。

　　目前，我国企业对外提供的财务会计报告的内容、会计报表的种类和格式、会计报表附注的主要内容和要求等，由财政部统一规定；企业内部财务会计报告的内容、种类、格式和编制要求，由企业自行设计。

一、设计财务会计报告的作用

　　通过设计企业财务会计报告，可以为财务会计报告使用者提供总括反映会计主体经营活动的全貌，帮助其有效进行相关投资决策、信贷决策或经营决策等。设计财务会计报告的作用，可以归纳为以下四方面：

（1）为企业的投资者进行投资决策提供必要的财务、会计信息。及时、完整和相关的企业财务会计报告信息，可以总括反映企业特定日期的财务状况、特定期间的经营成果和现金流量情况等，投资者可以据此分析企业的经营管理水平、获利能力、投资风险程度及其变化趋势等，从而有利于投资者拟定或修改对企业的投资决策；同时，投资者还可以据此评价企业最高管理当局的决策能力、管理水平和受托责任的履行情况等。

（2）为企业的债权人进行信贷决策等提供必要的财务、会计信息。企业的债权人可以根据企业所提供的财务会计报告，分析企业的资金运转情况和使用效率、企业的即期偿债能力、近期偿债能力、短期偿债能力和长期偿债能力等。因此，科学、完整地设计企业财务会计报告，有利于债权人拟定或修改对企业的信贷决策等。

（3）为企业的经营管理者和职工进行经营决策、加强日常管理活动等提供必要的财务、会计信息。财务会计报告信息与企业的其他经营管理信息相比，更系统、全面和完整，是企业的其他经营管理信息无法替代的，因此历来成为企业经营决策和加强日常管理的主要依据。及时、完整和相关的企业财务会计报告信息，可以为企业的经营管理者和职工分析检查计划（或定额）的完成情况、评价企业的经营活动和经济效益、评价企业内部各部门或其他有关责任中心经营业绩、及时发现经营管理中存在的问题及其原因、制定或调整企业的发展战略和日常经营策略提供各种重要的财务与会计信息。

（4）为税务部门、工商行政管理部门、证券监督管理部门、外部审计机构和社会公众，实施管理、加强检查与监督等提供必要的财务、会计信息。财务会计报告资料是税务机关向企业征税和加强税务监督的重要依据，是工商行政管理部门和证券监督管理部门加强行政管理、实施证券市场监管的主要依据，也是企业外部审计机构和社会公众对企业实施社会监督的主要依据。如果企业提供的财务、会计信息不及时、不完整或与财务会计报告使用者的需要不相关，税务部门、工商行政管理部门、证券监督管理部门和外部审计机构等就无法对企业实施有效管理或监督，就可能误导社会公众，导致其相关决策失误。

二、财务会计报告的设计要求

为了充分发挥财务会计报告的作用，为财务会计报告使用者提供决策有用的信息，并确保其不被误解，在设计企业财务会计报告时应遵循以下设计要求：

1. 合法与合规性

它是指企业对外会计报表的种类、项目（经济指标）、格式、编制规则与要求，必须符合《企业会计准则》和国家统一的《企业会计制度》。在政府仍然保留制定和颁布国家统一的企业会计制度的会计管理体制下，企业有关会计报表项目的内容、名称、分类、排列、填列方法与要求必须与国家统一会计制度的规定一致，以便保持企业与企业之间的报表信息（经济指标）横向可比性。

2. 完整与公允性

它是指企业的财务会计报告体系必须完整，并且能够恰当、公允地反映企业的财务状况、经营成果、现金流量情况和经营管理者的工作效绩。财务会计报告体系完整性是指设计的企业财务会计报告（包括会计报表的主表、附表、附注和财务状况说明书）必须种类齐备、主次分明、相互协调一致。所谓种类齐备是指设计的财务会计报告能够全面地反映企业的资源分布、权益结构、偿债能力、资金分配关系、经营成果（如产量、产值、利润、资本金利润率、销售利润率等）、现金流量情况和经营管理者的工作效绩；所谓主次分明是指各种主要会计报表应分别全面、概括地反映企业经营活动的某个方面，其附表则应详细具体，能够对主表起到补充揭示的作用；所谓相互协调一致是指各种财务会计报告的数据相互衔接，勾稽关系清晰。

3. 统一与一致性

它是指企业各种对内、对外会计报表的项目、指标口径、填列方法与要求必须在企业内部统一，并保持前后一致性。同一会计主体范围内，各分支机构或基层单位（或同一母公司控制下的各子公司）编制的基层会计报表（或个别会计报表）项目、指标口径、填列方法与要求必须一致，以便总公司编制汇总会计报表（或母公司编制合并会计报表）。这里的"前后一致性"要求，是指企业一旦依据国家统一企业会计制度，并结合企业本身的特点和管理要求确定了会计报表编制规则和要求等，就不要随意改变，保持其相对稳定性；如果确实需要调整，应将调整内容、原因和调整后对相关指标的影响程度在报表附注中加以说明。各企业之间的内部财务会计报告（包括种类、名称、项目、格式和编制要求等）不要求统一，应使之具有其特殊性和针对性，更具体灵活地适应其生产经营特点、管理要求、会计手段和编制人员的素质等。

4. 明晰与及时性

它是指企业会计报表的项目名称、内容必须简明清晰，容易填制、易于理解，方便分析，并可以确保企业能够及时编报各种财务会计报告，以满足有关方面的信息需要。在设计财务会计报告时，应避免向其使用者提供"垃圾信息",杜绝提供误导性信息,并尽可能减少需要复杂分析与计算填列的报表项目。

第二节　财务会计报告的设计内容

企业财务会计报告的设计内容主要包括财务会计报告体系的设计、各种会计报表基本内容和项目的设计、各种会计报表格式的设计、财务会计报告编制规则和编制要求的设计等。

一、财务会计报告体系

设计企业财务会计报告时,首先应根据《企业会计准则》、国家统一的《企业会计制度》、企业生产经营特点和管理要求,分析各有关方面需要哪些财务指标,明确各基本财务指标的用途,确定企业提供这些指标的详细程度;然后,依据财务会计理论与经验,确定企业对内和对外报送的财务会计报告体系,确保向各有关方面提供其决策有用的通用性(针对对外报表而言)和针对性(针对对内报表而言)的财务报告信息。在市场经济条件下,企业会计报表体系应该包括以下三个方面的各种会计报表:

1. 反映企业某一特定日期财务状况的静态会计报表

它包括主表和相关附表。主表就是资产负债表;相关法定附表包括股东权益增减变动表(上市公司)、资产减值准备明细表、应交增值税明细表等;其他相关附表主要有:存货明细表、固定资产及累计折旧明细表、在建工程明细表、无形资产及其他资产明细表、外币资金情况表、流动负债表、长期负债表、所有者权益表(非上市公司)、非正常储备物资情况报告表、主要流动资产结构变化分析表、流动资金周转率分析表、材料收发结存月报表、货币资金收付存日报表等。

2. 反映企业一定期间经营成果的动态会计报表

它包括主表和相关附表。主表就是利润表(即损益表);相关法定附表包括利润分配表、分部营业利润和资产表(包括业务分部报表和地区分部报表)等;其他相关附表主要有:营业利润明细表、产品制造成本及主营业务成本表(按成本项目反映)、产品制造成本表(按产品品种反映)、主要产品单位成本表、费用要素明细表、制造费用明细表、管理费用明细表、营业费用明细表、财务费用明细表、营业外收支明细表、投资收益明细表等。

3. 反映企业一定期间财务状况变动情况的会计报表

它通常只有主表，即现金流量表（或其他财务状况变动表）。

在企业会计报表体系中，法定对外会计报表是必须设计的，但目前主要是由财政部组织有关专家设计并作为国家统一企业会计制度的组成部分颁发执行；其他企业内部管理所需的会计报表，由企业自行规定。

财务状况说明书是企业会计报表及其附注信息的必要补充，主要是为企业财务报告使用者更全面、深入了解企业的内部经营环境等提供分析与参考资料。

二、各种会计报表基本内容和项目

企业会计报表的主要内容就是一系列相互联系的、对会计报表使用者决策有用的财务指标。为了清晰、扼要地提供会计报表使用者决策所需要的财务信息，企业会计报表应该包括以下基本内容：

1. 表首

每张会计报表的表首，应该清晰地标明企业的名称、报表名称、报表信息的日期或期间。如果是企业合并会计报表，应标明"××公司"、"合并资产负债表"（或"合并利润表"、"合并利润分配表"、"合并现金流量表"）、"×年×月×日"（或"××年度"）等。

2. 计量单位

企业会计报表以货币计量单位为主，但有时也需要标明实物计量单位或时间计量单位，以增加会计信息含量。通常，应在会计报表的右上角标明货币单位（如人民币元、人民币万元等）。有些会计报表（尤其是内部会计报表）还需要在右上角或通过设置专栏方式，标明实物单位（如台、千克、件等）或时间单位（如工时、工日、台时等）。

3. 财务指标

在设计会计报表时，必须明确会计报表使用者所需要的财务信息（即财务指标），并据此设置相应的报表项目；然后，将有关项目科学地加以分类和排列。项目的分类应合理、清楚，符合会计理论和企业会计准则的要求，便于会计报表使用者进行必要的财务分析，不可重叠，并应该标明小计。

财务指标（报表项目）的设置内容，包括项目名称、项目的数量或金额（如期初数、本期数、累计数、预算数、上期数等）。

4. 补充资料

补充资料（即附注）是为了会计报表使用者便于理解和分析报表项目而

提供的分析资料。通常包括下列内容：

 （1）不符合会计核算基本前提的说明。

 （2）重要会计政策和会计估计的说明。

 （3）重要会计政策和会计估计变更的说明。

 （4）或有事项和资产负债表日后事项的说明。

 （5）关联方关系及其交易的披露。

 （6）重要资产转让及其出售的说明。

 （7）企业合并、分立的说明。

 （8）会计报表中重要项目的明细资料。

 （9）有助于理解和分析会计报表需要说明的其他事项。

三、各种会计报表格式

  在政府仍然保留制定和颁布国家统一的企业会计制度的会计管理体制下，企业设计的各种对外提供的会计报表格式必须符合法定格式的要求，以便于会计报表使用者理解有关会计报表信息的含义。但是，企业设计的各种对内提供的会计报表格式，政府没有统一的规定与要求，企业应根据自己的需要灵活、有效地进行设计，并具有较强的针对性，能够满足企业内部管理的特殊需要。

四、财务会计报告的编制规则和编制要求

  财务会计报告的编制规则是指导报表编制人员正确、及时地编制各种财务会计报告的工作手册，以规范企业财务会计报告的编制程序、方法和要求。由于企业财务会计报告的编制比较复杂、技术性较强，其工作质量直接影响财务会计报告的信息质量和报告使用者的决策质量，因此，应该明确规定企业财务会计报告的编制规则和要求。

第三节　资产负债表的设计

  资产负债表是反映企业某一特定日期财务状况的静态会计报表。它是根据"资产＝负债＋所有者权益"这一会计基本等式，依据一定的报表项目分类标准和排列次序，将企业某一日期的资产、负债、所有者权益项目予以适当、公允反映进行设计而成的。设计资产负债表的目的，主要在于向会计报表使用者

反映企业所拥有的各种经济资源及其分布情况、企业所承担的长短期偿债义务及企业的偿债能力、企业所有者享有企业净资产的剩余权益情况等。

一、资产负债表的设计要点

（1）在其表首中必须标明"资产负债表"、编制单位名称、日期，并注明报表数据的金额单位。其中，编制单位必须是全称，编报日期一般是期末（月末、季末或年末）的最后一日，金额单位通常是"元"（内部会计报表也可用"千元"或"万元"）。表首的设计格式主要有下列三种：

①将编制单位名称列于表首的左侧。其格式如表8-1所示。

表8-1

资 产 负 债 表

200×年×月×日

编制单位：××公司   单位：元

资产	行次	年初数	期末数	负债和所有者权益	行次	年初数	期末数

我国现行的国家统一的《企业会计制度》就是采用这种格式。

②将编制单位名称列于表名之上。其格式如表8-2所示。

表8-2

××公司

资 产 负 债 表

200×年×月×日

单位：元

资产	行次	年初数	期末数	负债和所有者权益	行次	年初数	期末数

③将编制单位名称列于表名之前。其格式如表8-3所示。

表 8 - 3　　　　　　　　　　　××公司资产负债表

200×年×月×日

单位：元

资产	行次	年初数	期末数	负债和所有者权益	行次	年初数	期末数

（2）报表项目的分类必须符合《企业会计准则》和国家统一的《企业会计制度》，并能够适应企业生产经营的特点和会计报表使用者的决策需要。其基本要求是：有助于会计报表使用者阅读、分析报表数据。

首先，应按《企业会计准则》和国家统一的《企业会计制度》的要求，应将资产分为流动资产、长期投资、固定资产、无形资产、长期待摊费用和其他资产等；将负债分为流动负债和长期负债；将所有者权益分为实收资本（或股本）、资本公积、盈余公积和未分配利润。

其次，应按企业生产经营的特点和会计报表使用者的决策需要，再将上述类别作进一步地详细分类。如将流动资产进一步分为货币资金、短期投资、应收票据、应收账款、预付账款、存货、待摊费用等。将货币资金进一步分为现金、银行存款和其他货币资金等。

对报表项目进行分类时，应以会计报表使用者的决策需要为限，既不能太粗，分类太粗会使会计报表使用者无法根据报表数据进行必要的决策分析；也不能太细，分类太细会使报表数据零散、不集中，给会计报表使用者进行财务分析带来麻烦。例如，如果将"存货"项目分解为物资采购、原材料、在产品、库存商品、包装物、低值易耗品、发出商品、委托加工物资、委托代销商品等，不仅使报表冗长，而且不利于外部会计报表使用者进行财务分析等。

（3）按流动性强弱确定资产和负债项目的排列顺序，按重要性大小确定所有者权益项目的排列顺序。理论上，资产和负债项目的排列方法，主要有流动列前法和固定列前法。在过去我国计划经济环境下，为了满足政府部门加强宏观经济的计划管理，在当时的资金平衡表（相当于现在的资产负债表）中，将"固定资产"列于资金占用类项目的第一位，将流动资产各项目列于最后；同时，将"固定基金"（固定资产的资金来源）列于资金来源类项目的第一位，将"借入资金"项目（由于当时企业偿债能力分析不重要，故不区分流动负债和长期负债）列于其次，将"结算资金"（即在企业结算过程中暂吸收的外部资金及未交款项，主要是流动负债）列于最后。在市场经济环境下，企业偿债能力的分析对于外部会计报表使用者来说是极其重要的，为此，资产和负债项目必须严格按照其流动性的大小进行排列，流动性强的（或偿还期短的）项目排在前面，流动性弱的（或偿还期长的）项目排在后面；对于所有者权益项目，则应按照先本后利（资本金是利润之源，更为重要）排列。

（4）明确资产负债表的表体格式。理论上，资产负债表的表体格式（有时简称为资产负债表格式）主要有账户式和报告式两种。

①账户式资产负债表。

账户式（也称为左右格式或横式）资产负债表是将报表分为左右两方，报表左方列示资产，反映全部资产的分布和存在的状态；报表右方列示负债和所有者权益（且先列负债，后列所有者权益），反映全部负债和所有者权益的内容和构成。左方资产总额等于右方负债和所有者权益金额之和。其格式如表8-4所示。

表 8-4

资产负债表
200×年×月×日

编制单位：××公司   单位：元

资　　　产	行次	年初数	期末数	负债和所有者权益	行次	年初数	期末数
流动资产：				流动负债：			
××项目名称				××项目名称			
××项目名称				××项目名称			
流动资产合计				流动负债合计			
长期投资：				长期负债：			
××项目名称				××项目名称			
××项目名称				××项目名称			
长期投资合计				长期负债合计			
固定资产：				递延税项：			
××项目名称				递延税款贷款			
××项目名称				负债合计			
固定资产合计				所有者权益：			
无形资产及其他资产：				××项目名称			
××项目名称				××项目名称			

（续上表）

资　　产	行次	年初数	期末数	负债和所有者权益	行次	年初数	期末数
××项目名称				所有者权益合计			
无形资产及其他资产合计							
递延税项：							
递延税款借款							
资产合计				负债和所有者权益合计			

　　这种格式便于阅读和对比分析，特别适用于人工编制会计报表的情形。我国国家统一企业会计制度也是采用这种格式。

　　②报告式资产负债表。

　　报告式（也称为上下格式或垂直式）资产负债表是将报表项目上下排列，报表上方列示资产项目，然后列示负债项目，最后列示所有者权益项目。它又可以分为下列三种具体格式。

　　a.　"资产 − 负债 ＝ 所有者权益"式。其格式如表8−5所示。

表8−5　　　　　　　　　　　资 产 负 债 表
200×年×月×日

编制单位：××公司　　　　　　　　　　　　　　　　　　　　单位：元

一、资产	行　次	年　初　数	期　末　数
流动资产：			
××项目名称			
××项目名称			
流动资产合计			
长期投资：			
××项目名称			
××项目名称			
长期投资合计			
固定资产：			
××项目名称			
××项目名称			

（续上表）

	行 次	年 初 数	期 末 数
固定资产合计			
无形资产及其他资产：			
××项目名称			
××项目名称			
无形资产及其他资产合计			
递延税项：			
递延税款借款			
资产合计			
二、负债			
流动负债：			
××项目名称			
××项目名称			
流动负债合计			
长期负债：			
××项目名称			
××项目名称			
长期负债合计			
递延税项：			
递延税款贷款			
负债合计			
资产减负债之差额			
三、所有者权益：			
××项目名称			
××项目名称			
所有者权益合计			

b. "资产 = 负债 + 所有者权益"式。其格式如表8-6所示。

表8-6

资 产 负 债 表

200×年×月×日

编制单位：××公司 单位：元

一、资产	行　次	年　初　数	期　末　数
流动资产：			
××项目名称			
××项目名称			
流动资产合计			
长期投资：			
××项目名称			
××项目名称			
长期投资合计			
固定资产：			
××项目名称			
××项目名称			
固定资产合计			
无形资产及其他资产：			
××项目名称			
××项目名称			
无形资产及其他资产合计			
递延税项：			
递延税款借款			
资产合计			
二、负债			
流动负债：			
××项目名称			
××项目名称			
流动负债合计			
长期负债：			

（续上表）

	行　次	年　初　数	期　末　数
××项目名称			
××项目名称			
长期负债合计			
递延税项：			
递延税款贷款			
负债合计			
三、所有者权益：			
××项目名称			
××项目名称			
所有者权益合计			
负债和所有者权益合计			

　　c. 营运资金式。其格式如表8－7所示。

表8－7　　　　　　　　　　　　**资 产 负 债 表**
200×年×月×日

编制单位：××公司　　　　　　　　　　　　　　　　　　　　　　单位：元

流动资产	行　次	年　初　数	期　末　数
××项目名称			
××项目名称			
流动资产合计			
减：流动负债			
××项目名称			
××项目名称			
营运资金			
加：非流动资产			
1. 长期投资			
××项目名称			
××项目名称			

（续上表）

	行　次	年　初　数	期　末　数
长期投资合计			
2. 固定资产			
××项目名称			
××项目名称			
固定资产合计			
3. 无形资产及其他资产			
××项目名称			
××项目名称			
无形资产及其他资产合计			
非流动资产合计			
加：递延税项：			
递延税款借款			
减：长期负债			
××项目名称			
××项目名称			
减：递延税项：			
递延税款贷款			
所有者权益			
××项目名称			
××项目名称			
所有者权益合计			

　　（5）报表项目名称应该简要清楚，不能含糊或容易引起误解。

　　（6）报表正式项目以外的财务状况必须在报表下端通过补充资料（即报表附注）形式予以揭示。如必须揭示商业汇票贴现金额、已包括在固定资产原价中的融资租入固定资产原价等。

二、资产负债表编制方法和规则的设计

资产负债表各项目的填列方法，主要是根据有关账簿余额填列。以我国现行的统一企业会计制度中的资产负债表为例，报表项目的具体填列方法和规则，可按如下方法设计：

1. "年初数"栏内各项目的填列方法和规则

应根据上年末资产负债表"期末数"栏内所列数字填列。如果本年度资产负债表规定的各个项目的名称和内容同上年度不相一致，应对上年年末资产负债表各项目的名称和数字按照本年度的规定进行调整，填入本表"年初数"栏内。

2. "期末数"栏各项目填列方法和规则

资产负债表"期末数"栏各项目的填列方法，可分为下列五种情况。其填列规则如下：

（1）直接根据总账余额填列。这类项目包括：应收票据、应收股利、应收利息、应收补贴款、固定资产原价、累计折旧、固定资产减值准备、固定资产清理、工程物资、递延税款借项（或贷项）、短期借款、应付票据、应付工资、应付福利费、应交税金、应付股利、其他应交款、其他应付款、实收资本、资本公积、盈余公积等。

（2）根据几个总账余额计算填列。这类项目包括：货币资金、存货、未分配利润。其中，"货币资金"项目金额 = "现金"、"银行存款"、"其他货币资金"三个总账余额之和；"存货"项目金额 = "物资采购"、"原材料"、"包装物"、"低值易耗品"、"库存商品"、"自制半成品"、"分期收款发出商品"、"委托加工物资"、"委托代销商品"、"生产成本"10 个总账余额之和 + "材料成本差异"之借余（若为贷余，应相减）－"存货跌价准备"之贷方余额；"未分配利润"项目金额 = "利润分配"之贷方余额 + "本年利润"之贷方余额。

（3）根据有关明细账余额计算填列。这类项目包括应收账款、预收账款、应付账款、预付账款、一年内到期的长期债权投资、预提费用、一年内到期的长期负债。其中，"应收账款"项目金额 = "应收账款"、"预收账款"两个总账所属各明细账的期末借方余额之和 － "坏账准备"中有关应收账款已计提的准备余额；"预收账款"项目金额 = "应收账款"、"预收账款"两个总账所属各明细账的期末贷方余额之和；"应付账款"项目金额 = "应付账款"、"预付账款"两个总账所属各明细账的期末贷方余额之和；"预付账款"项目

金额 = "应付账款"、"预付账款"两个总账所属各明细账的期末借方余额之和；"一年内到期的长期债权投资"项目金额 = "长期债权投资"科目中将于一年内到期的债券金额；"预提费用"项目金额 = "预提费用"总账所属明细账中的贷方余额之和；"一年内到期的长期负债"项目金额 = "长期借款"、"应付债券"、"长期应付款"三个科目中将于一年内到期偿还的数额。

（4）根据总账和有关明细账余额计算填列。这类项目包括长期债权投资、长期借款、应付债券、长期应付款、待摊费用、长期待摊费用。其中，"长期债权投资"项目金额 = "长期债权投资"科目的借方余额 – "长期投资减值准备"中有关债权投资的准备 – 一年内到期的长期债权投资；"长期借款"项目金额 = "长期借款"总账之贷方余额 – 将于一年内到期偿还额；"应付债券"项目金额 = "应付债券"总账之贷方余额 – 将于一年内到期偿还额；"长期应付款"项目金额 = "长期应付款"总账之贷方余额 – 将于一年内到期偿还额 – "未确认融资费用"的借方余额；"待摊费用"项目金额 = "待摊费用"总账之借方余额 + "长期待摊费用"科目中一年内（含一年）的待摊销的部分 + "预提费用"所属明细科目中的借方余额之和；"长期待摊费用"项目金额 = "长期待摊费用"总账之借方余额 – 将于一年内（含一年）摊销的数额。

（5）根据资产余额减去其备抵科目余额后的净额填列。这类项目包括应收账款、其他应收款、短期投资、存货、长期股权投资、长期债权投资、在建工程、无形资产。其中，"其他应收款"项目金额 = "其他应收款"总账之借方余额 – "坏账准备"中有关其他应收款已计提的准备余额；"短期投资"项目金额 = "短期投资"之借方余额 – "短期投资跌价准备"之贷方余额 + （一年内到期的委托贷款之本利和 – 其减值准备）；"长期股权投资"项目金额 = "长期股权投资"总账的借方余额 – "长期投资减值准备"中有关股权投资的准备；"在建工程"项目金额 = "在建工程"总账之借方余额 – "在建工程减值准备"之贷方余额；"无形资产"项目金额 = "无形资产"总账之借方余额 – "无形资产减值准备"之贷方余额。

第四节　利润表的设计

利润表（即损益表）是反映企业一定期间净利润的形成情况或亏损的发生情况的会计报表。设计利润表的目的，主要在于向会计报表使用者反映企业净利润的形成原因、企业的获利能力和质量，并为企业内部会计报表使用者和所有者等检查利润计划的执行情况、评价企业的经营业绩提供分析资料。

在理论上，利润表应该反映企业一定时期内实现的利润及其分配情况（或亏损的发生及其弥补情况）。但是，考虑到企业需要按月计算损益，并编制各月份的利润表，而企业的利润分配通常每年一次，并且亏损年度往往不分配利润（或股息），因此，在国家统一的企业会计制度中，利润表只反映利润的形成情况或亏损的发生情况，不反映利润的分配情况，并要求按月报送；另外设计一张利润分配表，要求按年报送，并将其作为利润表的附表。

一、利润表的设计要点

（1）在其表首中必须标明"利润表"（或"损益表"）、编制单位名称、时期，并注明报表数据的金额单位。其中，时期可用"×月份"、"×季度"或"×年度"表示，也可用"×年×月×日至×年×月×日"的方式表示。其他表首的设计格式与资产负债表基本相同，既可以将编制单位名称列于表首的左侧，也可以将编制单位名称列于表名之上或将编制单位名称列于表名之前。

（2）主营业务的收入及其成本费用，应分别按收入的来源项目、成本费用的抵减项目设置报表项目，并以总额的形式反映；附营业务的收入及其成本费用、投资收益与投资损失，如果金额不大或对报表使用者的决策影响不大，可分别合并为一个项目按净额反映。通常，对于企业的主营业务，应分别设置主营业务收入、主营业务成本、主营业务税金及附加等报表项目；对于企业的附营业务，可设置一个报表项目（即其他业务利润），按其他业务收入抵减其他业务支出后的净额反映（如果企业的日常其他业务规模较大，对企业利润总额影响也较大，也可按主营业务的报表项目设计方法增设相应的报表项目，或在有关内部会计报表中适当增设项目予以较详细地反映）；对于投资收益和投资损失，也可设置一个报表项目（即投资收益），按投资收益抵减投资损失后的净额反映。此外，对于企业的营业费用、管理费用、财务费用、营业外收入、营业外支出等，由于其发生额及其增减变动情况通常是会计报表使用者的关注项目，并可能对其相关决策或评价具有较大的影响，因此应该分别单列项目反映。

（3）应该设置本月数（或上期数）和本年累计数（或本期数）等专栏，以便为会计报表使用者提供分析比较资料，增加报表信息含量。

（4）明确利润表的表体格式。理论上，利润表的表体格式（简称利润表格式）主要有多步式和单步式两种。

①多步式利润表。它是在报表中，经过多个层次的收入与其费用的配比，来反映企业净利润的形成情况或亏损的发生情况的一种利润表格式。例如，根

据我国现行的国家统一企业会计制度，利润表中净利润需要经过四个步骤，并按其重要性大小从上至下依次计算并予以反映，其格式如表8-8所示。

表8-8

利 润 表
____年____月

编制单位：   单位：元

项　　目	行次	本 月 数	本年累计数
一、主营业务收入			
减：主营业务成本			
主营业务税金及附加			
二、主营业务利润（亏损以"-"号填列）			
加：其他业务利润（亏损以"-"号填列）			
减：营业费用			
管理费用			
财务费用			
三、营业利润			
加：投资收益（损失以"-"号填列）			
补贴收入			
营业外收入			
减：营业外支出			
四、利润总额（亏损总额以"-"号填列）			
减：所得税			
五、净利润（净亏损以"-"号填列）			

补充资料：

项　　目	
1. 出售、处置部门或被投资单位所得收益	
2. 自然灾害发生的损失	
3. 会计政策变更增加（或减少）利润总额	
4. 会计估计变更增加（或减少）利润总额	
5. 债务重组损失	
6. 其他	

表8-8多步式利润表是一种通用的报告式利润表的格式。其设计特点是：主要项目（即与主营业务相关的项目）列于上面并较详细地列示其利润的计算过程；次要项目（如其他业务和投资业务项目）列于其后，但只列示其业务利润总额或净收益，不列示其计算过程；各期间费用、所得税和营业外收支项目，分别单设报表项目并列示其总额。

设计多步式利润表的表体格式时，要求利润表能够清晰地反映净利润的形成过程和结果：

a. 反映企业主营业务利润的形成。它是从主营业务收入出发，抵减主营业务成本、主营业务税金及附加，从而得出主营业务利润。如果企业经常发生销售折扣与折让，为了加强对其监督与管理，也可以单独增设一个主营业务收入的抵减项目即"折扣与折让"，并直接列于"主营业务收入"项目之后。

b. 反映企业营业利润的形成。在主营业务利润的基础上，加上其他业务利润（或加上其他业务收入，减去其他业务支出），减去营业费用、管理费用、财务费用，从而得出营业利润。

c. 反映企业利润总额的形成。在营业利润的基础上，加上投资收益、补贴收入、营业外收入，减去营业外支出，从而得出利润总额。

d. 反映企业的净利润的形成。在利润总额的基础上减去所得税，就可得出净利润。

多步式利润表的优点，是在于它清晰反映了收入与费用支出配比的层次性，突出了主营业务利润的形成过程，因此有助于会计报表使用者对企业经营成果和盈利能力的分析；其缺点主要在于它同时为企业竞争对手提供了较详细的行业竞争、企业之间竞争的分析资料。

②单步式利润表。它是只通过一个步骤（即净利润＝收入－成本费用）来反映企业所实现的利润或发生的亏损情况的利润表格式。它也可以分为左右对照的账户式和上下排列的报告式两种。

左右对照的账户式利润表是根据"收入＝成本费用（包括各项支出和所得税费用）＋净利润"会计等式将利润表分为左右两方，左方列示各收入项目，包括营业收入（也可将其分为两个报表项目，即主营业务收入和其他业务收入。下同）、投资收益、补贴收入、营业外收入等；右方列示各成本、费用项目，包括营业成本（主营业务成本和其他业务支出）、营业税金及附加（主营业务税金及附加和其他业务税金及附加）、营业费用、管理费用、财务费用、投资损失（也可将其直接抵扣投资收益，不单列投资损失项目）、营业外支出、所得税费用等，以及净利润的一种利润表格式。其格式如表8-9所示。

表 8－9　　　　　　　　　　　利 润 表
_____年_____月

编制单位：　　　　　　　　　　　　　　　　　　　　　　　　　　　　　　单位：元

项　　目	行次	本月数	本年累计数	项　　目	行次	本月数	本年累计数
收入：				成本费用：			
营业收入				营业成本			
投资收益				营业税金及附加			
补贴收入				营业费用			
营业外收入				管理费用			
				财务费用			
				投资损失			
				营业外支出			
				所得税			
				成本费用合计			
收入合计				净利润（净亏损以"－"号填列）			

上下排列的报告式利润表是根据"收入－成本费用（包括各项支出和所得税费用）＝净利润"的会计等式将利润表各项目上下排列，首先列示各收入项目，然后列示各成本费用项目，最后列示净利润项目的一种利润表格式。其格式如表 8－10 所示。

表 8－10　　　　　　　　　　　利 润 表
_____年_____月

编制单位：　　　　　　　　　　　　　　　　　　　　　　　　　　　　　　单位：元

项　　目	行　次	本 月 数	本年累计数
一、收入			
营业收入			
投资收益			
补贴收入			
营业外收入			

（续上表）

项　　　目	行　次	本　月　数	本年累计数
收入合计			
二、成本费用			
营业成本			
营业税金及附加			
营业费用			
管理费用			
财务费用			
投资损失			
营业外支出			
所得税			
成本费用合计			
三、净利润（净亏损以"－"号填列）			

单步式利润表的优点，是在于其简单直观、编制方便，且有利于保守企业的有关商业秘密。其缺点主要在于没有揭示不同层次的收入与其成本费用的配比关系，不利于会计报表使用者进行具体的财务分析和盈利能力的行业比较或企业之间的比较。

二、利润表编制方法和规则的设计

利润表各项目的填列方法，主要是根据有关账簿的发生额填列。以我国现行的统一企业会计制度中的利润表为例，项目的具体填列方法和规则，可按如下方法设计：

（1）报表中的"本月数"栏反映各项目的本月实际发生数。

①"主营业务收入"项目应根据本科目发生额分析填列，即"主营业务收入"项目金额＝"主营业务收入"科目的贷方发生额－"主营业务收入"科目的借方发生额。

②"主营业务成本"项目应根据本科目发生额分析填列，即"主营业务成本"项目金额＝"主营业务成本"科目的借方发生额－"主营业务成本"科目的贷方发生额。

③"主营业务税金及附加"项目应根据本科目发生额分析填列，即"主

营业务税金及附加"项目金额 = "主营业务税金及附加"科目的借方发生额 – "主营业务税金及附加"科目的贷方发生额。

④"其他业务利润"项目应根据"其他业务收入"和"其他业务支出"的发生额分析填列,即"其他业务利润"项目金额 = "其他业务收入"科目的贷方发生额 – "其他业务支出"科目的借方发生额。

⑤"营业费用"项目应根据本科目发生额分析填列,即"营业费用"项目金额 = "营业费用"科目的借方发生额 – "营业费用"科目的贷方发生额。

⑥"管理费用"项目应根据本科目发生额分析填列,即"管理费用"项目金额 = "管理费用"科目的借方发生额 – "管理费用"科目的贷方发生额。

⑦"财务费用"项目应根据本科目发生额分析填列,即"财务费用"项目金额 = "财务费用"科目的借方发生额 – "财务费用"科目的贷方发生额。

⑧"投资收益"项目应根据本科目发生额分析填列,即"投资收益"项目金额 = "投资收益"科目的贷方发生额 – "投资收益"科目的借方发生额。

⑨"补贴收入"项目应根据本科目发生额分析填列,即"补贴收入"项目金额 = "补贴收入"科目的贷方发生额 – "补贴收入"科目的借方发生额。

⑩"营业外收入"项目应根据本科目发生额分析填列,即"营业外收入"项目金额 = "营业外收入"科目的贷方发生额 – "营业外收入"科目的借方发生额。

⑪"营业外支出"项目应根据本科目发生额分析填列,即"营业外支出"项目金额 = "营业外支出"科目的借方发生额 – "营业外支出"科目的贷方发生额。

⑫"所得税"项目应根据本科目发生额分析填列,即"所得税"项目金额 = "所得税"科目的借方发生额 – "所得税"科目的贷方发生额。

(2)在编报季度或半年度利润表时,应将"本月数"栏改成"上年数"栏(或"去年第一季度累计数"或"去年上半年累计数"栏等),以反映上年同期累计实际发生数;在编报年度财务会计报告时,应将"本月数"栏改成"上年数"栏,以反映上年全年累计实际发生数。

(3)如果上年度利润表的项目名称和内容与本年度利润表不一致,应对上年度报表项目的名称和数字按本年度的相关规定进行调整,并填入报表的"上年数"栏。

(4)报表中的"本年累计数"栏各项目,反映自年初起至报告期末止的累计实际发生数。

第五节 现金流量表的设计

一、财务状况变动表编制基础的设计

财务状况变动表（即资金流量表）是反映企业在报告期内资金来源和运用情况的动态会计报表。因此，财务状况变动表有时也称为资金来源和运用表。它是以资金来源（流入）和资金运用（流出）来反映企业在一定期间的理财活动（包括筹资活动和投资活动等），及其所引起的资产、负债、所有者权益的增减变动情况。但是，由于人们对资金概念有着不同的理解，从而使财务状况变动表出现了不同的编制基础。概括地说，财务状况变动表的编制基础主要有以下五种：

1. 以营运资金为基础

营运资金是指流动资产减去流动负债后的净额。以营运资金为基础编制的财务状况变动表是反映企业在报告期内营运资金来源和营运资金运用情况的会计报表。在该种报表中，凡是增加营运资金的项目作为资金来源，凡是减少营运资金的项目作为资金运用。在报告期内，凡是影响营运资金（即净流动资产）的各项变化（包括流动资产与非流动资产之间、流动负债与非流动负债之间、流动资产与非流动负债之间、非流动资产与流动负债之间的增减变动。但是，不包括流动资产或流动负债内各项目之间的一增一减、流动资产和流动负债项目的同增同减、非流动资产各项目之间的增减变化、非流动负债各项目之间的增减变化、非流动资产和非流动负债之间的同增同减），均应逐项列入财务状况变动表中。

2. 以现金为基础

以现金为基础编制的财务状况变动表是反映企业在报告期内现金（包括现金等价物）流入和现金流出情况，表明企业获得现金的能力的会计报表。因此，这种财务状况变动表通常称为现金流量表。

在我国《企业会计准则——现金流量表》中，"现金"是指企业的库存现金、可以随时用于支付的各种存款以及现金等价物。在报告期内，凡是影响现金（包括现金等价物）净流量的各项变化（即现金项目与非现金项目之间的增减变动。但是，不包括现金各项目之间的一增一减和非现金各项目之间的增减变动），均应分类以总额的形式（个别项目才以净额的形式）列入现金流量表中。

3. 以货币性流动资产为基础

以货币性流动资产为基础编制的财务状况变动表是反映企业在报告期内库存现金、银行存款、其他货币资金、长期有价证券、应收票据、应收账款等货币性流动资产项目的增减变化情况的会计报表。在报告期内，凡是影响货币性流动资产的各项变化，均应分项列入该表中。

4. 以净货币性流动资产为基础

净货币性流动资产是指货币性流动资产减去货币性流动负债后的差额。以净货币性流动资产为基础编制的财务状况变动表是反映企业在报告期内货币性流动资产减去货币性流动负债后的净额的增减变化情况的会计报表。在报告期内，凡是影响净货币性流动资产的各项变化，均应分项列入该表中。

5. 以全部资金为基础

以全部资金为基础编制的财务状况变动表是反映企业在报告期内现金流入（或营运资金增加）和现金流出（或营运资金减少）情况，再补充其他虽然不影响现金（或营运资金）增减变动，但属于重要的财务事项的会计报表。在报告期内，凡是企业内部生产经营活动所提供和支用的现金（或营运资金）和企业在与外部发生财务关系中所取得和运用的资金，均应分项列入该表中。

在各国会计实务中，早期的财务状况变动表多以营运资金为基础，但是从20世纪80年代末以后以现金为基础的财务状况变动表越来越受到人们尤其是业界的重视，许多国家先后用现金流量表取代了以营运资金为基础的财务状况变动表。因此，下面主要介绍现金流量表的设计。

二、现金流量表的现金概念

现金流量表的"现金"包括：

（1）库存现金，即企业持有的、可以随时用于支付的现金限额。

（2）可以随时用于支付的各种存款。它又包括银行存款和其他货币资金。银行存款是指企业存放在当地金融机构的、可以随时用于支付的存款（即结算户存款）。其他货币资金是指企业存放在银行的、有特定用途的，并可以随时用于支付的资金（如外埠存款、银行汇票存款、银行本票存款、信用证保证金、信用卡存款等）和在途货币资金。其中，银行存款和其他货币资金中，不能随时用于支付的存款（如定期存款），不应列入现金流量表的现金范畴，而应列作投资；但提前通知金融机构便可支取的定期存款，则应包括在现金范围内。

（3）现金等价物。它是指企业持有的期限短（一般指从购买日起，三个月内到期)、流动性强、易于转换为已知金额的现金、价值变动风险很小的投资。

三、现金流量表的设计要点

(1) 在其表首中必须标明"现金流量表"、编制单位名称、时期,并注明报表数据的金额单位。由于现金流量表是年度会计报表,时期可用"×年度"表示。其他表首的设计格式与资产负债表基本相同,既可以将编制单位名称列于表首的左侧,也可以将编制单位名称列于表名之上或将编制单位名称列于表名之前。

(2) 根据是否影响现金(包括现金等价物,下同)净流量的增减变化,对企业所有的经济业务进行明确的分类,只有在报告期内影响现金净流量变化的经济业务,才能分类列入现金流量表中。企业的各项经济业务按其是否影响现金净流量的变动,可分为下列三类:

①现金各项目之间的增减变动。由于它不会影响现金净流量的变动,因此在现金流量表中不予以反映。如从银行提取现金、将现金送存银行、用银行存款购买2个月到期的公司债券等。

②非现金各项目之间的增减变动。由于它也不会影响现金净流量的变动,因此在现金流量表中也不予以反映。但是,由于它对企业未来现金流量的影响较大,按我国现行的《企业会计准则——现金流量表》的规定,应在现金流量表附注中反映。如用固定资产(或存货)清偿债务、用固定资产(或存货)对外投资、以投资偿还债务、在建工程转固定资产等。

③现金各项目与非现金各项目之间的增减变动。由于它会影响现金净流量的变动,因此应在现金流量表予以分类、全面、系统地反映。如销售商品和提供劳务收到的现金、用现金购买商品和劳务、收回投资所收到的现金、用现金对外投资、借款所收到的现金、偿还债务所支付的现金等。

(3) 根据直接法要求,按企业现金流量性质的不同,将企业在一定时期内产生的现金流量分为下列三类:

①经营活动产生的现金流量。它是指企业除投资活动、筹资活动以外的所有交易和事项产生的现金流入和流出。就工商企业来说,经营活动包括:销售商品、提供劳务;经营性租赁;购买商品、接受劳务;广告宣传、推销产品;交纳税款等。各类企业由于行业特点不同,对经营活动的认定存在一定的差异。在设计现金流量表时,应根据企业的实际情况,对现金流量进行合理的分类。

②投资活动产生的现金流量。它是指企业长期资产的购建、不包括在现金等价物范围内的投资及其处置活动所产生的现金流入和流出。就工商企业来说，投资活动主要包括：取得和收回投资；购建和处置固定资产、无形资产、其他长期资产等。

③筹资活动产生的现金流量。它是指导致企业资本、债务的规模、构成发生变化的活动所产生的现金流入和流出。这里所说的"资本"包括实收资本（股本）、资本溢价（股票溢价）。与资本有关的现金流量项目，包括吸收联营投资、发行股票、分配利润（股利）等。这里所说的"债务"是指企业对外举债所借入的款项。如发行债券、向金融机构的借款、偿还债务等。

（4）按企业会计准则的规定，确定经营活动现金流量的列报方法。经营活动现金流量的列报方法（即编制方法）有下列两种：

①直接法。它是通过现金收入和支出的总括分类（主要类别）反映来自企业经营活动的现金流量的一种列报方法。它又有两种不同的方法：a. 在利润表的营业收入的基础上，通过调整与经营活动有关项目的增减额，分别计算和列报经营活动的现金流量。调整项目有：本期存货、经营性应收项目、经营性应付项目的变动，固定资产折旧、无形资产摊销、待摊费用的摊销等其他非现金项目，影响属于投资（或筹资）活动现金流量的其他项目。b. 根据企业会计记录中获得有关现金收入和现金支出信息，计算和列报经营活动的现金流量。

②间接法。它是在本期净利润的基础上，调整不涉及现金的收入、费用、营业外收支以及有关项目增减变动，从而计算和列报经营活动的现金流量的一种列报方法。即通过将企业下列项目对净损益的影响进行调整，来反映企业经营活动所形成的现金流量：a. 非现金交易；b. 过去（或将来）经营活动产生的现金收入（或支出）的递延（或应计）项目；c. 与投资（或筹资）现金流量相关的收益（或费用）项目。

我国《企业会计准则——现金流量表》要求采用"直接法"，同时要求在现金流量表附注中披露将净利润调节为经营活动现金流量的信息（即用"间接法"来计算经营活动的现金流量）。

（5）合理划分经营活动、投资活动和筹资活动。经营活动、投资活动、筹资活动应当按照其概念进行划分，但是有些交易（或事项）不易划分。在《国际会计准则》中，也没有一个统一的标准，因此各个国家的划分方法不尽相同。对于工商企业来说，按照我国《企业会计准则——现金流量表》的规定，一些特殊交易（或事项）的划分要求如下：

①利息收入和股利收入划归投资活动；利息支出和现金股利支出划归筹资

活动。

②处理固定资产的净收益（或净损失）划归投资活动。

③流动资产非常损失的保险索赔，作为经营活动；固定资产损失的保险索赔，作为投资活动。但是，不能分清属于固定资产，还是流动资产的保险索赔，均归为经营活动的现金流量。

④捐赠的现金收支，均作为筹资活动（1999年前列为经营活动）。

⑤所有实际缴纳的所得税，均作为经营活动的现金流出。

因此，企业应当按准则要求合理划分经营活动、投资活动、筹资活动。对于某些特殊项目（如自然灾害损失、保险赔款等）应根据其性质和特殊情况进行划分，分别归并到经营活动、投资活动、筹资活动类别中，并一贯性地遵循这一划分标准。

由于金融保险企业的现金流量项目的归类有其特殊性，对于下列现金收入和现金支出，应作为经营活动的现金流量：

①对外发放的贷款和收回的贷款本金。

②吸收的存款和支付的存款酬金。

③向其他金融机构拆借的资金。

④同业存款和存放同业款项。

⑤利息收入和利息支出。

⑥收回的已于前期核销的贷款。

⑦经营证券业务的企业，买卖证券所收到或支出的现金。

⑧融资租赁所收到的现金。

保险企业的与保险金、保险索赔、年金退款、其他保险利益条款有关的现金收入和现金支出项目，应作为经营活动的现金流量。

（6）为了提高现金流量表信息的决策有用性，应分类反映企业经营活动、投资活动、筹资活动对现金流量的影响。在现金流量表表体项目设计中，应分别反映经营活动产生的现金流量、投资活动产生的现金流量、筹资活动产生的现金流量的总额以及它们相抵后的结果。

（7）应按直接法的要求，对每一类现金流量分别设计现金流入项目和现金流出项目。

（8）除对报表使用者的相关决策影响不大的特殊项目外，应分别按现金流入、现金流出的总额反映。但处置固定资产、无形资产和其他长期资产所产生的现金流量，代客户收付的现金，以及周转快、金额大、期限短项目的现金收付，可按现金流量净额（即现金流入减去现金流出后的差额）列示，以简化报表内容，提高其清晰性。下列项目可以按净额反映其现金流量：

①代客户收付的现金流量项目。如证券公司代收客户的款项，用于交割买卖证券的款项（交割费、印花税）；期货交易所接受客户交割实物的款项；银行发放的短期贷款和吸收的活期储蓄存款（包括金融机构短期贷款的发放和收回，活期存款的吸收和支付，同业存款和存放同业款项的存取，向其他金融机构拆借资金，经营证券业务的企业的买入和卖出，委托存款和委托贷款等）；旅游公司代游客支付的房费、餐费、交通费、行李托运费、门票费、票费、签证费等。这些项目不属于企业自身的现金流量项目，可以用净额反映。

②周转快、金额大、期限短（通常为三个月或更短时间）项目。如向银行借入三个月的短期借款，在一年内借入四次，偿还三次，如以现金流量总额反映，意义不大。

③某些金额不大的项目。如企业处置固定资产，既可能会发生变价现金收入，又可能需要用现金支付清理费用，就可以用其相抵后的净额列示。

（9）企业外币现金流量以及境外子公司的现金流量，应以现金流量发生日的汇率（或平均汇率）折算。汇率变动对现金流量的影响，应作为调节项目，在现金流量表中单独列示。

（10）应提供与净利润有关的经营活动产生的现金流量的过程。对于这一过程，可在现金流量表内反映，也可作为补充资料或附注在现金流量表外反映。在我国，是采取后一种方式即在表外的补充资料中反映。通常情况下，采用"间接法"编制现金流量表时，与净利润有关的经营活动产生的现金流量的过程在表内反映；采用"直接法"编制现金流量表时，与净利润有关的经营活动产生的现金流量的过程在表外反映。

（11）不涉及当期现金收支，但影响企业财务状况（或可能在未来影响企业的现金流量）的重大投资和筹资活动，应在报表附注中加以反映（或说明）。如企业以固定资产（或存货）偿还债务，以投资偿还债务，以固定资产进行投资，以负债购置资产。这些投资和筹资活动，不影响当期的现金流量，因此在现金流量表的表体项目中不反映这些活动。对于不涉及当期现金流量的重大投资和筹资活动，我国《企业会计准则——现金流量表》要求在现金流量表的附注中反映。

（12）应按《企业会计准则——现金流量表》和企业内部经营管理的要求，设计现金流量表的格式。从理论上讲，现金流量表主要有两类（即直接法和间接法）四种格式。

①直接法的基本格式。

直接法是指通过现金收入和现金支出的主要类别反映来自企业经营活动的

现金流量。在会计实务中，一般是以利润表的本期营业收入为起算点（即先假设所有的营业收入都在当期收到现金），调整与经营活动各项目有关的增减变动，然后分别计算并列示经营活动各现金流量。

直接法的主要优点是它显示了经营活动中各项现金流入的来源和现金流出的用途，从而有助于报表使用者预测企业未来经营活动的现金流量，揭示企业从经营活动中产生的现金来偿付其到期债务的能力、进行再投资的能力和支付现金股利的能力。

直接法的基本格式有下列两种：

a. 分类反映现金净流量格式。它是按经营活动产生的现金流量、投资活动产生的现金流量和筹资活动产生的现金流量的主要类别，分别计算和列示企业在报告期内的现金流入和流出的一种格式，其基本格式如表8－11所示。

表8－11 现金流量表

编制单位： _____年度 单位：元

项　　目	行　次	金　额
一、经营活动产生的现金流量：		
××现金流入项目名称		
××现金流入项目名称		
现金流入小计		
××现金流出项目名称		
××现金流出项目名称		
现金流出小计		
经营活动产生的现金流量净额		
二、投资活动产生的现金流量：		
××现金流入项目名称		
××现金流入项目名称		
现金流入小计		
××现金流出项目名称		
××现金流出项目名称		
现金流出小计		
投资活动产生的现金流量净额		
三、筹资活动产生的现金流量：		
××现金流入项目名称		

（续上表）

项　　目	行　次	金　　额
××现金流入项目名称		
现金流入小计		
××现金流出项目名称		
××现金流出项目名称		
现金流出小计		
筹资活动产生的现金流量净额		
四、汇率变动对现金的影响额		
五、现金及现金等价物净增加额		
补　充　资　料		
1. 将净利润调节为经营活动的现金流量：		
净利润		
加：××非付现经营性成本费用项目名称		
××非付现经营性成本费用项目名称		
经营性应收项目的净减少额		
经营性应付项目的净增加额		
减：××未收取现金的经营性收益项目名称		
××未收取现金的经营性收益项目名称		
加：××不属于经营活动的成本、费用、损失项目名称		
××不属于经营活动的成本、费用、损失项目名称		
减：××不属于经营活动的收益项目名称		
××不属于经营活动的收益项目名称		
经营活动产生的现金流量净额		
2. 不涉及现金收支的投资和筹资活动：		
××项目名称		
××项目名称		
3. 现金及现金等价物净增加情况：		
现金的期末余额		
减：现金的期初余额		
加：现金等价物的期末余额		
减：现金等价物的期初余额		
现金及现金等价物净增加额		

目前我国《企业会计准则——现金流量表》就是采用这种格式。

　　b. 综合反映现金净流量格式。它是直接按"现金流入 - 现金流出 = 现金净流量"的计算公式设计而成的一种格式，其基本格式如表 8 - 12 所示。

表 8 - 12　　　　　　　　　　　现 金 流 量 表

编制单位：　　　　　　　　　　　　_____年度　　　　　　　　　　单位：元

项　　　　目	行　次	金　　额
一、现金流入		
××经营活动现金流入项目名称		
××经营活动现金流入项目名称		
经营活动现金流入小计		
××投资活动现金流入项目名称		
××投资活动现金流入项目名称		
投资活动现金流入小计		
××筹资活动现金流入项目名称		
××筹资活动现金流入项目名称		
筹资活动现金流入小计		
现金流入合计		
二、现金流出		
××经营活动现金流出项目名称		
××经营活动现金流出项目名称		
经营活动现金流出小计		
××投资活动现金流出项目名称		
××投资活动现金流出项目名称		
投资活动现金流出小计		
××筹资活动现金流出项目名称		
××筹资活动现金流出项目名称		
筹资活动现金流出小计		
现金流出合计		
三、现金流量净额		

②间接法的基本格式。

间接法是以企业利润表的净利润为起算点。企业利润表的净利润是按权责发生制确定的，其中有些收入、费用项目并没有实际发生现金的收付，通过对这些项目的调整，即可将净利润调整为经营活动的现金流量。其主要优点是它有助于报表使用者分析影响现金流量的原因，以及从现金流量角度分析企业净利润的质量。

间接法的基本格式有下列两种：

a. 单步间接法格式。

单步间接法格式是指不分别计算和列示经营活动产生的现金流入和流出，而是直接以净利润为起算点（即先假设企业的当期现金净流量等于当期的净利润），调整不涉及现金收支的收入、费用、营业外收支和应收应付等项目的增减变动，据此计算并列示经营活动的现金流量，然后再计算并列示投资活动产生的现金流量和筹资活动产生的现金流量的一种格式，其基本格式如表8－13所示。

表8－13　　　　　　　　　　　现金流量表

编制单位：　　　　　　　　　　　　_____年度　　　　　　　　　　　单位：元

项　　　　目	行　次	金　　额
一、本年净利润		
加：经营活动产生的现金流量净额：		
计提的资产减值准备		
固定资产折旧		
无形资产摊销		
长期待摊费用摊销		
待摊费用减少（减：增加）		
预提费用增加（减：减少）		
处置固定资产、无形资产和其他长期资产的损失（减：收益）		
固定资产报废损失		
固定资产盘亏损失（减：盘盈收益）		
财务费用		
投资损失（减：收益）		

（续上表）

项　　目	行　次	金　　额
递延税款贷项（减：借项）		
存货减少（减：增加）		
经营性应收项目的减少（减：增加）		
经营性应付项目的增加（减：减少）		
其他非付现的费用和损失		
小　　计		
加：投资活动和筹资活动产生的现金流量净额：		
出售固定资产、无形资产和其他长期资产的现金流入		
报废固定资产的变价现金收入减支付的清理费用		
增加长期负债收到的现金		
收回长期投资所收到的现金		
所有者追加投资所收到的现金		
小　　计		
二、现金流入合计		
三、现金流出		
购建固定资产的现金支出		
增加长期投资的现金支出		
增加无形资产和其他长期资产的现金支出		
利润分配的现金支出		
税金支出		
偿还长期负债支出		
其他付现支出		
小　　计		
四、本期现金净变动额		

　　目前，我国《企业会计准则——现金流量表》的补充资料中，按间接法反映的"经营活动产生的现金流量净额"就是采用这种格式。

　　b. 现金来源和现金运用的报告式。

　　它是直接按"现金来源－现金用途＝现金净流量"的计算公式设计而成

的一种格式，其基本格式如表8－14所示。

表8－14　　　　　　　　　　现 金 流 量 表

编制单位：　　　　　　　　　　　_____年度　　　　　　　　　　　单位：元

项　　目	行　次	金　　额
一、现金来源		
1. 营业现金来源：		
本年净利润		
加：计提的资产减值准备		
固定资产折旧		
无形资产摊销		
长期待摊费用摊销		
待摊费用减少		
债券折价摊销		
应付票据增加		
应付账款增加		
应收票据减少		
应收账款减少		
出售固定资产损失		
固定资产盘亏损失		
财务费用		
递延税款贷项		
其他非付现的费用和损失		
减：存货增加		
其他应付款减少		
应交税金减少		
应付利润（或股利）减少		
出售无形资产收益		
债券溢价摊销		

（续上表）

项　目	行　次	金　额
投资收益		
递延税款借项		
其他未收取现金的收益		
营业现金来源合计		
2.　其他现金来源：		
出售固定资产、无形资产和其他长期资产的现金流入		
报废固定资产的变价现金收入减支付的清理费用		
增加长期负债收到的现金		
收回长期投资所收到的现金		
所有者追加投资所收到的现金		
其他现金来源合计		
现金来源合计		
二、现金用途		
购建固定资产的现金支出		
增加长期投资的现金支出		
增加无形资产和其他长期资产的现金支出		
利润分配的现金支出		
税金支出		
偿还长期负债的现金支出		
其他付现支出		
现金用途合计		
三、本期现金净变动额		

四、现金流量表编制方法和规则的设计

下面按我国现行的《企业会计准则——现金流量表》的要求，以华景公司为例，简要说明现金流量表编制规则的设计方法。

华景公司现金流量表的编制规则

为了正确地编制现金流量表，恰当而公允地反映企业在会计报告期内有关现金流入和流出的信息，根据《企业会计准则——现金流量表》的规定和要求，制定现金流量表编制规则如下：

1. 经营活动产生的现金流量的编制规则

经营活动产生的现金流量是企业在不动用外部资源的情况下，通过经营活动产生的现金流量以供企业偿还负债、支付股利和对外投资的一项现金来源。其编制规则包括：

（1）按照我国《企业会计准则——现金流量表》的规定，现金流量表应以直接法编制，清晰地反映企业的现金来源和去向，以便于各会计报表使用者评价企业未来的现金流量状况。

（2）直接法是通过现金收入和现金支出的主要类别反映来自企业经营活动的现金流量。该法以利润表中的营业收入为起点，调整与经营活动有关的项目的增减变动，然后计算出经营活动的现金流量。这些与经营活动有关的项目包括下列七项。各项目的编制方法和要求如下：

① 销售商品、提供劳务收到的现金。

它反映企业销售商品、提供劳务实际收到的现金。其计算公式为：

该项目金额＝本期现销收入＋收回以前的赊销款＋本期预收的货款－销售退回时本期支付的现金

＝本期营业收入总额＋本期收到的增值税销项税额＋［（期初应收账款、应收票据余额－期末应收账款、应收票据余额）－本期购货方以实物资产抵偿的债务＋本期收回前期核销的坏账损失－本期核销的坏账损失－本期办理应收票据贴现的贴现息］＋（期末预收账款－期初预收账款）－销售退回时本期支付的现金

② 收到的税费返还。

它反映企业收到返还的各种税费。如增值税、消费税、营业税、所得税、关税、教育费附加等。

③ 收到的其他与经营活动有关的现金。

它反映企业除了上述各项外，收到的其他与经营活动有关的现金流入。如罚款收入、流动资产损失中由个人赔偿的现金收入、收到的租金。但是，捐赠的现金收入，作为筹资活动的现金收入。

④购买商品、接受劳务支付的现金。

它反映企业购买商品、接受劳务实际支付的现金。其计算公式为：

该项目金额＝本期现购款＋本期偿还以前的赊购款＋本期现金预付款－购货退回本期收到的现金

＝本期销售成本＋本期支付的增值税进项税额＋（期末存货余额－期初存货余额）－本期以非现金资产偿付的赊购款＋（期初应付账款、应付票据余额－期末应付账款、应付票据余额）＋（期末预付账款余额－期初预付账款余额）－购货退回本期收到的现金＋（非经营活动减少存货－非付现收到的存货）

由于本公司是加工制造企业，其公式还应作适当调整，因为制造企业的营业成本的口径与购入材料成本的口径是不一致的。调整内容有两个：

a. 构成产品成本的生产工人和生产管理人员的工资及福利费。对于职工工资及福利，不管是否支付了现金，均应从该项目中扣除，因为支付职工工资需单独列示。

b. 构成产品成本的非付现费用。如记入制造费用的折旧费用和前期的摊销费用等。

⑤支付给职工以及为职工支付的现金。

它反映企业实际支付给职工以及为职工支付的现金。其计算公式为：

该项目金额＝本期实际支付给职工的工资、奖金、津贴和补贴等＋［为职工支付的养老保险、待业保险基金、补充养老保险、住房公积金＋支付给职工的住房困难补助＋为职工交纳的商业保险金＋支付给职工（或为职工支付的）其他福利费用］

但是，它不包括：a. 支付给离退休人员的各项费用。支付的统筹退休金、未参加统筹的退休人员的费用，列入"支付的其他与经营活动有关的现金"项目。b. 支付给在建工程人员的工资（应列入"购建固定资产、无形资产和其他长期资产所支付的现金"项目）。

⑥支付的各种税费。

它反映企业当期实际上缴税务部门的各种税金，以及支付的教育费附加、矿产资源补偿费、印花税、房产税、土地使用税、车船使用税、土地增值税、预交的营业税等。但是，它不包括：a. 应入固定资产价值、并实际支付的耕地占用税（它应列入"购建固定资产、无形资产和其他长期资产所支付的现金"项目）等；b. 本期退回的增值税、所得税等（它应列入"收到的税费返还"项目）。其计算公式为：

该项目金额 ＝本期发生并支付的税费 ＋本期支付以前各期发生的税费 ＋ 本期预交的税金

⑦支付的其他与经营活动有关的现金。

它反映企业支付的除了上述各项外，其他与经营活动有关的现金流出。如罚款支出、支付的差旅费、业务招待费现金支出、支付的保险费、支付的广告费、经营租赁所支付的现金等。

（3）在现金流量表的补充资料中，还应单独按照间接法重新反映企业经营活动的现金流量情况，从而为会计报表使用者提供反映企业本期净利润与现金流量之间的关系信息。间接法是以本期净利润为起点，调整不涉及现金的收入、费用、营业外收支等有关项目的增减变动，据此计算出经营活动的现金流量，即将净利润调节为经营活动的现金流量。这些调整项目包括以下 13 项。各项目的编制方法和要求如下：

①计提的资产减值准备。

它反映企业计提的各项资产的损失准备，包括企业计提的各项资产的损失准备。如坏账准备、存货跌价损失准备、短期投资跌价准备、长期投资减值准备、固定资产减值准备、无形资产减值准备、在建工程减值准备、委托贷款减值准备等。其计算公式为：

该项目金额 ＝（各项准备的年末余额 – 各项准备的年初余额） ＋本期发生的各项准备的转销额

②固定资产折旧。

它反映企业本期累计提取的固定资产折旧额。其计算公式为：

该项目金额 ＝（累计折旧年末余额 – 累计折旧年初余额） ＋本年固定资产处置、以固定资产对外投资时转销的累计折旧

③无形资产摊销和长期待摊费用摊销。

它反映企业本期摊入成本费用的无形资产的价值和长期待摊费用。其计算公式为：

无形资产摊销＝（无形资产年初余额－无形资产年末余额）＋（本年购入无形资产价
值－本年转让无形资产的账面价值）

长期待摊费用（即递延资产）摊销的计算与此类似。

④待摊费用减少（减：增加）。

它反映企业本期待摊费用的减少。其计算公式为：

该项目金额＝待摊费用期初余额 －待摊费用期末余额

⑤预提费用的增加（减：减少）。

它反映企业本期预提费用的增加。其计算公式为：

该项目金额＝预提费用期末余额－预提费用期初余额

⑥处置固定资产、无形资产和其他长期资产的损失（减：收益）。

它反映企业本期由于处置固定资产、无形资产和其他长期资产而发生的净
损失。其综合计算公式为：

该项目金额＝处置固定资产、无形资产和其他长期资产产生的净损失－处置固定资产、
无形资产和其他长期资产产生的净收益

⑦固定资产报废损失。

它反映企业本期固定资产盘亏（减：盘盈）的净损失。其综合计算公式为：

该项目金额＝ 固定资产盘亏、报废净损失－固定资产盘盈、报废净收益

⑧财务费用。

它反映企业本期发生的应属于投资活动或筹资活动的财务费用，以及未用
现金支付的属于经营活动的财务费用。其计算公式为：

该项目金额＝投资活动、筹资活动所发生的财务费用＋未用现金支付的属于经营活动
的财务费用

注意：应收票据贴现、销售商品和购买原材料所产生的汇兑损益属于经营活
动；购买固定资产所产生的汇兑损益属于投资活动；支付的利息属于筹资活动。

⑨投资损失（减：收益）。

它反映企业本期投资所发生的损失减去收益后的净损失。其综合计算公式为：

该项目金额＝投资净损失　－　投资净收益

⑩递延税款贷项（减：借项）。

它反映企业本期递延税款的净增加（或净减少）。其综合计算公式为：

该项目金额＝（递延税款的贷项期末数　－　递延税款的贷项期初数）　＋　（递延税款的借
　　　　　　项期初数　－　递延税款的借项期末数）

⑪存货的减少（减：增加）。

它反映企业本期存货的减少（减：增加）额。其计算公式为：

该项目金额＝存货年初余额－存货年末余额

⑫ 经营性应收项目的减少（减：增加）。

它反映企业本期经营性应收项目（包括应收账款、应收票据、其他应收款和预付账款中与经营活动有关的部分。其中应收账款、应收票据还包括应收的增值税销项税额）的减少（减：增加）额。其计算公式为：

该项目金额＝应收项目期初余额－应收项目期末余额

⑬经营性应付项目的增加（减：减少）。

它反映企业本期经营性应付项目（包括应付账款、应付票据、应付工资、应付福利费、应交税金、其他应付款和预收账款中与经营活动有关的部分。其中应付账款、应付票据还包括应收的增值税进项税额）的减少（减：增加）额。其计算公式为：

该项目金额＝应付项目期末余额－应付项目期初余额

2. 投资活动产生的现金流量的编制规则

投资活动是企业长期资产的购建和不包括在现金等价物范围内的投资及其处置活动。它不仅包括对外短期投资（现金等价物范围内的短期投资除外）和对外长期投资的购买与处置，而且包括固定资产的购建与处置、无形资产的购建与处置等。其编制规则包括：

（1）现金流量表所列示的投资活动产生的现金流量，应该恰当而公允地反映企业在报告期内为了获得未来收益和未来现金流量而导致资源转出的程度，以及以前资源转出带来的现金流入的信息。

（2）根据《企业会计准则——现金流量表》的规定，与投资活动有关的报表项目包括下列七项。各项目的编制方法和要求如下：

①收回投资所收到的现金。

它反映企业出售、转让或到期收回除现金等价物以外的短期投资、长期股权投资而收到的现金（等于当时应结转的账面成本和应确认的投资收益），以及收回长期债权投资本金而收到的现金。但是，不包括：a. 收回长期债权投资时所收回的利息（它应列入"取得投资收益所收到的现金"项目）；b. 收回的非现金资产（它应在补充资料中的"不涉及现金收支的投资与筹资活动"项目中反映）。

②取得投资收益所收到的现金。

它反映企业因各种投资而分得的现金股利、利润、利息等。但是，它不包括：a. 股票股利；b. 收回债权投资的本金（它应列入"收回投资所收到的现金"项目）。其计算公式为：

该项目金额 ＝因股权投资而分得的现金股利＋子公司、联营企业、合营企业分派利润所收到的现金　＋　因债权性投资所收到的现金利息收入

③处置固定资产、无形资产和其他长期资产而收到的现金净额。

它反映企业处置固定资产、无形资产和其他长期资产所收到的现金，扣除为处置这些资产而支付的有关费用后的净额。它包括：a. 固定资产报废、毁损残料的变卖现金收入；b. 由于自然灾害所造成的固定资产等长期资产损失而收到的保险公司的保险赔款收入等。其计算公式为：

该项目金额 ＝处置固定资产、无形资产和其他长期资产而收到的现金－为处置这些资产用现金支付的有关费用

④收到的其他与投资活动有关的现金。

它反映企业除了上述各项外，收到的其他与投资活动有关的现金流入。

⑤购建固定资产、无形资产和其他长期资产所支付的现金。

它反映企业购建固定资产、取得无形资产和其他长期资产所支付的现金。

包括：a. 购买机器设备所支付的现金及增值税款；b. 建造工程支付的现金；c. 支付给在建工程人员的工资等现金；d. 购入（或自创）无形资产的实际现金支出。但是，它不包括：a. 购建固定资产而发生的借款费用资本化的部分（归入筹资活动）；b. 融资租入固定资产所支付的租赁费（归入筹资活动）。

企业以分期付款方式购建的固定资产，其支付的首期现金作为投资活动的现金流出，以后各期支付的现金作为筹资活动的现金流出。

⑥投资所支付的现金。

它反映企业进行各种性质的投资所支付的现金。企业取得的除长期债券投资以外的其他债权投资所支付的现金，也在该项目中反映。其计算公式为：

$$该项目金额 = 取得的除现金等价物以外的短期股票投资、短期债券投资、长期股权投$$
$$资、长期债券投资支付的现金 ＋ 支付的相关佣金、手续费等附加费用$$
$$= 权益性投资所支付的现金 ＋ 债权性投资所支付的现金（现金等价物除外）$$

但是，a. 企业购买股票、债券时，实际支付的价款中所包含的已宣告发放但尚未领取的现金股利（或已到付息期但尚未领取的债券利息），应在"支付的其他与投资活动有关的现金"项目中反映；b. 收回原购买股票、债券时已确认的应收股利（即当时已宣告发放但尚未领取的现金股利）或应收利息（即当时已到付息期但尚未领取的债券利息），应在"收到的其他与投资活动有关的现金"项目中反映；c. 企业以非现金的固定资产、商品等进行的权益性投资，应在"补充资料"中单独反映，不包括在该项目内。

⑦支付的其他与投资活动有关的现金。

它反映企业除了支付上述各项外，所支付的其他与投资活动有关的现金流出。如企业购买股票和债券时，实际支付的价款中包含的已宣告发放而尚未领取的现金股利（或已到期尚未领取的债券利息）。

3. 筹资活动产生的现金流量的编制规则

筹资活动是企业导致企业资本、债务规模和构成发生变化的活动。其编制规则包括：

（1）现金流量表所列示的筹资活动产生的现金流量，应该恰当而公允地反映企业在报告期内吸收投资者投入的现金和从债权人融入的现金情况，以及前期获得现金流入而在本期付出的代价。

（2）根据《企业会计准则——现金流量表》的规定，与筹资活动有关的报表项目包括下列六项。各项目的编制方法和要求如下：

①吸收投资所收到的现金。

它反映企业收到的投资者投入的资金。其计算公式为：

该项目金额＝吸收权益性投资所收到的现金（即股票发行收入扣除支付的相关发行费用后的净额）＋发行债券所收到的现金（即债券发行收入扣除支付的相关发行费用后的净额）

但是，以发行股票、债券方式筹资而由企业直接支付的审计、咨询等费用，在"支付的其他与筹资活动有关的现金"中反映，不从本项目内扣除。

②借款所收到的现金。

它反映企业举借各种短期、长期借款所收到的现金。

③收到的其他与筹资活动有关的现金。

它反映企业除了上述各项外，收到的其他与筹资活动有关的现金流入。如接受现金捐赠。

④偿还债务所支付的现金。

它反映企业以现金偿还债务的本金。其计算公式为：

该项目金额＝偿还金融企业的借款本金＋偿还债券本金

企业偿还的借款利息、债券利息，应在"分配股利、利润或偿付利息所支付的现金"中反映，不包括在本项目内。对于以非现金偿付的债务，则应在报表附注中说明。

⑤分配股利、利润或偿付利息所支付的现金。

它反映企业实际支付的现金股利、利润和利息。其计算公式为：

该项目金额＝实际支付的现金股利＋支付给其他投资单位的利润＋支付的借款利息和债券利息等

其中：支付的现金股利＝本期宣告发放的现金股利＋（期初应付股利余额－期末应付股利余额）

⑥支付的其他与筹资活动有关的现金。

它反映企业除了上述各项外，支付的其他与筹资活动有关的现金流出。例如：a. 捐赠现金支付；b. 融资租入固定资产支付的租赁费［本期融资租入固定资产应付款＋（"长期应付款—应付融资租赁费"的期初余额－该账户的期末余额）］；c. 发生筹资费用所支付的现金，即企业为发行股票、债券（或向金融企业借款等筹资活动）发生的咨询费、公证费、印刷费等各种费用（不包括利息支出、股利支出）；d. 减少注册资本所支付的现金（企业因减少注册资本而支付的现金）。

4. 其他报表项目的编制规则

（1）汇率变动对现金的影响额。

它反映企业外币现金流量、境外子公司的现金流量折合为人民币时，所采用的现金流量发生日的汇率（或平均汇率）折合的人民币金额，与"现金及现金等价物净增加额"中外币现金净增加额，按期末汇率折合的人民币金额之间的差额。

（2）不涉及现金收支的投资和筹资活动。

在现金流量表的补充资料中，应按《企业会计准则——现金流量表》的规定和要求，反映一些不涉及现金收支的投资和筹资活动。这些活动反映企业在一定期间内，影响资产或负债但不形成该期现金收支的所有投资和筹资活动的信息。它们虽然不涉及现金收支，但对以后各期的现金流量有重大的影响。这些项目及其编制要求如下：

①债务转为资本。它反映企业本期转为资本的债务金额。

②一年内到期的可转换公司债券。它反映企业一年内到期的可转换公司债券的金额。

③融资租入固定资产。它反映企业本期融资租入固定资产计入"长期应付款"科目的金额减去"未确认融资费用"科目余额后的金额。

（3）现金及现金等价物净增加额。

在现金流量表的补充资料中应增设项目，简要反映企业本期现金及现金等价物的净增加情况，即企业在报告期内现金及现金等价物的"期末余额－期初余额"后的净增加额（或净减少额）情况。补充资料中的"现金及现金等价物净增加情况"部分包括以下五个项目：

现金的期末余额

减：现金的期初余额

加：现金等价物的期末余额

减：现金等价物的期初余额

现金及现金等价物净增加额

它是对现金流量表中"现金及现金等价物净增加额"项目的补充说明。因此，补充资料中的"现金及现金等价物净增加额"金额与现金流量表中的"现金及现金等价物净增加额"的金额应相等。

5. 现金流量表的编制程序规则

企业采用工作底稿法编制现金流量表，其基本步骤和编制要求如下：

（1）将资产负债表的期初数和期末数过入"现金流量表工作底稿"的"期初数"栏和"期末数"栏。并将"利润表"的"本年累计数"过入"工作底稿"的"本期数"栏。

（2）分析当期发生的经济业务，编制有关调整分录，并将调整分录过入"工作底稿"的相应部分。调整分录主要有三类：

①涉及利润表项目和资产负债表项目。通过调整，将权责发生制下的收入费用转换为现金收付实现制基础。

②涉及资产负债表和现金流量表中的投资、筹资项目。它反映投资、筹资活动的现金流量。

③涉及利润表和现金流量表中的投资、筹资项目。通过调整，将利润表中有关投资、筹资方面的收入费用列入现金流量表投资、筹资现金流量中。

此外，还有一些调整分录并不涉及现金收支，只是为了核对资产负债表项目的期末、期初数的变动额。

在调整分录中，有关现金、现金等价物的事项，并不直接借记（或贷记）"现金"，而是借记（或贷记）现金流量表中经营活动产生的现金流量、投资活动产生的现金流量、筹资活动产生的现金流量的有关报表项目。并且，借记表明现金流入，贷记表明现金流出。

（3）核对调整分录的正确性。将所有调整分录过入"工作底稿"后，应通过下列两个等式是否成立，来检查和判断调整分录的正确性和完整性。

①调整分录的借方合计 = 调整分录的贷方合计。

②"工作底稿"中资产负债表项目的"期初数±调整分录中的借贷金额 = 期末数"。

如果上述两个等式均成立，通常意味着调整分录无错，第二步骤已经完成。否则，说明调整分录还不完整或有错误，应检查调整分录的正确性，并继续对有关项目进行调整，直至上述两个等式均成立为止。

（4）根据"工作底稿"中的现金流量表项目部分（本期数）编制正式的现金流量表。

第六节　附表和附注的设计

除了资产负债表、利润表、现金流量表三种主要会计报表外，企业还需要按企业会计准则、国家统一的企业会计制度、企业内部管理要求编制一些有关企业财务状况和经营成果的附表，为企业外部和内部会计报表使用者提供更为详细的信息，以利于其分析、决策或控制。

同时，企业在设计基本会计报表（即主表）和附表时，还应该通过设计附注（或补充资料）的形式，对企业采取的主要会计处理方法及其变更情况、变更原因以及由此产生的影响，对一些重要报表项目或非常项目等作进一步的解释和说明。

一、会计报表附表的设计

会计报表附表主要包括资产负债表的附表和利润表的附表。对于法定对外报送的会计报表附表，应按企业会计准则和国家统一的企业会计制度的规定和要求设计；对于企业内部的会计报表，则由企业自行决定其种类、数量、格式和编制要求等。

1. 资产负债表附表的设计

法定的资产负债表的附表主要包括"资产减值准备明细表"、"股东权益增减变动表"、"应交增值税明细表"三种。此外，企业还可以根据内部管理要求，设计存货明细表、固定资产及累计折旧明细表、在建工程明细表、无形资产及其他资产明细表、外币资金情况表、流动负债表、长期负债表、非正常储备物资情况报告表、主要流动资产结构变化分析表、流动资金周转率分析表、材料收发结存月报表、货币资金收付存日报表等内部会计报表。

（1）资产减值准备明细表。

资产减值准备明细表是用来反映各项资产减值准备的增减变化情况的资金报表。其编制方法和规则的设计范例为：

①应按各种资产减值准备分别列示其年初余额、本年增加额、本年转回额和年末余额。

②对于每一项资产减值准备，如果企业会计准则、国家统一的企业会计制度和企业内部管理上要求单列其中某项或多项资产的减值准备增减变化情况，应按要求单独设置报表项目予以反映。

③资产减值准备明细表的格式应该简单明了，便于理解和分析。按国家统一的企业会计制度的规定，其基本格式如表 8 – 15 所示。

④资产减值准备明细表各项目应根据"坏账准备"、"短期投资跌价准备"、"存货投资跌价准备"、"长期投资减值准备"、"固定资产减值准备"、"无形资产减值准备"、"在建工程减值准备"、"委托贷款减值准备"等科目的记录分析填列。

表 8－15　　　　　　　　　　资产减值准备明细表

编制单位：　　　　　　　　　　　　＿＿＿＿＿＿年度　　　　　　　　　　　　　单位：元

项　　目	年初余额	本年增加	本年转回	年末余额
一、坏账准备合计				
其中：应收账款				
其他应收款				
二、短期投资跌价准备合计				
其中：股票投资				
债券投资				
三、存货投资跌价准备合计				
其中：库存商品				
原材料				
四、长期投资减值准备合计				
其中：长期股权投资				
长期债权投资				
五、固定资产减值准备合计				
其中：房屋、建筑物				
机器设备				
六、无形资产减值准备合计				
其中：专利权				
商标权				
七、在建工程减值准备				
八、委托贷款减值准备				

（2）股东权益增减变动表。

股东权益增减变动表（或所有者权益增减变动表）是用来反映企业年末股东权益（或所有者权益）增减变动情况的资金报表。其编制方法和规则的设计范例如下：

①应按所有者权益的组成项目分别列示其年初余额、本年增加额、本年减少额和年末余额。同时，为了提供有关比较分析信息，应分别列示每个项目的"本年数"和"上年数"。

②对于各项目的本年增加额、本年减少额，还应按企业会计准则、国家统

一的企业会计制度和企业内部管理上要求单独列示其中的主要增加项目和减少项目。

　　③股东权益增减变动表（或所有者权益增减变动表）的格式应该简单清晰，便于理解和分析。按国家统一的企业会计制度的规定，应按股本（或实收资本）、资本公积、法定和任意盈余公积、法定公益金、未分配利润及其增减变动情况设计报表项目，按"上年数"和"本年数"设计专栏。其基本格式如表8－16所示。

表8－16　　　　　　　　　　股东权益（或所有者权益）增减变动表

编制单位：　　　　　　　　　　＿＿＿＿年度　　　　　　　　　　单位：元

项　　　目	行　次	本　年　数	上　年　数
一、股本（或实收资本）：			
年初余额	1		
本年增加数	2		
其中：资本公积转入	3		
盈余公积转入	4		
利润分配转入	5		
新增股本（或资本）	6		
本年减少数	10		
年末余额	15		
二、资本公积：			
年初余额	16		
本年增加数	17		
其中：股本（或资本）转入	18		
接受捐赠非现金资产准备	19		
接受现金捐赠	20		
股权投资准备	21		
拨款转入	22		
外币资本折算差额	23		
其他资本公积	30		
本年减少数	40		
其中：转增股本（或资本）	41		

（续上表）

项　　　目	行　次	本　年　数	上　年　数
年末余额	45		
三、法定和任意盈余公积：			
年初余额	46		
本年增加数	47		
其中：从净利润中提取数	48		
其中：法定盈余公积	49		
任意盈余公积	50		
储备基金	51		
企业发展基金	52		
法定公益金转入	53		
本年减少数	54		
其中：弥补亏损	55		
转增股本（或资本）	56		
分派现金股利或利润	57		
分派股票股利	58		
年末余额	62		
其中：法定盈余公积	63		
储备基金	64		
企业发展基金	65		
四、法定公益金：			
年初余额	66		
本年增加数	67		
其中：从净利润中提取数	68		
本年减少数	70		
其中：集体福利支出	71		
年末余额	75		
五、未分配利润：			
年初未分配利润	76		
本年净利润（净亏损以"－"号填列）	77		
本年利润分配	78		
年末未分配利润（净亏损以"－"号填列）	80		

对于非上市公司，也可以按企业所有者权益的明细内容设计报表项目，按"年初余额"、"本年增加"、"本年减少"、"年末余额"设计专栏。其基本格式如表8-17所示。

表8-17 所有者权益增减变动表

编制单位： _____年____月____日 单位：元

项 目	行次	年初余额	本年增加	本年减少	年末余额
一、实收资本					
1. ××投资者					
2. ××投资者					
二、资本公积					
1. 资本溢价					
2. 股权投资准备					
3. 接受捐赠非现金资产准备					
4. 接受现金捐赠					
5. 拨款转入					
6. 外币资本折算差额					
7. 关联交易差额					
8. 其他资本公积					
三、盈余公积					
1. 法定盈余公积和任意盈余公积					
2. 法定公益金					
四、未分配利润					
合　　计					

补充资料：

资本保值增值率（＝期末所有者权益总额÷期初所有者权益总额×100％）：

④股东权益增减变动表（或所有者权益增减变动表）各项目应根据"股本（或实收资本）"、"资本公积"、"盈余公积"、"利润分配"科目的发生额分析填列。

（3）应交增值税明细表。

　　应交增值税明细表是用来反映企业应交增值税情况的资金报表。设计应交增值税明细表的主要目的是为外部会计报表使用者全面了解增值税一般纳税人应交增值税的增减变动详细情况，以及其以前月份的欠交增值税和以后月份未抵扣增值税的情况。其编制方法和规则的设计范例如下：

　　①应按国家统一的企业会计制度和外部纳税检查的要求，分别列示应交增值税的年初未抵扣额、本年增加额、本年减少额和年末未抵扣额。

　　②对于应交增值税的本年增加额和本年减少额，应按其贷方增加项目和借方减少项目单独设置报表项目予以反映。

　　③为了清晰反映企业欠交增值税款和待抵扣增值税款的情况，应按国家统一的企业会计制度要求增设有关"未交增值税"的报表项目，分别反映其年初未交数、本期转入数、本期已交数和年末未交数。

　　④为了提供有关比较分析信息，应分别列示每个项目的"本月数"和"本年累计数"。

　　⑤应交增值税明细表的格式应该简单清晰，便于理解和分析。按国家统一的企业会计制度的规定，其基本格式如表 8 – 18 所示。

表 8 – 18　　　　　　　　　　　　　应交增值税明细表

编制单位：　　　　　　　　　　　　　　　　　年　　月　　　　　　　　　　　单位：元

项　　　目	行　次	本月数	本年累计数
一、应交增值税：			
1. 年初未抵扣数（以"－"号填列）	1	×	
2. 销项税额	2		
出口退税	3		
进项税额转出	4		
转出多交增值税	5		
	6		
	7		
3. 进项税额	8		
已交税额	9		
减免税额	10		
出口抵减内销产品应纳税额	11		
转出未交增值税	12		

（续上表）

项　目	行　次	本月数	本年累计数
	13		
	14		
4. 期末未抵扣数（以"－"号填列）	15	×	
二、未交增值税：			
1. 年初未交数（多交数以"－"号填列）	16	×	
2. 本期转入数（多交数以"－"号填列）	17		
3. 本期已交数	18		
4. 期末未交数（多交数以"－"号填列）	20	×	

　　⑥应交增值税明细表各项目的内容、填列方法和要求如下：

　　a. "年初未抵扣数"项目反映企业年初尚未抵扣的增值税。该项目应以"－"号填列。

　　b. "销项税额"项目反映企业销售货物或提供应税劳务应收取的增值税额。该项目应根据"应交税金—应交增值税"明细科目的"销项税额"专栏的记录填列。

　　c. "出口退税"项目反映企业出口货物退回的增值税。该项目应根据"应交税金—应交增值税"明细科目的"出口退税"专栏的记录填列。

　　d. "进项税额转出"项目反映企业购进货物、在产品、产成品等发生非正常损失，以及原已将支付的增值税计入进项税额的外购货物因改变用途而不能从销项税额中抵扣，按规定转出的进项税额。该项目应根据"应交税金—应交增值税"明细科目的"进项税额转出"专栏的记录填列。

　　e. "转出多交增值税"项目反映企业月度终了转出多交的增值税。该项目应根据"应交税金—应交增值税"明细科目的"转出多交增值税"专栏的记录填列。

　　f. "进项税额"项目反映企业购入货物或接受应税劳务而支付的、准于从销项税额中抵扣的增值税额。该项目应根据"应交税金—应交增值税"明细科目的"进项税额"专栏的记录填列。

　　g. "已交税额"项目反映企业当月已交纳的增值税。该项目应根据"应交税金—应交增值税"明细科目的"已交税额"专栏的记录填列。

　　h. "减免税额"项目反映企业按规定减免的增值税额。该项目应根据"应交税金—应交增值税"明细科目的"减免税额"专栏的记录填列。

i. "出口抵减内销产品应纳税额"项目反映企业按规定计算的出口货物的进项税额抵减内销产品的应纳税额。该项目应根据"应交税金—应交增值税"明细科目的"出口抵减内销产品应纳税额"专栏的记录填列。

j. "转出未交增值税"项目反映企业月度终了转出未交的增值税额。该项目应根据"应交税金—应交增值税"明细科目的"转出未交增值税"专栏的记录填列。

k. "未交增值税"项目应根据"应交税金—未交增值税"明细科目的有关记录填列。

（4）存货明细表。

存货明细表是用来反映企业在某一日期存货的构成及其资金占用情况的资金报表。设计该表的主要目的是为企业内部经营管理者提供有关存货的详细的比较资料，以便其全面考核、分析企业存货资金的占用和周转情况，并作出相关判断和决策。其编制方法和规则的设计范例如下：

①应按存货的主要项目分别设置列示其本年实际数、本年计划数和上年实际数，以便企业内部经营管理者了解有关存货的详细的比较资料。

②存货明细表的格式应该简单清晰，便于理解和分析。其基本格式可设计为如表 8 – 19 所示。

表 8 – 19　　　　　　　　　　　存 货 明 细 表

编制单位：　　　　　　　　　　　_____年___月___日　　　　　　　　单位：元

项　　　目	行次	年　末　余　额		
		本年实际	本年计划	上年实际
一、库存存货：				
1. 原材料				
其中：原料及主要材料				
辅助材料				
外购半成品				
修理用备件				
燃料				
2. 包装物				
3. 低值易耗品				
小　　　计				
二、生产及商品存货：				

（续上表）

项　　目	行次	年　末　余　额		
		本年实际	本年计划	上年实际
1. 在产品				
2. 自制半成品				
3. 产成品				
小　　计				
三、其他存货：				
1. 在途材料				
2. 委托加工材料				
3. 分期收款发出商品				
小　　计				
存　货　合　计				

附注：

1. 全年平均存货余额
2. 每百元销售收入占用的存货资金
3. 存货周转天数
4. 计提的存货跌价准备
   账面成本
   可变现净值
   估计跌价损失
5. 待处理存货（短缺和毁损）

（5）固定资产及累计折旧明细表。

固定资产及累计折旧明细表是用来反映企业在某一日期各类固定资产原价、本年折旧、累计折旧及其增减变化情况的资金报表。其设计目的是：为企业内部经营管理者了解企业本年度固定资产增减变动情况、本年度计提固定资产折旧情况、企业的生产经营规模和固定资产的新旧程度等提供相关信息。其编制方法和规则的设计范例如下：

①应按固定资产的类别分别列示其原价、本年计提的折旧额、本年累计折旧额，并分别列示固定资产原价和累计折旧额项目的"年初数"和"年末数"，提供有关比较分析信息。

②对于本年增加的固定资产，应按其增加方式（如购买、建造、接受投

资、接受捐赠等）分别单独设置报表项目反映其增加的原价；对于本年减少的固定资产，应按其减少或处置方式（如出售、报废、盘亏等）分别单独设置报表项目反映其减少的原价、累计折旧、已计提的减值准备和清理净损益。

③固定资产及累计折旧明细表的格式应该简单清晰，便于理解和分析。其基本格式可设计为如表8－20所示。

表8－20　　　　　　　　　　固定资产及累计折旧明细表

编制单位：　　　　　　　　　　　　　　　　年度　　　　　　　　　　单位：元

固定资产类别	行次	累计折旧		固定资产原价		本年折旧	
		年初数	年末数	年折旧率	年折旧额	年初数	年末数
房屋、建筑物							
专用设备							
通用设备							
其他固定资产							
合　　计							

本年增加的固定资产	行次	固定资产原价	本年减少的固定资产	行次	固定资产原价	累计折旧	减值准备	清理净损益
购入			出售					
建造工程完成转入			报废					
投资转入			盘亏					
盘盈			投资转出					
接受捐赠			捐赠转出					
其他			非常损失					
			其他					
合　　计			合　　计					

（6）其他资产负债表附表格式的设计。

以上说明了一些主要资产负债表附表设计的要点，以及其编制方法和规则的设计等。为了减少篇幅，下面列示其他一些资产负债表附表的设计格式。

表 8 − 21　　　　　　　　　　　　　**在建工程明细表**

编制单位：　　　　　　　　　　　　　＿＿＿＿＿＿年度　　　　　　　　　　　　　单位：元

项　　　目	行次	本年实际	本年计划	上年实际	各项在建工程的年初数、年末数			
					项　　　目	行次	年初数	年末数
年初余额					1. 未完建筑工程			
加：本年发生的在建工程支出：					（1）			
其中：购入工程用料					（2）			
购入需要安装设备					（3）			
购入不需要安装设备					2. 未完安装工程			
建筑工程支出					（1）			
安装工程支出					（2）			
预付工程价款					（3）			
工程管理费					3. 待转已完工程			
本年支出合计					4. 待安装工程			
减：本年在建工程转出数：					5. 结存工程用材料			
其中：本年已完工程转出数					6. 预付工程价款			
本年其他转出数					7. 待转工程管理费			
本年转出数合计								
年末余额					合　　　计			

表 8 − 22　　　　　　　　　　　　**无形资产及其他资产明细表**

编制单位：　　　　　　　　　　　　　＿＿＿＿＿＿年度　　　　　　　　　　　　　单位：元

项　　　目	行次	年初余额	本年增加	本　年　减　少				年末余额
				摊销	转让	其他	小计	
一、无形资产								
专利权								
商标权								
土地使用权								
非专利技术								
特许权								
商誉								
著作权								
其他无形资产								
无形资产小计								

（续上表）

项 目	行次	年初余额	本年增加	本 年 减 少				年末余额
				摊销	转让	其他	小计	
二、其他长期资产								
长期待摊费用								
其他资产								
其他长期资产小计								
无形资产和其他长期资产合计								

表 8 – 23　　　　　　　　　　外币资金情况表

记账本位币：人民币

编制单位：　　　　　　　＿＿＿＿年＿＿季度　　　　　　　金额单位：元

项 目	行次	期末记账本位币余额	外 币 户 金 额						……
			美 元 户			港 币 户			
			美元	汇率	人民币	港元	汇率	人民币	
一、外币资产科目									
外币流动资产：									
现金									
银行存款									
短期投资									
应收票据									
应收账款									
预付账款									
其他应收款									
外币流动资产小计									
外币长期资产：									
长期股权投资									
长期债权投资									
外币长期资产小计									
外币资产合计									
二、外币负债科目									
外币流动负债：									
短期借款									
应付票据									
应付账款									
应付工资									

（续上表）

项　　　目	行次	期末记账本位币余额	外　币　户　金　额						………
			美 元 户			港 币 户			
			美元	汇率	人民币	港元	汇率	人民币	
应付股利									
应付利息									
预收账款									
其他应付款									
外币流动负债小计									
外币长期负债：									
长期借款									
应付债券									
外币长期负债小计									
外币负债合计									
三、外币资产与负债之差（资产＜负债以"－"号表示）									

表 8 - 24　　　　　　　　　　　　　企业流动负债表

编制单位：　　　　　　　　　　　_____年___月___日　　　　　　　　　　　单位：元

项　　　目	行次	年初余额	本年增加	本年减少	年末余额
短期借款					
应付票据					
应付账款					
其他应付款					
应付工资					
应付福利费					
应交税金					
应付股利					
应付利息					
其他应交款					
预提费用					
一年内到期的长期负债					
合　　　计					

附注：
流动比率（＝流动资产÷流动负债）：
速动比率（＝速动资产÷流动负债）：

表 8 – 25 　　　　　　　　　企业长期负债表
编制单位：　　　　　　　　　　　　_____年____月____日　　　　　　　　　　　单位：元

项　目	行次	年初余额	本年增加	本年减少	年末余额
应一次还本付息的长期借款					
可分期还本付息的长期借款					
应付长期债券					
应付引进设备款					
融资租入固定资产应付款					
其他长期负债					
合　　计					

表 8 – 26 　　　　　　　　　非正常储备物资情况报告表
编制单位：　　　　　　　　　　　　_____年____月____日　　　　　　　　　　　单位：元

物资名称	规格或型号	计量单位	实际结存数量	最高储备量	最低储备量	实际超过最高储备量（＋）或低于最低储备量（－）	措施建议	备注

表 8 – 27 　　　　　　　　　主要流动资产结构变化分析表
编制单位：　　　　　　　　　　　　_____年____月____日　　　　　　　　　　　单位：元

流动资产项目	月　初		月　末		增减变动		备注
	金额	比重（％）	金额	比重（％）	金额	比重（％）	
货币资金							
原材料							
在产品							
库存商品							
应收票据							
应收账款							
预付账款							
其他应收款							
合　　计							

表 8－28　　　　　　　　　　　　　流动资金周转率分析表

编制单位：　　　　　　　　　　　　　　　　_____年度　　　　　　　　　　　　　　　单位：元

项　　目		本年实际	本年计划	上年实际	差　异		备注
年销售净额					与计划比	与上年比	
全部流动资产	年平均余额						
	周转次数						
	周转天数						
应收账款	年平均余额						
	周转次数						
	周转天数						
存　货	年平均余额						
	周转次数						
	周转天数						
其中：库存商品	年平均余额						
	周转次数						
	周转天数						

表 8－29　　　　　　　　　　　　　材料收发结存月报表

编制单位：　　　　　　　　　　　　　　　_____年度____月份　　　　　　　　　　　　　单位：元

材料类别或名称	月初结存		本月购入			本　月　支　出							月末结存	
	计划金额	差异	计划购入额	实际购入		耗　用			销售		其他		计划金额	差异
				计划金额	差异	计划耗用额	实际耗用		计划金额	差异	计划金额	差异		
							计划金额	差异						

表 8 – 30 货币资金收付存日报表

编制单位：_____年___月___日 单位：元

项 目	昨日结存	本日收入	本日支出	本日结存	备注
一、库存现金					
其中：人民币					
美元					
港币					
其他					
现金小计					
二、银行存款					
其中：人民币					
美元					
港币					
其他					
银行存款小计					
三、其他货币资金					
其中：外埠存款					
银行汇票存款					
银行本票存款					
信用卡存款					
信用证存款					
其他					
其他货币资金小计					
货币资金合计					

2. 利润表附表的设计

法定的利润表的附表主要包括"利润分配表"、"分部报表（业务分部）"、"分部报表（地区分部）"三种。此外，企业还可以根据内部管理要求，设计营业利润明细表、产品制造成本及主营业务成本表（按成本项目反映）、产品制造成本表（按产品品种反映）、主要产品单位成本表、费用要素明细表、制造费用明细表、管理费用明细表、营业费用明细表、财务费用明细表、营业外收支明细表、投资收益明细表等内部会计报表。

（1）利润分配表。

利润分配表是用来反映企业一定会计期间对实现净利润的分配情况（或亏损的弥补情况）的会计报表。设计利润分配表的主要目的是向会计报表使用者反映企业净利润的分配去向和年末未分配利润情况。其编制方法和规则的设计范例如下：

①应按净利润、可供分配的利润、净利润的分配去向、未分配利润等设计报表项目，并按"本年实际"、"上年实际"设计专栏。

②应按企业会计准则和国家统一的企业会计制度规定的利润分配顺序，确定各报表项目的排列顺序。

③利润分配表的格式应该清晰地反映企业利润的分配情况和年末未分配的利润情况。按国家统一的企业会计制度的规定，其基本格式如表 8 - 31 所示。

表 8 - 31　　　　　　　　　　　　　利润分配表

编制单位：　　　　　　　　　　　　　　　年度　　　　　　　　　　　　　单位：元

项　　目	行　次	本年实际	上年实际
一、净利润			
加：年初未分配利润			
其他转入			
二、可供分配的利润			
减：提取法定盈余公积			
提取法定公益金			
提取职工奖励及福利基金			
提取储备基金			
提取企业发展基金			
利润归还投资			
三、可供投资者分配的利润			
减：应付优先股股利			
提取任意盈余公积			
应付普通股股利			
转作资本（或股本）的普通股股利			
四、未分配利润			

④利润分配表中的"本年实际"栏，根据本年的"本年利润"和"利润分配"科目所属的明细科目的记录分析填列。"上年实际"栏，根据上年度利润分配表中的"本年实际"栏所填列的数字填列。

⑤如果上年度利润分配表与本年度利润分配表的项目名称和内容不一致，应对上年度报表项目的名称和数字按本年度的规定进行调整，填入报表的"上年实际"栏内。

⑥利润分配表中的"净利润"项目应与"利润表"的"本年累计数"栏的"净利润"项目一致；利润分配表中的"未分配利润"项目应与"资产负债表"的"期末数"栏的"未分配利润"项目一致。

（2）分部报表（业务分部、地区分部）。

分部报表是用来反映企业各行业、各地区经营业务的收入、成本、费用、营业利润、资产总额及负债总额等情况的报表。设计分部报表（包括业务分部和地区分部）的主要目的在于为企业内外会计报表使用者评估不同因素对企业的影响，以便更好地理解企业以往的经营业绩，并对其未来的发展趋势作出合理的预测和判断提供有关企业内部组成部分（业务分部或地区分部）收入、成本费用、营业利润、资产总额及负债总额等信息。

业务分部是指企业内可区分的、提供单项产品或劳务的（或一组相关产品或劳务），并且承担着不同于其他业务分部的风险和报酬的业务组成部门。地区分部是指企业内部在特定的经济环境下提供产品（或劳务），并承担着不同于在其他经济环境下经营所承担的风险和报酬的地区组成部门。

其编制方法和规则的设计范例如下：

①企业划分业务分部的重要依据是各分部之间具有不同的经营风险和报酬，即作为同一业务分部的各部门所生产的产品（或提供的劳务）具有相似的风险和报酬。企业确定业务分部时，应考虑五个主要因素：a. 产品（或劳务）的性质是否相似。不要将分属不同行业的产品（或劳务）部门归为同一业务分部。b. 生产过程的性质是否相似。不要将资本密集型和劳动密集型的部门归为同一业务分部。c. 对购买产品（或接受劳务）客户的销售条件是否相似。不要将销售条件（价格、折扣、售后服务等）不同的部门归为同一业务分部。d. 销售产品（或提供劳务）的方式是否相似。不要将采取直销与代销，现销与赊销的部门归为同一业务分部。e. 销售产品（或提供劳务）的法律环境是否相似。不要将在不同法律环境下经营的部门归为同一业务分部。

②企业划分地区分部的重要依据是各分部之间具有不同的经营风险和报酬，即作为同一地区分部的生产经营区域所生产的产品（或提供的劳务）具有相似的经营风险和报酬。具有重大不同风险和报酬环境中的经营区域，不能归

入同一个地区分部。企业确定地区分部时，应考虑的主要因素：a. 经济和政治情况的相似性。b. 在不同地区经营之间的关系。如果设在两个地区的子公司具有直接的联系（如一子公司的产品主要销售给另一子公司），应合并为一个地区分部处理。c. 生产经营的相似性。生产经营具有相似性的地区，面临的风险和报酬也基本相同，应合并为一个地区分部处理。d. 与某一特定地区经营相关的特定风险。不应将它与其他地区合并为一个地区分部处理。e. 外汇管制的规定。不应将外汇管制较严的地区，与其他地区合并为一个地区分部处理。

③企业划定分部后，还必须按照一定的标准对业务分部（或地区分部）进行测试，在符合规定的测试标准后，才能作为报告分部，并在其财务会计报告中披露分部会计信息。报告分部是指按确定的业务分部（或地区分部），对其相关信息予以披露的业务分部（或地区分部）。标准包括：a. 重要性的标准（10%）；b. 报告分部75%的标准；c. 报告分部的数量不超过10个。即符合上列标准的业务分部（或地区分部），才可作为报告分部披露其相关的会计信息。

④企业运用重要性的标准（10%）判断其重要性时，主要依据其是否达到下列各项目中至少一项标准：a. 分部营业收入（包括对外营业收入和对其他分部的营业收入）占所有分部营业收入总额的10%或以上。这里的营业收入包括主营业务收入和其他业务收入（下同）。但是，当它不对外销售产品（或提供劳务）时，则不能将其作为报告分部。各分部从企业外部取得的利息收入，以及分部相互之间发生的应收款项（列入分部可辨认资产者）而取得的利息收入，应将其作为分部收入处理。对其他分部预付款（或贷款）所发生的利息收入，则不能包括在分部收入中。但是，当企业内部设立有融资机构时，由于其主要业务为融资、贷款给其他部门，其贷款收入则应计入该融资分部的分部收入之中。b. 分部营业利润占所有盈利分部的营业利润总额的10%或以上（或者分部营业亏损占所有亏损分部的营业亏损总额的10%或以上）。这里的"分部营业利润（或营业亏损）"是指分部收入扣除分部费用（指分部从经营活动中产生的、可直接归属于该分部的费用，以及能按合理的基础分配给该分部的费用）后的余额。c. 分部资产总额占所有分部资产总额合计的10%或以上。但是，当一个分部的营业收入、营业利润（或营业亏损）、可辨认资产，每一项均达到全部分部总额的90%以上时，则企业的合并会计报表可提供该分部有关风险和经营业绩的会计信息。此时，只需在会计报表附注中予以说明，不必提供分部报告。

⑤企业运用报告分部75%的标准时，应注意在分部报告中披露的对外营

业收入总额必须达到合并总收入（或企业总收入）的75%。如果未达到总收入的75%的标准，就必须增加报告分部的数量，直到达到75%的比例。

⑥企业运用报告分部的数量不超过10个标准时，应注意纳入分部报表的分部数量最多为10个；如果重要的业务分部（或地区分部）超过10个，应将某些相类似的业务分部（或地区分部）予以合并，使报告分部的数量控制在10个以内。将2个（或多个）业务分部（或地区分部）合并为一个分部时，必须考虑其实质上的相似性（指相类似的长期财务业绩以及在经营风险和报酬等方面的相似）。如果某一分部的对外营业收入总额占企业全部营业收入总额90%及以上的，则不需编制分部报表。

⑦企业在确定报告分部时，必须符合一致性原则之要求。对此，应注意三点：a. 如果某一报告分部，由于特殊事项在某年不符合上述标准，仍应将其作为报告分部披露其会计信息。b. 如果原未作为报告分部的某一分部，由于特殊事项在某年符合上述10%的标准，也不应将其作为报告分部披露其会计信息。c. 如果原未作为报告分部的某一分部，在某年符合上述10%的标准，并预计以后也将达到上述标准，则应将其作为报告分部披露其会计信息。此时，应对上年度的数字进行调整，并按调整后的数字填入当年分部报表的"上年数"栏。

⑧企业应根据其经营风险和报酬的主要来源、性质，确定其主要分部报告形式。主要分部报告形式是指在财务会计报告中，按该分部披露其基本信息的分部报告形式。主要分部报告形式有两种，即业务分部的主要分部报告形式和地区分部的主要分部报告形式。次要报告形式是指在财务会计报告中，不按该分部披露其基本信息的报告形式。

⑨分部报告的主要分部报告形式和次要分部报告形式的确定原则和要求：a. 以经营风险和报酬的主要来源确定主要报告形式。如果企业的风险和报酬，主要受其生产的产品、劳务的差异的影响时，应采用业务分部作为分部报告的主要分部报告形式，而将地区分部作为次要分部报告形式；如果企业的风险和报酬，主要受其所在国家（或地区）经营方面的影响时，应采用地区分部作为分部报告的主要分部报告形式，而将业务分部作为次要分部报告形式；如果企业的风险和报酬，同时强烈地受其生产的产品、劳务的差异和经营所在地区的差异的影响时，应采用业务分部作为分部报告的主要分部报告形式，而将地区分部作为次要分部报告形式。b. 确定主要报告形式时，应考虑企业内部组织和管理结构。通常，企业内部组织和管理结构，及其内部财务会计报告制度，是确定企业面临的风险的主要来源、性质和不同报酬的基础；也是确定采用何种报告形式为主要报告形式的基础。当企业的内部组织和管理结构，及其

内部财务会计报告制度，既不以单项产品（或劳务、或相关产品和劳务的组合）为基础，也不以地区为基础，则应分析其风险、报酬是较多地与其生产的产品和提供的劳务相关，还是较多地与其经营所在地相关。在此基础上确定采用业务分部，还是地区分部作为主要分部报告形式。

⑩以业务分部为主要报告形式时，应按已确定的作为报告分部的业务分部，分别按每一业务分部披露以下会计信息：a. 分部营业收入；b. 分部销售成本；c. 分部期间费用；d. 分部营业利润；e. 分部资产；f. 分部负债；g. 披露的分部信息与在合并会计报表（或个别会计报表）中总额信息之间的调节情况。按国家统一的企业会计制度的规定，其基本格式如表 8 - 32 所示。

表 8 - 32　　　　　　　　　　　分部报表（业务分部）

编制单位：　　　　　　　　　　　　_____年度　　　　　　　　　　　　　单位：元

项　　目＼分　部	××业务		××业务		其他经营		抵　销		未分配项目		合　计	
	本年	上年	本年	上年	本年	上年	本年	上年	本年	上年	本年	上年
一、营业收入合计												
其中：对外营业收入												
分部间营业收入												
二、销售成本合计												
其中：对外销售成本												
分部间销售成本												
三、期间费用合计												
四、营业利润												
五、资产总额												
六、负债总额												

⑪披露的分部信息与在合并会计报表（或个别会计报表）中总额信息之间的调节情况的目的是：通过调节使披露的各分部信息与会计报表相应项目的总额建立核对勾稽关系。披露要求：对于不能直接归属于某一分部的期间费用、资产、负债，应在分部会计报告中予以披露。通过这些项目的披露，使披露的各分部各项目的金额调节到企业会计报表各项目的总额。

⑫以资产所在地的地区分部为主要报告形式时，应披露的主要分部信息与以业务分部为主要报告形式时应披露的相同。其基本格式如表 8 - 33 所示。

表8-33　　　　　　　　　　**分部报表**（资产所在地区分部）

编制单位：　　　　　　　　　　　_____年度　　　　　　　　　　单位：元

分部 项目	××地区		××地区		……		抵　销		未分配 项目		合　计	
	本年	上年	本年	上年	本年	上年	本年	上年	本年	上年	本年	上年
一、营业收入合计												
其中：对外营业收入												
分部间营业收入												
二、销售成本合计												
其中：对外销售成本												
分部间销售成本												
三、期间费用合计												
四、营业利润												
五、资产总额												
六、负债总额												

⑬以客户所在地的地区分部为主要报告形式时，应披露的主要分部信息与以业务分部为主要报告形式时应披露的相同。其基本格式如表8-34所示。

表8-34　　　　　　　　　　**分部报表**（客户所在地区分部）

编制单位：　　　　　　　　　　　_____年度　　　　　　　　　　单位：元

分部 项目	××地区		××地区		……		抵　销		未分配 项目		合　计	
	本年	上年	本年	上年	本年	上年	本年	上年	本年	上年	本年	上年
一、营业收入合计												
其中：对外营业收入												
分部间营业收入												
二、销售成本合计												
其中：对外销售成本												
分部间销售成本												
三、期间费用合计												
四、营业利润												
五、资产总额												
六、负债总额												

（3）营业利润明细表。

营业利润明细表是用来反映企业各项经营业务的收入、成本、税金、费用及其利润情况的会计报表。设计营业利润明细表的主要目的是向企业内部经营管理者提供有关来源于各项经营业务的经营成果及其影响因素的详细情况，以便于其判断企业目前的获利能力，并对企业未来的盈利状况作出合理预测。其编制方法和规则的设计范例如下：

①应按企业有关经营业务类别设计报表项目，按各项业务的销售收入、销售成本、销售税金及附加（包括增值税、营业税、城市维护建设税、教育费附加等）、专属营业费用、应分配的间接营业费用、应分配的管理费用、应分配的财务费用和业务利润设置专栏。凡是主要的经营业务均应单独设置报表项目，其他非主要经营业务可合并设置一个报表项目。

②营业利润明细表格式应该简单清晰，便于理解和分析。其基本格式可设计为如表8-35所示。

表8-35　　　　　　　　　　　　营业利润明细表

编制单位：　　　　　　　　　　_____年度　　　　　　　　　　单位：元

项　　目	行次	销售收入	销售成本	销售税金及附加	专属营业费用	应分配的间接营业费用	应分配的管理费用	应分配的财务费用	业务利润
一、主营业务									
1.									
2.									
主营业务小计									
二、其他业务									
1.									
2.									
其他业务小计									
合　　计									

（4）其他利润表附表格式的设计。

以上说明了一些主要利润表附表设计的要点，以及其编制方法和规则的设计。为了减少篇幅，下面列示其他一些利润表附表的设计格式。

①产品制造成本及主营业务成本表（按成本项目反映）。

表 8 – 36　　　　　**产品制造成本及主营业务成本表**（按成本项目反映）

编制单位：　　　　　　　　　　　　_____年度　　　　　　　　　　　　单位：元

项　　目	行　次	本年实际	上年实际
本年发生的生产费用：			
原材料			
燃料及动力费			
工资及福利费			
制造费用			
合　　计			
加：在产品、自制半成品年初余额			
减：在产品、自制半成品年末余额			
本年完工产成品成本			
加：产成品年初余额			
分期收款发出商品年初余额			
减：产成品年末余额			
分期收款发出商品年末余额			
主营业务成本			

②产品制造成本表（按产品品种反映）。

表 8 – 37　　　　　　　**产品制造成本表**（按产品品种反映）

编制单位：　　　　　　　　　　_____年____月份　　　　　　　　　　单位：元

产品名称	规格	计量单位	实际产量		单位成本				本月总成本			本年累计总成本		
			本月	本年累计	上年实际平均	本年计划	本月实际	本年累计实际平均	按上年实际平均单位成本计算	按本年计划单位成本计算	本月实际	按上年实际平均单位成本计算	按本年计划单位成本计算	本年实际
可比产品合计	×	×	×	×	×	×	×	×						
其中：1.														
2.														
⋮														

（续上表）

产品名称	规格	计量单位	实际产量		单位成本				本月总成本			本年累计总成本		
			本月	本年累计	上年实际平均	本年计划	本月实际	本年累计实际平均	按上年实际平均单位成本计算	按本年计划单位成本计算	本月实际	按上年实际平均单位成本计算	按本年计划单位成本计算	本年实际
不可比产品合计	×	×	×	×	×	×	×	×	×			×		
其中：1.									×			×		
2.									×			×		
⋮														
全部产品制造成本	×	×	×	×	×	×	×	×	×			×		

③主要产品单位成本表。

表 8－38　　　　　　　　　　　主要产品单位成本表

编制单位：　　　　　　　　　　　　　　　年　　月份

产品名称		本月计划产量	
规　　格		本月实际产量	
计量单位		本年累计计划产量	
单位售价		本年累计实际产量	

单位：元

成本项目	行次	历史先进水平 ___ 年	上年实际平均	本年计划	本月实际	本年累计实际平均
		1	2	3	4	5
原材料	1					
燃料及动力费	2					
工资及福利费	3					
制造费用	4					
产品制造成本	5					
主要技术经济指标		用　量	用　量	用　量	用　量	用　量
1.						
2.						
⋮						

④费用要素明细表。

表 8 - 39   **费用要素明细表**

编制单位：   _____年____月份   单位：元

各项费用要素：	行次	本年计划	本月实际	本年累计实际
外购材料				
外购燃料				
外购动力				
工资				
职工福利费				
折旧费				
利息支出				
税金				
其他支出				
其中：物质消耗				
非物质消耗				
费用合计				
加：在产品、自制半成品年初余额				
减：在产品、自制半成品年末余额				
本年计入在建工程或固定资产的费用				
管理费用				
财务费用				
营业费用				
本年其他不计入产品成本的费用				
其中：转作营业外支出的费用				
本年完工产成品成本				

⑤制造费用明细表（基本生产车间）。

表 8 – 40　　　　　　　　　　　　制造费用明细表

编制单位：　　　　　　　　　　　____年____月份　　　　　　　　　　　　单位：元

项　　目	行次	本年计划数	上年同期实际数	本年累计实际数
工资				
职工福利费				
折旧费				
……				
试验检验费				
环境保护费				
存货盘亏（减：盘盈）				
其他费用				
合　　计				

⑥管理费用明细表。

表 8 – 41　　　　　　　　　　　　管理费用明细表

编制单位：　　　　　　　　　　　____年____月份　　　　　　　　　　　　单位：元

项　　目	行次	本年计划数	上年同期实际数	本年累计实际数
公司经费				
其中：工资				
职工福利费				
……				
工会经费				
……				
合　　计				

⑦营业费用明细表。

表 8－42　　　　　　　　　　　　**营业费用明细表**

编制单位：　　　　　　　　　　　_____年度　　　　　　　　　　　单位：元

项　　目	行次	本年实际数	本年计划数	上年实际数
工资				
职工福利费				
运输费				
……				
合　　计				

⑧财务费用明细表。

表 8－43　　　　　　　　　　　　**财务费用明细表**

编制单位：　　　　　　　　　　　_____年度　　　　　　　　　　　单位：元

项　　目	行次	本年实际数	本年计划数	上年实际数
一、利息净支出				
其中：利息支出				
利息收入				
二、汇兑净损益				
其中：汇兑损失				
汇兑收益				
三、支付给金融机构的手续费				
四、其他财务费用				
合　　计				

⑨营业外收支明细表。

表 8 - 44　　　　　　　　　　　营业外收支明细表

编制单位：　　　　　　　　　　　　_____年____月份　　　　　　　　　　　单位：元

项　　目	行次	本月实际数	本年累计数	上年实际数
营业外收入：				
固定资产盘盈				
处置固定资产净收益				
非货币性交易收益				
出售无形资产收益				
罚款净收入				
其他				
营业外收入合计				
营业外支出：				
固定资产盘亏				
处置固定资产净损失				
出售无形资产损失				
债务重组损失				
计提固定资产减值准备				
计提无形资产减值准备				
计提在建工程减值准备				
罚款支出				
捐赠支出				
非常损失				
其他				
营业外支出合计				
营业收支净额				

⑩投资收益明细表。

表 8 - 45　　　　　　　　　　　　　投资收益明细表

编制单位：　　　　　　　　　　　_____年___月份　　　　　　　　　　　　单位：元

项　　　目	行次	本月实际	本年累计	本年计划	上年实际
投资收益：					
股票投资收益					
债券投资收益					
其他投资收益					
投资收益合计					
投资损失：					
股票投资损失					
债券投资损失					
其他投资损失					
计提的短期投资跌价准备					
计提的长期投资减值准备					
投资损失合计					
投资净损益					

二、会计报表附注的设计

　　充分、公允和恰当地披露会计事项，既是企业会计准则和国家统一的企业会计制度规定的会计责任和义务，也是各有关会计信息使用者进行相关决策的需要。会计事项的披露是指对经过确认、计量和记录的会计事项恰当地对外公布。它包括表内披露和表外披露两种。表内披露是指所有被确认、计量和记录在会计账簿之中的会计事项，都必须在会计报表中予以揭示，其金额必须包括在会计报表的合计数之内。编制对外会计报表（包括附表）是对外表内披露的主要形式。表外披露是指对不能列入报表而又对了解企业财务状况、经营成果和现金流量等有重要影响的事项，通过会计报表之外的其他形式予以揭示。表外披露的方式包括编制会计报表附注（或补充资料）、报表注释、财务状况说明书以及在报表项目之后加括号列示补充信息等。其中会计报表附注是其主要的披露形式。

1. 会计报表附注设计的基本要求

会计报表附注设计的基本要求是充分、公允和恰当地揭示会计信息使用者进行相关决策时所需要的表外信息。充分是指会计报表附注应全面披露企业有关财务状况、经营成果等会计信息使用者所需要的表外信息。公允是指信息披露的形式和方法应符合相关会计准则、经济法规和国家统一会计制度等的要求。对会计准则、法规和国家统一的企业会计制度没有明确规范的披露事项，应遵循公认会计原则和会计惯例的披露要求。恰当是指信息披露应以最能反映会计事项和经济交易的本来面目，最能提高会计信息的相关性和可靠性的方式进行，不能误导会计信息使用者。

由于会计报表中所披露的内容具有一定的固定性，只能提供定量的有限会计信息。而企业的经营活动是复杂多变的，会计报表不可能涵盖或详尽披露所有重要的会计信息。因此，会计信息使用者仅仅从会计报表中并不能获取充分的会计信息，还需要借助于会计报表附注予以补充。

2. 会计报表附注披露内容和要求的设计

从企业的角度看，既不要披露过多或过详，也不能不披露、少披露或随意披露。披露过多或过详，一方面会降低会计核算工作效率，增加会计核算成本，另一方面可能会不恰当地泄露企业的一些商业秘密；不披露、少披露或随意披露更不行，它直接违背了企业会计准则和国家统一的企业会计制度的要求，不仅可能使会计信息使用者的相关决策失误，而且可能给企业的正常经营带来许多不利影响甚至诉讼麻烦。

因此，企业应该按企业会计准则、相关经济法规和国家统一的企业会计制度的要求，在其年度会计报表附注中披露以下内容：

（1）不符合基本会计假设的说明。

如果企业所面临的外部经营环境符合会计主体、会计分期、持续经营、货币计量等基本假设，并按照企业会计准则和国家统一的企业会计制度的要求编制对外会计报表，则一般不需要在会计报表附注中加以说明。但是，如果企业所面临的外部经营环境不符合会计主体、会计分期、持续经营、货币计量四项基本假设中的任何一个，并按照其他特种会计的会计处理程序和方法进行账务处理、编制会计报表，则必须在会计报表附注中予以披露，并说明其理由。

（2）重要会计政策和会计估计的说明。

会计政策是企业在会计核算时所遵循的具体原则以及企业所采纳的具体会计处理方法。会计政策的选择应考虑谨慎、实质重于形式和重要性原则等。按规定，企业应该在会计报表附注中说明的重要会计政策的主要内容包括：合并政策、外币折算、收入的确认、所得税的核算方法、存货的计价（包括期末计价）、长期投资的核算方法和期末计价、固定资产的期末计价、无形资产的期末计价、坏账损失的核算方法、借款费用的处理方法等。

会计估计是对结果不确定的交易或事项以最近可利用的信息为基础所做的判断。按规定，企业应该在会计报表附注中说明的重要会计估计的主要内容包括：固定资产的耐用年限与净残值、坏账、存货贬值损失、无形资产的受益期、长期待摊费用的分摊期、或有损失、收入确认中的相关估计等。在会计报表附注中，应该披露会计估计的程序和方法。

（3）重要会计政策和会计估计变更的说明，以及重大会计差错的说明。

按规定，企业应该在会计报表附注中说明的主要项目包括：会计政策变更的内容和理由、会计政策变更的影响数或者其累计影响数不能合理确定的理由；会计估计变更的内容和理由、会计估计变更的影响数或者其影响数不能合理确定的理由；重大会计差错的内容、重大会计差错的更正金额。

（4）或有事项的说明。

或有事项的披露包括预计负债（即因或有事项而确认的负债）的披露、或有负债的披露和或有资产的披露。

按《企业会计准则——或有事项》的规定，如果与或有事项相关的义务同时符合三个条件，企业应将其确认为负债。这三个条件是：该义务是企业承担的现时义务；该义务的履行很可能导致经济利益流出企业；该义务的金额能够可靠地计量。对已确认为负债的或有事项的披露（包括表内披露和表外披露）规则主要包括：

①在"资产负债表"中单独反映预计负债，并在会计报表附注中披露各项预计负债形成的原因和金额。

②与预计负债相关的费用或支出（如营业费用、管理费用、营业外支出），应该与其他费用或支出在"利润表"中合并反映。

③基本肯定可收回的相关补偿额，也应予以确认，并抵减相关费用或支出。

由于或有负债不符合负债的确认条件，因而不能予以确认。但是，如果或有负债符合某些条件，则应予以披露。在会计报表附注中，或有负债的披露规则是：

①极小可能导致经济利益流出企业的或有负债一般不予披露；但是，对某些经常发生（或对企业财务状况和经营成果有较大影响）的或有负债，即使其导致经济利益流出企业的可能性极小，也应予以披露。

②或有负债的披露项目包括：已贴现商业承兑汇票形成的或有负债（即使其导致经济利益流出企业的可能性极小，也应加以披露）、未决诉讼和仲裁

形成的或有负债（导致经济利益流出企业的可能性极小的事项，不予以披露）、为其他单位提供债务担保形成的或有负债（即使其导致经济利益流出企业的可能性极小，也应加以披露）、其他或有负债（导致经济利益流出企业的可能性极小的事项，不予以披露）。

③或有负债的披露内容包括：或有负债形成原因；或有负债预计产生的财务影响（如无法预计，应说明理由）；获得补偿的可能性。

④如果全部或部分披露未决诉讼、仲裁形成的或有负债的信息，预期会对企业生产经营产生重大不利影响，可按我国会计准则的规定无须全面披露这些信息，可以只简单披露未决诉讼、仲裁的形成原因。

按《企业会计准则——或有事项》的规定，或有资产作为一种潜在资产，通常不符合资产确认的条件，因而不予以确认。但是，如果或有资产符合某些条件，则应予以披露。或有资产在会计报表附注中的披露规则是：

①一般情况下，不应在会计报表附注中披露或有资产；但是，如果或有资产很可能给企业带来经济利益时，则应在会计报表附注中说明其形成的原因、预期对企业产生的财务影响等。

②披露或有资产时，应特别谨慎，不能让会计信息使用者误以为所披露的或有资产肯定会实现。

（5）资产负债表日后事项的说明。

资产负债表日后事项的披露规则包括：

①资产负债表日后事项中，已经作为调整事项调整了会计报表有关项目数字的，除法律、法规以及国家统一的会计制度另有规定外，不需要在会计报表附注中进行披露。

②需要在会计报表附注中披露的资产负债表日后非调整事项，并不是资产负债表日后才发生（或存在）的所有会计事项，而是其中的重大事项。由于事项重大，如不加以说明，将会影响会计信息使用者作出正确的估计和决策，因此，应在会计报表附注中加以披露。

③在会计报表附注中，非调整事项的披露项目主要包括：股票和债券的发行、对外的巨额投资、自然灾害造成的资产损失、外汇汇率发生较大变动、资产负债表日后董事会制订的利润分配方案中包含的股票股利、企业合并或企业控制股权的出售、资产负债表日后发生事项导致的索赔诉讼的结案、资产负债表日后董事会作出的债务重组的决定、资产负债表日后出现的情况引起的固定资产或投资上的减值、资产负债表日后引起的短期投资的市价下跌等。

④在会计报表附注中，非调整事项的披露内容主要包括：非调整事项的内容、估计其对财务状况、经营成果的影响。若无法作出估计，应说明无法估计

的理由。

（6）关联方关系及其交易的说明。

在会计报表附注中，关联方关系及其交易的披露规则包括：

①在存在控制关系的情况下，关联方如为企业时，不论它们之间有无交易，都需要在会计报表附注中说明如下事项：

a. 企业经济性质或类型、名称、法定代表人、注册地、注册资本及其变化。

b. 企业的主营业务。

c. 所持股份或权益及其变化。

②在企业与关联方发生交易的情况下，应在会计报表附注中说明关联方关系的性质、交易类型及其交易要素。交易要素包括下列三项：

a. 交易的金额或相应比例。

b. 未结算项目的金额或相应比例。

c. 定价政策（包括没有金额或只有象征性金额的交易）。

③关联方交易分别按关联方以及交易类型予以说明，类型相同的关联方交易，在不影响会计报表使用者正确理解的情况下可以合并说明。

④对于关联方交易价格的确定，如果高于或低于一般交易价格的，应说明其价格的公允性。

（7）重要资产转让及其出售的说明。

如果企业在当年（期）发生重要资产转让、出售等事项，应在会计报表附注中说明事项的有关具体情况。

（8）企业合并、分立的说明。

合并是指企业与其他企业通过交权重组成为一个新的企业主体，该主体可以以参与合并的一方为基础（吸收合并），也可以是一个新设立的主体（创立合并）。分立是指企业分拆成若干个企业主体。如果企业在当年（期）发生合并或分立事项，应在会计报表附注中说明事项的有关具体情况。

（9）会计报表重要项目的说明。

在会计报表附注中，披露会计报表重要项目的内容和要求如下：

①应收账款及计提坏账准备的方法。应在会计报表附注中说明坏账的确认标准、坏账准备的计提方法和计提比例。并且，应该重点说明以下事项：

a. 本年度全额计提坏账准备或计提坏账准备的比例较大的（通常超过40%的，下同），应单独说明计提的比例及其理由。

b. 以前年度已全额计提坏账准备，或计提坏账准备的比例较大的，但在本年度又全额或部分收回的，或通过重组等其他方式收回的，应说明其原因，即原估计计提比例的理由，以及原估计计提比例的合理性。

c. 对某些金额较大的应收账款不计提坏账准备，或计提坏账准备比例较低（一般为5%或低于5%）的理由。

d. 本年度实际冲销的应收款项及其理由，其中实际冲销的关联交易产生的应收款项应单独披露。

此外，在会计报表附注中，应收账款及计提的坏账准备还应按表8-46格式披露。

表8-46　　　　　　　　　　　应收款项项目明细表　　　　　　　　　　单位：元

账　　龄	期　初　余　额			期　末　余　额		
	金额	比例（%）	坏账准备	金额	比例（%）	坏账准备
1年以内						
1~2年						
2~3年						
3年以上						
合　　计						

②存货核算方法。在会计报表附注中，应说明存货分类、取得、发出、计价、低值易耗品和包装物的摊销方法，计提存货跌价准备的方法，存货可变现净值的确定依据。此外，在会计报表附注中，存货还应按表8-47格式披露。

表8-47　　　　　　　　　　　　存货项目明细表　　　　　　　　　　单位：元

项　　目	期初余额	期末余额
原材料		
库存商品		
低值易耗品		
包装物		
……		
合　　计		

③投资的核算方法。应在会计报表附注中说明的内容包括：

a. 当期发生的投资净损益，其中重大的投资净损益项目应单独说明。

b. 短期投资、长期股权投资和长期债券投资的期末余额。其中，长期股权投资中属于对子公司、合营企业、联营企业投资的部分，应单独说明。

　　c. 当年提取的投资损失准备、投资的计价方法以及短期投资的期末市价。

　　d. 投资总额占净资产的比例。

　　e. 采用权益法核算时，投资企业与被投资单位会计政策的重大差异。

　　f. 投资变现及投资收益汇回的重大限制。

　　g. 股权投资差额的摊销方法、债券投资溢折价的摊销方法、长期投资减值准备的计提方法。

　　此外，在会计报表附注中，还应按表 8 - 48、表 8 - 49、表 8 - 50 格式分别披露短期投资、长期投资、长期股票和长期债券投资。

表 8 - 48　　　　　　　　　　　　　短期投资项目明细表　　　　　　　　　　　单位：元

项　　目	期初余额	本期增加数	本期减少数	期末余额
一、股权投资合计				
其中：股票投资				
二、债券投资				
其中：国债投资				
其他债券				
三、其他投资				
合　　计				

表 8 - 49　　　　　　　　　　　　　长期投资项目明细表　　　　　　　　　　　单位：元

项　　目	期初余额	本期增加数	本期减少数	期末余额
一、长期股权投资				
其中：对子公司投资				
对合营企业投资				
对联营企业投资				
二、长期债权投资				
其中：国债投资				
三、其他股权投资				
合　　计				

表 8 – 50　　　　　　　　长期股票、债券投资项目明细表

一、长期股票投资：

被投资单位名称	股份类别	股票数量	占被投资单位股权的比例	初始投资成本

二、长期债券投资：

债券种类	面值	年利率	初始投资成本	到期日	本期利息	累计应收或已收利息

④固定资产计价和折旧方法。应在会计报表附注中说明的内容包括：固定资产的标准、分类、计价方法和折旧方法；各类固定资产的预计使用年限、预计净残值率和折旧率；在建工程转入、出售、置换、抵押和担保等情况。此外，在会计报表附注中，固定资产还应按表 8 – 51 格式披露。

表 8 – 51　　　　　　　　固定资产项目明细表　　　　　　　　单位：元

项　　目	期初余额	本期增加数	本期减少数	期末余额
一、原价合计				
其中：房屋、建筑物				
机器设备				
运输工具				
……				
二、累计折旧合计				
其中：房屋、建筑物				
机器设备				
运输工具				
……				
三、固定资产净值合计				
其中：房屋、建筑物				
机器设备				
运输工具				
……				

⑤无形资产的计价和摊销方法。在会计报表附注中，无形资产的披露格式如表 8 –52 所示。

表 8 –52 　　　　　　　　　　无形资产项目明细表　　　　　　　　　　单位：元

种　　类	实际成本	期初余额	本期增加数	本期转出数	本期摊销数	期末余额

⑥长期待摊费用的摊销方法。在会计报表附注中，长期待摊费用的披露格式如表 8 –53 所示。

表 8 –53 　　　　　　　　　　长期待摊费用明细表　　　　　　　　　　单位：元

种　　类	期初余额	本期增加数	本期摊销数	期末余额

（10）收入。

应在会计报表附注中说明的内容包括：当期确认的销售商品的收入、提供劳务的收入、利息收入、使用费收入、本期分期收款确认的收入等各项收入的金额。

（11）所得税的会计处理方法。

应在会计报表附注中说明企业所得税的会计处理是采用什么方法（应付税款法或纳税影响会计法）；如果采用纳税影响会计法，还应说明是采用递延法还是债务法。

（12）合并会计报表的说明。

应在会计报表附注中说明的内容包括：合并范围的确定原则；如果本年度合并报表范围发生变化，还应说明变更的内容和理由。

（13）有助于理解和分析会计报表需要说明的其他事项。

如果企业认为还存在其他有助于理解和分析会计报表、需要加以说明的事项，也可以在会计报表附注中予以说明。

第七节　会计档案管理规则的设计

会计档案是指会计凭证、会计账簿和财务报告等会计核算资料，是记录和反映单位经济业务的重要史料和证据。各单位必须加强对会计档案管理工作的领导，建立会计档案的立卷、归档、保管、查阅和销毁等管理制度，保证会计档案妥善保管、有序存放、方便查阅，严防毁损、散失和泄密。根据《中华人民共和国会计法》、《中华人民共和国档案法》和 1998 年 8 月 21 日财政部、国家档案局修订并发布的《会计档案管理办法》的规定，各单位的会计档案管理规则的设计内容包括：

一、会计档案完整性规则的设计

各单位的会计档案应该包括以下内容：

（1）原始凭证、记账凭证、汇总凭证和其他会计凭证。

（2）总账、明细账、日记账、固定资产卡片、辅助账簿和其他会计账簿。

（3）月度、季度、年度会计报表、附表、附注及文字说明，以及其他财务报告。

（4）银行存款余额调节表、银行对账单、其他应当保存的会计核算专业资料，会计档案移交清册、会计档案保管清册、会计档案销毁清册。

二、会计档案的日常管理规则的设计

根据《会计档案管理办法》规定，企业会计档案的日常管理规则主要包括：

（1）各年形成的会计档案，应当由会计机构按照归档要求，负责整理立卷，装订成册，编制会计档案保管清册。

（2）当年形成的会计档案，在会计年度终了后可暂由会计机构保管一年。期满之后，应当由会计机构编制移交清册，移交本单位档案机构统一保管；未设立档案机构的，应当在会计机构内部指定专人保管。

（3）出纳人员不得兼管会计档案。

（4）移交本单位档案机构保管的会计档案，原则上应当保持原卷册的封装。个别需要拆封重新整理的，档案机构应当会同会计机构和经办人员共同拆

封整理，以分清责任。

（5）采用电子计算机进行会计核算的单位，应当保存打印出的纸质会计档案。

（6）各单位保存的会计档案不得借出。如有特殊需要，经本单位负责人批准，可以提供查阅或者复制，并办理登记手续。借阅或者复制会计档案的人员，严禁在会计档案上涂画、拆封和抽换。

（7）各单位应当建立健全会计档案查阅、复制登记制度。

（8）我国境内所有单位的会计档案不得携带出境。驻外和境内单位在境外设立的企业的会计档案，按照《会计档案管理办法》和国家有关规定进行管理。

（9）单位之间交接会计档案的，交接双方应当办理会计档案交接手续。

移交会计档案的单位应当编制会计档案移交清册，列名应当移交的会计档案的名称、卷号、册数、起止年度和档案编号、应保管期限、已保管期限等内容。

交接会计档案时，交接双方应当按照会计档案移交清册所列的内容逐项交接，并由交接双方的单位负责人负责监交。交接完毕后，交接双方经办人和监交人应当在会计档案移交清册上签名或盖章。

（10）单位因撤销、解散、破产或其他原因而终止的，在终止和办理注销登记手续之前形成的会计档案，除法律、行政法规另有规定外，应当由终止单位的业务主管部门或财产所有者代管或移交有关档案馆代管。

（11）单位分立后原单位存续的，其会计档案应当由分立后的存续方统一保管，其他方可查阅、复制与其业务相关的会计档案；单位分立后原单位解散的，其会计档案经各方协商后由其中一方代管或移交档案馆代管，各方可查阅、复制与其业务相关的会计档案。单位分立中未结清的会计事项所涉及的原始凭证，应当单独抽出由业务相关方保存，并按规定办理交接手续。

（12）单位合并后原各单位解散或一方存续其他方解散的，原各单位的会计档案应当由合并后的单位统一保管；单位合并后原各单位仍存续的，其会计档案仍由各单位保管。

（13）建设单位在项目建设期间形成的会计档案，应在办理竣工决算后移交给建设项目的接受单位，并按规定办理交接手续。

三、会计档案的保管期限和销毁规则的设计

会计档案的保管期限分为永久性档案、定期性档案两类。定期保管期限分

为 3 年、5 年、10 年、15 年、25 年五类。根据《会计档案管理办法》规定，企业会计档案的保管期限和销毁规则主要包括：

（1）会计档案的保管期限，从会计年度终了后的第一天算起。

（2）会计档案保管期限为最低保管期限。按《会计档案管理办法》规定，企业各类会计档案的具体保管期限如表 8 - 54 所示。

表 8 - 54　　　　　　　　　企业各类会计档案保管期限表

序　号	档案名称	保管期限	备　注
一	会计凭证类		
1	原始凭证	15 年	
2	记账凭证	15 年	
3	汇总凭证	15 年	
二	会计账簿类		
4	总账	15 年	包括日记总账
5	明细账	15 年	
6	日记账	15 年	现金和银行存款日记账保管 25 年
7	固定资产卡片		固定资产报废清理后保管 5 年
8	辅助账簿	15 年	
三	财务报告类		包括各级主管部门汇总财务报告
9	月、季度财务报告	3 年	包括文字分析
10	年度财务报告（决算）	永久	包括文字分析
四	其他类		
11	会计移交清册	15 年	
12	会计档案保管清册	永久	
13	会计档案销毁清册	永久	
14	银行存款余额调节表	5 年	
15	银行对账单	5 年	

（3）保管期满的会计档案，应按下列程序销毁。

①由本单位档案机构会同会计机构提出销毁意见，编制会计档案销毁清册，列明销毁会计档案的名称、卷号、册数、起止年度和档案编号、应保管年限、已保管年限、销毁时间等内容。

②单位负责人在会计档案销毁清册上签署意见。

③销毁会计档案时，应当由档案机构和会计机构共同派员监督。

④监销人在销毁会计档案前，应按会计档案销毁清册所列内容清点核对所要销毁的会计档案；销毁后，应在会计档案销毁清册上签名盖章，并将监销情况报告本单位负责人。

（4）保管期满但未结清的债权债务原始凭证和涉及其他未了事项的原始凭证，不得销毁，应单独抽出立卷，保管到未了事项完结时为止。单独抽出立卷的会计档案，应在会计档案销毁清册和会计档案保管清册中列明。

（5）正在项目建设期间的建设单位，其保管期满的会计档案不得销毁。

第八节　案例及其点评

案例　某企业的现金收支日报表格式如表 8 – 55 所示。

表 8 – 55

收 支 日 报 表

____月____日

收　　入					支　　出				
凭单号码	摘要	现金	支票日期	金额	凭单号码	摘要	现金	支票日期	金额

审核人（签章）　　　　　　　　　　　填制人（签章）

案例点评

该格式分别设计了"收入"和"支出"专栏，可详细反映每天现金的收入、支出情况。它主要适用于现金收付业务不多的小型企业或现金集中收付的中型企业。但是，这种格式可待进一步完善的地方有：

（1）可将"收支日报表"改为"现金收支日报表"，同时分别删除收入、支出中的"现金"专栏，以简化格式。

（2）在表首中没有注明"编制单位"、"金额单位"，应予以补充。

（3）可将"支票日期"改为"收付日期"（因为将现金送存银行时，原始凭证是"送款单或进账单"，而不是"支票"），并置于"凭单号码"（或

"凭证字号")之前。

（4）在表体中没有注明货币种类。如果企业收付的现金不仅有人民币，还有其他货币，应设置"币种"专栏。其具体处理方法有两种：①按货币种类分别设置"现金收付日报表"；②集中设置一张"现金收付日报表"，但是需要按货币种类设置专栏（或将"金额"栏分解为"币种"、"汇率"、"记账本位币（或人民币）金额"三栏）。

（5）如果企业收付的货币只有人民币，还可考虑将现金日报表和银行存款日报表合并，以集中反映企业货币资金增减变化及其结存情况。

（6）最好增加一个"备注"栏。

此外，如果企业现金收付业务较频繁，既不可能也无必要在"现金收支日报表"中逐笔反映现金的收付情况，只需总括反映"昨日结存"、"本日收入"、"本日支出"和"本日结存"情况。

思考题

1. 什么是企业的财务会计报告，它主要由哪些内容组成？
2. 企业财务会计报告的设计内容主要包括哪些？
3. 请为某企业设计一张资产负债表的附表或利润表的附表。

第九章 主要业务处理程序和相关内控制度的设计

由于各行业、企业的具体情况不同，因此各自的会计事务处理程序和内控要求也就不可能完全相同。

本章主要讨论：物资采购供应与付款业务、生产业务、销售与收款业务、货币资金业务、存货业务、固定资产业务、对外投资业务、筹资业务八个方面的会计处理程序和内控制度的设计方法。

第一节 物资采购供应与付款业务会计处理程序和内控制度的设计

在企业的生产经营活动中，经常发生大量的材料物资的采购供应工作。采购供应与付款业务处理程序及其内控制度的设计，对于规范采购供应业务的会计处理，加强采购供应过程的成本核算和管理，有着十分重要的意义。

一、采购供应与付款业务的内部控制要点和关键控制环节

1. 采购与付款业务的内部控制要点

企业采购与付款业务的内部控制要点包括：

（1）除小额零星采购外，采购业务通常要经过"请购→订货→验收→付款"程序；重大采购业务，还必须在订货前，报经有关部门或人员审批。物资的请购、订购、验收、付款、记账必须由不同的人员担任。

（2）采购人员只能在批准的采购计划内进行采购，不得擅自改变采购的内容。

（3）企业采购部门应尽可能与供货单位签订采购合同并按合同组织采购，会计部门应参加合同的签订工作，收货部门应严格按合同规定的品种、规格、数量、质量进行验收。

（4）财会部门只有在发票（或验收单）与采购合同核对相符、填制无误，且凭证齐全后，才能付款。如有部分退货，应将其从发票中扣除后付款。

（5）除属于国家规定的现金结算范围内的支出，可用现金支付外，其他支出必须通过银行转账结算。

（6）财会部门必须严格审核发票以外的各项采购费用和损失（如雇私人看管费、装卸搬运费、在途损耗等），确保其合理性和合规性。

（7）物资存储量应以保证生产经营需要、节约使用资金为原则。严防超储积压。

（8）定期进行应付账款的总账与其明细账的核对。

2. 物资采购供应与付款业务的关键控制环节

物资采购供应业务主要包括签订供销合约、外购物资验收入库和货款结算三个关键控制环节，它们分别主要由供应部门、保管部门和财会部门负责。三个关键控制环节彼此相互独立而又相互联系、相互制约。每一个环节都需要履行一系列必要的手续，并严格贯彻内控制度的要求。

（1）签订供销合约环节。在该环节，供应部门应根据企业的材料采购计划（或临时需要）与供货单位签订采购合同。其关键控制点主要有下列两个：

①对于材料物资的正常需要，应严格按企业的"材料物资采购预算"（或"采购供应计划"）进行，临时（或超计划）的则必须经过特殊授权后，方可与供货方签订购货合约并组织采购。a. 凡属于企业的材料物资的正常需要，供应部门应会同其他业务部门、财会部门事先制定"材料物资采购预算"（或"采购供应计划"）。财会部门着重根据有关材料物资的增减变动情况、货币资金的调度计划进行必要的审核。"材料物资采购预算"或"采购供应计划"应报企业预算管理委员会或企业领导批准后执行。b. 凡属于企业的材料物资的临时（或超计划）的需要，应由使用部门根据生产计划、使用需要（或由物资管理部门根据库存情况）填制"请购单"（一式二联，其中一联经主管领导审核批准后送供应部门，一联留存），提出申请，并由供应部门会同财会部门进行协调，适当追加采购计划。

②根据"采购供应计划"签订采购合同。

a. 按"采购供应计划"进行采购时，应尽可能与供货单位签订购货合同（一式二份，购销双方各持一份）。采购合同内容应包括品名、规格、质量、数量、单价、交货期限、交货方式、交货地点、双方责任，并由双方签章。财会部门应参与签订工作，并监督执行；同时还应保存一份合同复印件以备查。采购部门收到请购单后，应及时填制订货单（可以设置一式四联，其中正联交供应单位，一联采购部门留存并据以登记订货登记簿，一联交请购部门，一联交收货部门）。

b. 没有签订采购合同时，可采用发出"购货单据"（口头约定等方式）与供货单位就材料采购达成一致意见。

（2）货物验收入库环节。其基本程序和手续，视货物交换方式的不同而有所不同。下面分别就发货制、送货制、提货制三种情况予以说明。

①发货制。它是由供货单位通过运输机构将货物发送给采购企业的货物交接方式。其基本程序为：供货单位按合同规定发货，交由运输机构（铁路、航运、航空、公路等）将货物运送到合同约定的交货地点 → 承运机构将货物运抵指定地点后，通知采购企业提货 → 采购企业的供应部门会同运输部门，将货物从指定地点提出，运交本企业的仓储保管部门 → 企业的保管部门对货物进行验收，入库保管。

企业的供应或运输部门在指定地点提货时，如果发现差错、短少或毁坏变质，应及时同销货单位交涉；保管部门在验收过程中，如果发现上述问题，也应会同供应部门与销货单位交涉。同时，企业的供应部门（或保管部门）应及时根据交接结果（或验收结果）及时填制货物交接单（或验收入库单），并将其中一联（正联）及时交付企业财会部门，通知企业财会部门办理全部（或部分）拒付货款手续；如果没有发现任何差错，也应将其中的货物交接单（或验收入库单）正联交付企业财会部门，通知财务部门付款。

②送货制。它是销货单位将货物直接送抵采购企业的一种货物交接方式。在这种货物交接方式下，企业供应部门应及时会同保管部门将供货单位运送来的货物一一点验；并根据验收结果及时填制验收入库单，并将其中正联及时交付企业财会部门；财会部门核对相符后才能付款。

③提货制。它是由采购企业到销货单位仓库（或其他指定地点）提取货物的一种货物交接方式。其基本程序为：本企业（购货单位）直接到销货单位的销售部门提出购货要求，由销售单位填制"销货发票"（销货发票可一式五联，即销货单位的销售部门存根联、发票正联、销货单位记账联、提货联、销货单位门卫放行联。其中"存根联"由销货单位的销售部门留存，其余四联交本单位采购人员）→本企业采购人员持"销货发票"（包括发票正联、销货单位记账联、提货联、销货单位门卫放行联）到销货单位的财会部门交款，并由其在"销货发票"盖章后将"销货发票"退回三联给采购人员（即发票正联、提货联、销货单位门卫放行联）→ 在约定的期限内，本企业的采购人员持"提货联"，并会同运输部门到销货单位仓库（或合同指定地点）提货→销货单位的门卫根据采购人员所持的"门卫放行联"放行 →货物运达企业后，企业仓库保管部门验收入库。

　　仓库保管部门在验收时，如果发现差错，应按"送货制"相类似的处理方法处理。

　　（3）货款结算环节。不同的结算方式，结算的基本程序和手续也有所不同。

　　①采用银行支票、银行本票、银行汇票、信用卡、信用证和现金结算方式时，除预付货款外，一般待收妥货物（验收入库）之后，立即由财会部门办理付款手续。

　　②采用"委托收款"和"托收承付结算方式"时，结算的基本程序和手续较复杂些，通常包括下列具体程序和手续：

　　a. 销货单位按合同发运货物后，持发票、代垫运杂费单据和其他应收款项依据到其开户银行办理托收货款手续，同时填制委托收款凭证或异地托收承付结算凭证（均为一式五联，其中第一联为"回单联"、第二联为"银行收款凭证联"、第三联为"银行付款凭证联"、第四联为"收款通知联"、第五联为"付款通知联"）。开户行审核同意并在委托收款凭证或异地托收承付结算凭证上加盖公章后，将"回单联"退给委托单位，并将第 3～5 联及有关账单寄往购货单位的开户行。

　　b. 购货单位开户行收到托收单据之后，将其中的"付款通知"联交购货企业承付。

　　c. 采用验单承付方式时，购货单位应在 3 天内承付（或办理拒付手续）；采用验货承付方式时，购货单位应在收到通知后 10 天内承付。如发现货物差错、短少、损毁变质，应及时办理全部（或部分）拒付手续。

　　d. 购货单位开户行根据购货单位的要求，划转款项（并将"收款通知联"寄回销货单位开户行）或办理有关全部（或部分）拒付手续。

　　e. 购货单位开户行将"收款通知联"转交给销货单位，通知其委托款项已收到。

　　如果采购企业在货物抵达之前已经承付货款。但货物抵达并经验收后，发现短少、差错等事项，可按照一定的程序追回货款（或与销货单位商定退换货物等）。

　　除以上三个环节外，财会部门还应详细核算材料物资的采购成本，以便加强内部管理和控制。

二、采购供应与付款业务的主要凭证及其传递程序

　　除销货方的发货单、提货单、运费单据、银行结算凭证外，购货企业还应

设计请购单、收料单、收料溢缺报告单、退货单等一系列的内部核算凭证。同时，购货企业还应按采购业务的过程、特点和管理要求，明确规定各种凭证的传递程序和手续。

（1）请购单。请购单应由请购部门填制，送交供应部门，主要由供应部门会同财会部门在授权范围内批准，以增加（或修订）采购供应计划。其格式如表3－9所示。

（2）收料单。收料单一般由保管部门于材料运达并验收入库时填制。收料单可设置一式三联或一式四联（保管部门、供应部门、财会部门、统计部门各一联）。其格式如表3－12所示。

为了简化登记总账的工作，采购频繁的企业可以按月根据"收料单"汇总编制"收料凭证汇总表"。其格式如表3－16所示。

（3）收料溢缺报告单。它是用来反映企业验收结果与购货发票是否相符的一种原始凭证。验收部门和人员应认真填制"收料溢缺报告单"，并及时交付财会部门等按规定和要求处理。其基本格式如表9－1所示。

表9－1　　　　　　　　　　收料溢缺报告单

品名规格：

收料单位：　　　　　　　　　年　月　日　　　　　　　字第　号

供货单位				合同字号		字第　号	发货单号数	
车次、航班				提货单号数			到货日期	
材料名称			计量单位	应收数量	实收数量	溢(+)缺(-)数量	单价	金额
编号	品名	规格						
合　计								
附单据　张			备注					
溢缺原因								
处理意见								

供应部门主管：　　　　　　保管部门主管：　　　　　制单：

（4）退货单。在验收过程中，如果发现所收材料与合同（或发货单）明显不符，又不符合本单位的需要，应及时办理退回手续，并填制"退货单"。

退货单应一式多联套写，其各联的送交单位（部门）有：销货单位、仓库（留存）、供应部门、财会部门等。其格式如表 3 – 17 所示（或直接采用"收料单"，用红字表示退货）。

设计各种凭证的传递程序时，应注意下列事项：

①指定专人填制有关凭证。通过传递程序的设计和实施，既要分清责任，加强管理与控制，又要有利于提高工作效率和有关业务的正常进行。如"请购单"必须由使用（或保管）材料物资部门的指定专人填制，不直接使用（或保管）材料物资的部门和人员无权填制"请购单"。

②不能由一个部门（或人员）完成凭证的所有必要手续。制证人员和审核人员应该分离，互相牵制；同一项业务如果涉及两个（或两个以上的）部门，应在凭证的适当位置表明意见并签章负责。其目的就是加强内部牵制，防止人为的错弊行为，同时减少无意差错的出现概率。

③凭证的填制应与业务操作和相应责任结合起来，并与业务授权分离。如收料单一般由仓库保管员填制，但不应由保管部门主管一人包办全部程序。

④按凭证传递的及时性和有关部门归档保管要求，将凭证设计成多联套写的形式，分送有关部门。如将收料单设计成一式五联，供货单位可以将其作为发货运达的有效证明，采购供应部门可以据以考核采购供应计划的实施情况，财会部门可以据以办理结算和会计处理，仓储保管部门可以据以作为库存材料增加的凭证，统计部门可以据以统计有关业务数据。收料单的填写应一次复写完成，有关部门各执一联，既简化手续、提高工作效率，又便于有关部门（单位）分析检查。

⑤凭证的传递程序应符合业务特点和内控的需要。既不能遗漏重要的手续，又要尽量简化。

第二节　生产业务会计处理程序和内控制度的设计

一、生产业务的内部控制要点和关键控制环节

1. 生产业务的内部控制要点

企业生产业务的内部控制要点包括：

（1）实行生产经营费用的定额管理和预算管理。制定各项费用的消耗定额、生产预算、直接人工预算、直接材料预算、制造费用预算、产品成本（或营业成本）预算、期间费用预算。各种消耗定额，应随着生产经营技术的改进和管理水平的提高，定期进行修订。

（2）根据过去的经验和科学的预算方法，制定成本（营业）成本计划（或控制目标）。

（3）认真审核各有关凭证，合理控制生产经营费用的发生。

（4）建立健全成本核算制度。科学设置相应的总账与明细账，选择恰当的成本计算方法，规范进行各项成本费用的归集与分配。

（5）实行投入产出和产品质量控制。企业用于产品生产的材料，应实行限额管理；产品生产过程，应保持均衡；产品生产，应按工艺技术标准，进行质量控制。

（6）建立健全生产经营费用和完工入库产品原始凭证的填制（或取得）和审核制度，保证其完整性、真实性和合理性。

（7）建立健全在产品、半成品、产成品的保管和移交制度，并定期（或不定期）进行实物盘点。对盘盈盘亏，应查明原因并及时报告。

（8）建立健全成本费用的分析制度。应定期开展成本费用分析，及时寻找成本费用升降原因，挖掘降低成本费用的潜力，提出改进工作的措施，促进企业成本费用管理水平的提高。

2. 生产业务的关键控制环节

产品生产既是物化劳动和活劳动的消耗过程，也是使用价值和价值的创造过程。生产业务的关键环节主要有：直接材料的消耗、直接人工的消耗、制造费用的耗费、产品（产成品、半成品）入库、废次品的考核、产品成本的结转等。

前三者（直接材料的消耗、直接人工的消耗、制造费用的耗费）就是会计上"产品成本形成过程核算"的主要内容，即材料费用的归集与分配、工资和福利费的归集和分配、制造费用的归集和分配。

（1）直接材料费用。

它是在产品的生产过程中所耗用的，并构成产品实体或有助于产品形成的原材料、辅助材料、半成品、外购零部件、燃料和动力等。其关键控制环节主要有四个：

①车间应按计划（或定额）领用材料，并按要求及时填制领料凭证。

②及时将领用的材料（即投入生产的材料）成本归入相应产品的生产成本之中。

③对期末已领未用的多余材料，应办理退库手续，填制"退料单"将其退回仓库保管；但是，若下期需要继续使用的，也可以只办理假退料手续。

④对于采用计划成本核算的企业，在归集材料费用时，还应将日常核算的计划成本调整为实际成本。

（2）直接人工费用。

它是直接从事产品生产的工人的工资和福利费。其关键控制环节主要有三个：

①按车间、部门、班组设置考勤记录，并指定专人（考勤员）或设置打卡机逐日记录。考勤记录是反映职工出勤、迟到早退、缺勤（包括请假、旷工）和工作时间的原始记录。对于加班加点、公伤、产假和探亲假等，应根据有关单位和部门的证明进行登记。月终，考勤员应算出每个职工的出勤和缺勤时间，送企业人力资源管理部门审核。财会部门根据审核无误的考勤记录计算职工的应付工资。企业的考勤记录有考勤簿、考勤卡片两种。

②认真做好职工在出勤时间内所完成的工作量及其耗用工时的产量和工时记录，以便计算职工的计件工资和产品成本。企业的生产经营特点和管理要求不同，其采用的产量和工时记录的形式可以不同。但是，在产量和工时记录中一般应反映出：职工姓名，小组、产品、零件和工序的名称，合格品产量、废品数量、返修品数量等生产任务的完成情况，以及职工的定额工时、实耗工时、合格品工资、料废品工资等内容。企业的产量和工时记录有工作通知单、工序进程单和工作班产量记录、产量通知单等几种形式。

③按照规定的工资支付标准，并根据考勤记录、产量和工时记录、停工单、废品通知单、各种津贴通知单、奖金通知单、代扣款项通知单等原始凭证，认真填制和审核工资结算凭证。

（3）制造费用。

它是企业的生产单位（车间、分厂）为了组织和管理本单位生产经营活动所消耗的人力、物力和财力（即除直接材料、直接人工费用之外的间接生产费用和不专设成本项目的其他直接生产费用）。制造费用主要包括：车间或分厂管理人员的工资和福利费、折旧费、修理费、办公费、水电费、机物料消耗、劳动保护费、季节性和修理期间的停工损失等。其关键控制环节主要有两个：

①发生各项制造费用时，应按规定履行相应手续，填制或取得有关凭证。

②按规定定期将制造费用归集和分配记入相应产品的生产成本。

（4）产品（产成品、半成品）入库。

其关键控制环节主要有两个：

①对于加工完毕的产成品，应及时办理技术检验手续，并填制入库凭证交仓库验收。

②对于需要入库保管的半成品，也应在检验合格后，填制入库凭证，交由仓库验收入库。

（5）废品的考核。

对于废品，应视其是否可以修复，分为可修复废品和不可修复废品。对于可修复废品，应退回有关生产工序进行修复。其关键控制环节主要有三个：①是否合理；②不合理时，应明确其责任者和责任的大小；③修复费用应归入本期生产的相同（或同类）产品负担。

对于不可修复废品，应及时予以报废，并填制"废品报告单"，反映废品的发生情况。其关键控制环节与可修复废品基本相同。

（6）产品成本的结转。

产品成本的结转应在期末将产品成本在本期完工产品和期末在产品之间进行分配，并结转完工产品成本。其关键控制环节主要有两个：

①科学选择在产品成本的计算方法（约当产量法、定额耗用量比例分配法、定额成本计算法），合理分清在产品成本和完工产品成本的界限。

②及时结转完工入库产品成本。

二、生产业务的主要凭证及其传递程序

应设置的主要凭证包括：领料凭证（领料单、限额领料单、领料登记表、退料单）、材料费用归类凭证（发料凭证汇总表、材料成本差异计算表）、低值易耗品摊销报废凭证（低值易耗品摊销表、在用低值易耗品报废单、报废低值易耗品净损益计算表）、工资及福利费凭证（工时汇总表、工资结算汇总表、全体职工工资及福利费分配表、直接工资及福利费分配表）、固定资产折旧计算表、待摊费用分配表、预提费用分配表、辅助生产费用分配表、入库凭证、产成品成本汇总表、废品报告单、成本计算单等。

1. 领料凭证（领料单、限额领料单、领料登记表、退料单）

（1）领料单。它是一次使用的领发料凭证，一般一单一料，以便汇总。它主要适用于没有建立定额管理制度的中小型企业。其格式如表3-21所示。

领料单应由领料单位填写，经单位负责人签章，方可发料。其"实发数量"栏，由仓库保管员填写，领、发双方签章。领料单通常一式三联，分别交付：保管部门、领料部门和财会部门。

（2）限额领料单。它是一种对于指定材料在规定领料限额内，可以多次连续使用的领发料凭证。它主要适用于：实行限额管理的材料。设计这种凭证，既可简化手续，又可加强定额管理。其格式如表3-22和3-23所示。

一般于每月月初，由生产计划部门根据产品生产计划和材料消耗定额，填发"限额领料单"一式二联（分别交付领料单位、发料单位）。

每次领料时，应在"限额领料单"中填写实发数量，匡算限额结余，并

由领、发双方签章；如果领用替代材料，应另填"领料单"据实办理，并登记于"限额领料单"的"扣除代用"栏内，相应减少限额结余。超过限额领用，应由领料部门申请追加限额。

月末，仓库应及时结出当月实际领料数量和金额，并与领料单位核对相符，再交财会部门进行账务处理。

（3）领料登记簿。它是一种多次使用的累计领发料凭证，主要适用于领用次数频繁、数量零星、价值不大的材料。其格式如表3-24所示。

通常，应按材料品名和领料单位，分月一表一料开设，一式三联。平时领料时，由领料人在"领料登记表"中登记领用数量并签章负责。月末，分别交付保管部门、领料部门和财会部门。

（4）退料单。它是用于领料单位月末办理当月已领未用材料的退库手续。其基本格式如表9-2所示。

表9-2　　　　　　　　　　　　　　退　料　单

退料单位：
原领用途：　　　　　　　　　　　　　　　　　　　　　编号：
退料原因：　　　　　　　　　　　　年　月　日　　　收料仓库：

材料名称			计量单位	数量		单价	金额
类别	编号	品名规格		退库	实收		

保管部门主管：　　　　收料人：　　　　退料部门主管：　　　　退料人：

如果下月还需要继续使用该种材料，可办理假退料手续（即并不将材料退还仓库，只是在填制"退料单"的同时填制一张下月的"领料单"，一并送交仓库）。

2. 材料费用归类凭证（发料凭证汇总表、材料成本差异计算表）

（1）发料凭证汇总表。它是每月月末由财会部门根据发料凭证，按照发出材料的类别和用途编制的，用以汇总反映当月耗用材料情况的凭证。其格式如表3-26、表3-27所示。

也可以设计成"材料耗用汇总表"格式（其中"材料成本差异"一栏，用于分摊材料成本差异，如采用实际成本计价，应予以删除）。其基本格式如表9-3所示。

表 9－3　　　　　　　　　　　　　材料耗用汇总表

年　月　　　　　　　　　　　　　　　单位：元

材料名称	计量单位	数量	单价	金额	耗用的具体用途						
					甲材料		乙材料		……	厂　部	
					数量	金额	数量	金额		数量	金额
合　　计											
材料成本差异（节约用－号）											
实际成本											

财会主管：　　　　　保管部门主管：　　　　　复核：　　　　　制表：

（2）材料成本差异计算表。它是采用计划成本计价核算的企业，由财会部门编制的用以计算和分配材料成本差异，将计划成本调整为实际成本的凭证。其基本格式如表 9－4 所示。

表 9－4　　　　　　　　　　　　　材料成本差异计算表

年　月　　　　　　　　　　　　　　　单位：元

材料类别	计划成本			材料成本差异			材料成本差异率（%）	本月发出		月末余额		备注
	月初余额	本月收入	合计	月初余额	本月收入	合计		计划成本	成本差异	计划成本	成本差异	

财会主管：　　　　　复核：　　　　　制表：

也可以不专设"材料成本差异计算表"，而将材料成本差异率的计算直接在"材料成本差异明细账"中进行，如表 9－5 所示。

3．低值易耗品摊销报废凭证

低值易耗品摊销报废凭证主要包括：低值易耗品摊销表、在用低值易耗品报废单、报废低值易耗品净损益计算表。摊销方法不同，其基本格式也不完全一样。下面给出一些常用的基本格式。

（1）低值易耗品摊销表。其基本格式如表 9－6 所示。

表9-5 材料成本差异明细账

明细科目：原材料 单位：元

2001年		凭证号数	摘要	收 入		差异率（%）	发 出		结 存	
月	日			计划成本	差异节约（-）超支（+）		计划成本	差异节约（-）超支（+）	计划成本	差异节约（-）超支（+）
6	1	（略）	月初余额						248 500	-1 765．5
6	30	（略）	外购	71 550	-1 450				320 050	-3 215．5
6	30	（略）	暂估价	1 500					321 550	-3 215．5
6	30	（略）	本月发出			-1	63 000	-630	258 550	-2 585．5
			本月合计	73 050	-1 450	-1	63 000	-630	258 550	-2 585．5

表9-6 低值易耗品摊销表

年 月 日 单位：元

品 名 领用用途		办公用品		×××		摊销金额合计
		计量单位		计量单位		
		单 价		单 价		
		数 量	金 额	数 量	金 额	
制造费用	一车间					
	二车间					
管理费用						
合 计						

财会主管： 复核： 制表：

（2）在用低值易耗品报废单和报废低值易耗品摊销表。

在用低值易耗品报废时，还应编制"在用低值易耗品报废单"和"报废低值易耗品摊销表"，以便据以进行报废业务的会计处理。其基本格式如表9-7、表9-8所示。

表 9 – 7 　　　　　　　　　　　　在用低值易耗品报废单

使用单位：　　　　　　　　　年　月　日　　　　　　　　编号：

班　组		职工姓名			报废原因			
编号	品名规格	计量单位	数量	计划单位成本	金额	残值	材料交库单编号	应赔偿金额
班组意见		技术部门意见			车间主管意见			

财会主管：　　　　　　　　复核：　　　　　　　　制单：

表 9 – 8 　　　　　　　　　　　　报废低值易耗品摊销表

年　月　日　　　　　　　　　　　　　　　单位：元

品　名 用　途		办公用品			×××			报废金额	未摊销额	减：		应摊销额	成本差异
		计量单位			计量单位					残值	应收赔款		
		单　价			单　价								
		数　量	金　额	数　量	金　额								
制造费用	一车间												
	二车间												
管理费用													
报废合计													
未摊销金额													
减：	残值												
	应收赔款												
应摊销额													
成本差异													
报废凭证		_____号至_____号，共_____张											

财会主管：　　　　　　　　复核：　　　　　　　　制表：

　　4. 工资及福利费凭证

　　工资及福利费凭证主要包括：考勤记录、产量工时记录、工时汇总表（由劳动部门编制，并交财会部门计算工资和分配人工费用）、工资结算汇总表、工资及福利费分配表。

（1）考勤记录。它是登记职工出勤、缺勤、迟到、早退等情况的记录，是计算职工计时工资的原始记录，也是分析考核职工工作时间和情况的原始记录。

考勤记录一般由部门（科室、车间或班组）考勤员，根据职工出勤、缺勤情况逐日登记，月末结出每个职工的出勤、缺勤、事假、病假、工伤、产假、中班、夜班等情况，据此计算职工的各种应得工资。企业的考勤记录通常有两种：考勤簿、考勤卡。

考勤簿按部门（科室、车间或班组）设置，每月一张。其基本格式如表9－9所示。

表9－9　　　　　　　　　　　考　勤　簿

车间：　　　　　　班组：　　　　　年　月

工序	工号	姓名	职务	考勤记录				考勤统计									
								出勤			缺勤						
				1	2	……| 31	合计	早班	中班	夜班	公假	工伤	病假	产假	婚假	事假	迟到	早退

车间主任：　　　　　　班组长：　　　　　　考勤员：

考勤卡是为每一位职工分别建立的考勤记录，一般是一年一张，由考勤员逐日登记，月终汇总（也可以每月一张，由打卡机刷卡）。其基本格式如表9－10所示。

表9－10　　　　　　　　　　　考　勤　卡

职工姓名：

月份	考勤记录				考勤统计									
					出勤			缺勤						
	1	2	……| 31	合计	早班	中班	夜班	公假	工伤	病假	产假	婚假	事假	迟到	早退

车间主任：　　　　　　班组长：　　　　　　考勤员：

（2）产量工时记录。它是登记工人（或小组）在出勤时间内加工完毕的产品数量和每件产品所耗工时的原始记录。据此，可以计算出职工的计件工资的应付工资，并可以对整个工资费用进行分配。企业的生产特点和管理要求不同，其采用的"产量和工时记录"的形式可以不同。通常有工作通知单、工序进程单、工作班产量记录、产量通知单等几种形式。其中，"工作班产量记录"是企业统计产量、工时和计算工资的重要依据，其基本格式如表9－11所示。

表9－11　　　　　　　　　　　　工作班产量记录

一车间二小组　　　　　　　　2001年6月　　　　编号：02　　　　检查员：张萍

工号	姓名	产品名称	零件名称	工序名称	检　验　情　况							定额工时	实用工时	工　资		废品工资	合计
					交验数	合格数	返修数	工废数	料废数	短缺数	未加工数			合格品工资			
														计件单价	工资额		
32	李和	A	B	车	60	50	5	3	2	/	/	9	8	10	500	20	520

除需要考勤记录、产量和工时记录之外，计算工资还需要有"停工单"、"废品通知单"，各种津贴、奖金通知单、代扣款项通知单等原始凭证等其他原始记录。

（3）工时汇总表。其基本格式如表9－12所示。

表9－12　　　　　　　　　　　　工时汇总表

年　日　　　　　　　　　　　　　单位：小时

生产车间名称	A产品		B产品		合　计		缺勤工时	非生产工时
	实际工时	完成定额工时	实际工时	完成定额工时	实际工时	完成定额工时		

财会主管：　　　　劳资部门主管：　　　　复核：　　　　制表：

（4）工资结算表和工资结算汇总表

企业采用不同的工资制度，其应付工资的计算方法和"工资结算表"与"工资结算汇总表"的格式也不一样。企业的工资制度可分为计时工资制和计件工资制两种，而计时工资制又有"月薪制"（倒扣法）和"日薪制"（顺算法）两种不同的计算方法。

①月薪制。月薪制是指不论月大月小，只要职工出全勤就可以得到固定的月标准工资，如果职工缺勤则应按规定扣减相应的缺勤工资的一种工资结算制度。月薪制应付工资的计算公式如下：

应付工资 =（月标准工资 + 加班加点工资 + 奖金 + 各项工资性津贴）-（事假日数 × 日工资）-（病假日数 × 日工资 × 应扣发比例）

月薪制下工资结算表和工资结算汇总表的基本格式如表 9 - 13、表 9 - 14 所示。

表 9 - 13　　　　　　　　　　　工资结算表

车间：第一基本生产车间　　　　　2001 年 6 月　　　　　　　单位：元

序号	姓名	出勤天数	月全勤标准工资	扣事假工资			扣病假工资			加班加点工资	奖金	津贴			应付工资	代扣款项			实发工资	领款人签字
				天数	日工资	金额	天数	扣发%	金额			工龄津贴	高温津贴	合计		房租	医药费	合计		
1	黄芳	24	1 693.6	2	80	160	4	20	64	90	80	70	60	130	1 769.6	60	50	110	1 659.6	
合计																				

表 9 – 14　　　　　　　　　　　工资结算汇总表

2001 年 6 月　　　　　　　　　　　　　　　　　　　　　单位：元

部门名称	职工人数	月全勤标准工资	扣事假工资	扣病假工资	加班加点工资	奖金	津贴			应付工资	代扣款项			实发工资
							工龄津贴	高温津贴	合计		房租	医药费	合计	
一车间	30	50 808	4 000	640	90	80	90	60	150	46 488	60	50	110	46 378
二车间														
合计														

②日薪制。日薪制是指按职工出勤天数计算其应得标准工资的一种工资结算制度。日薪制应付工资的计算公式如下：

应付工资 =（月出勤天数 × 日工资） +（工伤产假等计薪天数 × 日工资） +（加班加点工资 + 奖金 + 各项工资性津贴） +（病假日数 × 日工资 × 应得比例）

日薪制下工资结算表和工资结算汇总表的基本格式如表 9 – 15、表 9 – 16 所示。

表 9 – 15　　　　　　　　　　　工资结算表

部门或车间：第一车间　　　　　　　2001 年 6 月　　　　　　　　　单位：元

序号	姓名	工资标准		应付工资					津贴			应得病假工资			工伤产假等应计工资	合计	代扣款项			实发工资	领款人签字
		月工资	日工资	标准工资			加班加点工资	奖金	工龄津贴	高温津贴	合计	天数	支付%	金额			房租	医药费	合计		
				出勤天数	计时工资	计件工资															
1	黄芳	1 693.6	80	24	1 920		90	80	70	60	130	4	80	256		2 476	60	50	110	2 366	
合计																					

表 9 – 16　　　　　　　　　　　　　　工资结算汇总表

2001 年 6 月　　　　　　　　　　　　　　　　　　　单位：元

部门或车间		应 付 工 资												代扣款项			实发工资
		标准工资		加班加点工资	奖金	津 贴			应得病假工资			工伤产假等应计工资	合计	房租	医药费	合计	
		计时工资	计件工资			工龄津贴	高温津贴	合计	天数	支付%	金额						
一车间	生产工人																
	管理人员																
二车间	生产工人																
	管理人员																
行政部门																	
合　计																	

（5）工资及福利费分配表。基本格式如表 9 – 17、表 9 – 18 所示。

表 9 – 17　　　　　　　　　　　　工资及福利费分配表

企业名称：　　　　　　　　　　　年　月　　　　　　　　　　单位：元

应借科目		成本费用项目	直接计入	分 配 计 入			工资费用合计	应付福利费（14%）
				生产工时	分配率	分配额		
基本生产	甲产品	工资及福利费						
	乙产品	工资及福利费						
	小 计							
制造费用		工资及福利费						
辅助生产		工资及福利费						
管理费用		工资及福利费						
营业费用		工资及福利费						
在建工程		工资及福利费						
应付福利费		工资及福利费						
合　计								

表9-18　　　　　　　　　　　　工资及福利费分配表

企业名称：　　　　　　　　　　　　年　月　　　　　　　　　　　　单位：元

应借科目＼应贷科目	应付工资								应付福利费（14%）
	一生产车间	二生产车间	供电车间	企管部门	专设销售部门	建筑工程	医保人员	合计	
基本生产　甲产品									
基本生产　乙产品									
基本生产　小计									
制造费用									
辅助生产									
管理费用									
营业费用									
在建工程									
应付福利费									
合　计									

5. 固定资产折旧计算表

其基本格式如表9-19、表9-20所示。

表9-19　　　　　　　　　　　固定资产折旧计算表

年　月　　　　　　　　　　　　单位：元

会计科目	固定资产类别	折旧率	提取基数				本月应提折旧额	备注
			上月应计	上月增加	上月减少	本月应计		
合　计								

表9-20　　　　　　　　　　　固定资产折旧计算表

年　月

单位：元

使用部门	固定资产类别	固定资产原价	月分类折旧率	上月应提折旧额	上月增加固定资产原价	上月减少固定资产原价	应增应减的折旧额	本月应提折旧额
第一基本生产车间	厂房	180 000	0.20%	363.74			0	363.74
	金属切削机	400 000	0.44%	1 777.76	100 000		444.44	2 222.20
	其他机械设备	120 000	0.44%	533.33			0	533.33
	小　计	700 000		2 674.83			444.44	3 119.27
第二基本生产车间	厂房	140 000	0.20%	282.91			0	282.91
	金属切削机	440 000	0.44%	1 955.54		50 000	-222.22	1 733.32
	小　计	580 000		2 238.45			-222.22	2 016.23
动力车间	厂房	80 000	0.20%	161.66			0	161.66
	锅炉	160 000	0.40%	646.72			0	646.72
	小　计	240 000		808.38			0	808.38
仓库		120 000	0.27%	320.00			0	320.00
办公楼		100 000	0.27%	266.67			0	266.67
合　计		1 740 000		6 308.33			222.22	6 530.55

6. 摊提费用分配表

摊提费用分配表是用来分配发生期与支付期不一致的有关费用的分配计算表。它应由企业财会人员编制，并作为有关转账凭证的原始凭证。其主要包括待摊费用分配表、长期待摊费用分配表、预提费用分配表等，其基本格式如表9-21、表9-22所示。

表9-21　　　　　　　　　　　待摊费用分配表

年　月

单位：元

种类	支付情况		分摊方法		本　期　分　摊　额				本期累计已分摊金额	待摊余额	备注
	时间	总金额	期数	每期金额	××科目	××科目	……	合计			
合计											

财会主管：　　　　　　复核：　　　　　　制表：

表 9 – 22 预提费用分配表

年 月　　　　　　　　　　　　　　　　　　　单位：元

种类	预计发生情况		预提方法		本 期 预 提 额				本期累计已预提金额	备注
	时间	总金额	期数	每期金额	××科目	××科目	……	合计		
合计										

财会主管：　　　　　　　复核：　　　　　　　　制表：

也可以采用表 9 – 23 的简单格式。

表 9 – 23 待摊（预提）费用分配表

年 月

费用种类：预付（提）保险费　　　　　　　　　　　　　　单位：元

应借（贷）科目		成本或费用项目	金 额
总账科目	明细科目		
制 造费用	一车间	保险费	
	二车间	保险费	
	小 计		
辅助生产		保险费	
管理费用		保险费	
合 计			

7. 辅助生产费用分配表

辅助生产费用的分配方法不同，其基本格式也有所不同。表 9 – 24、表 9 – 25、表 9 – 26 分别是直接分配法、一次交互分配法、计划成本分配法下"辅助生产费用分配表"的基本格式。

表 9 - 24   辅助生产费用分配表（直接分配法）

年　月   单位：万元

项目 应贷科目		直接发生的费用总额	对辅助车间外供应劳务数量	分配率	应 借 科 目					
					基 本 生 产		制 造 费 用		管 理 费 用	
					数量	金额	数量	金额	数量	金额
辅助 生产	供电车间	30	30	1	29.7	29.7	0.2	0.2	0.1	0.1
	供水车间	40	80	0.5	79.7	39.85	0.2	0.1	0.1	0.05
合　　计		70				69.55		0.3		0.15

表 9 - 25   辅助生产费用分配表（一次交互分配法）

年　月   单位：万元

项目 应贷科目		费用总额	供应劳务总量	分配率	应 借 科 目									
					辅助生产 —供电		辅助生产 —供水		基 本 生 产		制 造 费 用		管 理 费 用	
					数量	金额	数量	金额	数量	金额	数量	金额	数量	金额
辅助生产	供电车间													
	供水车间													
	小计													
辅助生产	供电车间													
	供水车间													
	小计													
合　　计														

表 9 – 26　　　　　　　　　　**辅助生产费用分配表**（计划成本分配法）

年　月　　　　　　　　　　　单位：万元

应贷科目　　　　　　　　　　　计算项目和应借科目			辅　助　生　产				费用合计
			供电车间		供水车间		
			供电度数	金　额	供水吨数	金　额	
计划单位成本							
应借科目	辅助生产	供电车间					
		供水车间					
	基本生产						
	制造费用						
	管理费用						
	按计划成本分配总额						
辅助生产实际成本	直接发生的费用						
	分配转入的费用						
	合　　计						
分配差异（可计入管理费用）							

8. 入库凭证和产成品成本汇总表

产品完工后，需要在产成品交库验收时填制"产成品入库单"。它是由生产车间填制的，一式三联（或一式四联），分别交送仓库（留用）、生产车间、财会部门（一式四联时，第四联送统计部门）。其基本格式如表 9 – 27 所示。

表 9 – 27　　　　　　　　　　　**产成品入库单**

交库单位：　　　　　　　　　年　月　日　　　　　　　编号：

仓库：　　　　　　　　　　　　　　　　　　　　　　检验证号：

产品编号	产成品名称	型号规格	计量单位	送检数量	检验结果		实收数量	备注
					合　格	不合格		

验收（保管）员：　　　　　检验员：　　　　车间负责人：　　　　制单：

每月月末，应根据"产成品入库单"编制"产成品成本汇总表"，据以编制产成品入库的记账凭证。其基本格式如表9-28、表9-29所示。

表9-28

产成品成本汇总表

年　月　日

单位：元

工作单号	产成品名称	型号及规格	计量单位	入库数量	单位成本			总成本			备注
					计划成本	实际成本	成本差异	计划成本	实际成本	成本差异	
合　　计											

财会主管：　　　　　　　复核：　　　　　　　制表：

表9-29

产成品成本汇总表

2001年6月30日

单位：元

产品名称 \ 成本项目	甲产品（320件）		乙产品（420件）		成本合计
	总成本	单位成本	总成本	单位成本	
原材料	64 845	202.64	92 400	220	157 245
燃料及动力	940	2.94	1 302	3.1	2 242
工资及福利费	14 476	45.24	19 740	47	34 216
制造费用	7 520	23.50	10 920	26	18 440
合　计	87 781	274.32	124 362	296.1	212 143

9. 废品报告单

对于不可修复的废品，生产车间应填制"废品报告单"，作为废品核算的凭证。其基本格式如表9-30所示。

10. 产品成本计算单

产品成本计算单由财会部门编制，用以计算本月完工产品和在产品成本。它是结转完工产品成本的原始凭证。其格式随成本计算方法的不同而有所不同。表9-31是品种法的"产品成本计算单"的基本格式。

表9-30   **废品报告单**

                                                年 月 日

车间：   品名：   字第   号

工作单号				图号			工序			
废品 名称	计量 单位	数量	耗 用 材 料						耗 用 工 时	
			名称	计量 单位	单位 消耗量	合计	单价	金额	单位 工时	合计
废品原因					检查决定					

检验人：   车间主管：   责任人或经办人：

表9-31   **产品成本计算单**

产品名称：甲产品   在产品：60 件

产量：720 件   投料方式：逐步投料   完工程度：50%

2001 年		凭证 号码	摘　　要	原材料	燃料 和动力	工资及 福利费	制造 费用	合　计
月	日							
6	1		期初在产品成本	6 225	150	857	975	8 207
6	30		材料费用分配表	121 275				121 275
	30		工资及福利费分配表			19 768		19 768
	30		外购动力分配表		1 500			1 500
	30		制造费用分配表				17 700	17 700
			本月合计	127 500	1 650	20 625	18 675	168 450
			单位成本	170	2.2	27.5	24.9	224.6
			结转完工产品成本 （红字转出）	122 400	1 584	19 800	17 928	161 712
			期末在产品成本	5 100	66	825	747	6 738

　　上述各种凭证及其传递程序的设计，应结合不同行业、不同生产规模、不同经营特点，从本企业的生产实际出发加以确定。总的原则是有利于正确计算产品成本，严格成本控制，加强生产过程的管理。

第三节　销售与收款业务会计处理程序和内控制度的设计

企业在产品销售过程中，一方面通过市场向购买者提供产品或劳务，以满足其特定需要；另一方面按产品或劳务售价取得销售收入，以补偿企业的生产经营耗费、交纳销售税金及附加、实现营业利润。就制造企业来说，产品销售收入包括企业出售各种产成品、自制半成品、代制品、代修品和提供工业性劳务所取得的收入。产品销售的基本程序包括开出销售发票、发运商品、结算货款和账务处理等。

一、销售与收款业务的内部控制要点和关键控制环节

1. 销售与收款业务的内部控制要点

对于销售业务，企业应该科学制定和实施销售政策，包括商品劳务的定价原则、信用标准和条件、收款方式；加强合同管理；加强商品发出和账款收回的会计控制。其内部控制要点包括：

（1）销售合同的签订、开票、发货、收款和记账职务应分离。

（2）销售合同、销售发票和发货单，必须经有关部门和人员审批。

（3）销售价格的确定，销售方式和结算方式的选择，应经有关部门和人员审批。

（4）发票和发货单必须有事先印好的顺序编号。如有缺号，必须查明原因，并经领导批准加以注销。

（5）销售业务必须尽可能采取合同销售方式。会计部门应参加合同会签；销售发票中的品名、数量、单价、金额、付款方式，应与销售合同的内容一致，并由专人复核。对非合同销售业务（包括门市部销售），应建立经常性的检查制度。

（6）废料和残料的出售，也应开单入账。

（7）对销售退回，必须经有关负责人批准后才能办理冲账和退款手续；坏账的转销，必须按规定的审批程序办理。

（8）按会计准则要求，合理确认销售（营业）收入，并将已实现的销售（营业）收入及时入账。

（9）定期检查应收账款明细账余额，及时催收货款。

2. 销售与收款业务的关键控制环节

产品销售业务一般由企业销售部门负责办理，其他部门不得兼办销售业务；而销售部门不能直接收取销货款，但应根据管理需要设置和登记有关销售业务的辅助账簿；财会部门负责销售业务的账务处理。下面以制造企业为例，按一般销售、门市部零售、分期收款销售三种情况分别阐述销售与收款业务的关键环节和手续。

（1）一般销售业务。销售部门所进行的经常性的成批销售。其关键控制环节主要包括：签约、发货、结算。

①签约环节。企业销售部门应根据产品销售计划，积极推销产品，并尽量与购货单位签订销货合同。合同应载明：商品品种、质量、数量、价格、货款结算方式、交货方式、交货期限、违约责任等方面所达成的一致意见。

销售合同一经订立生效，应将其副本交付财会部门，准备办理结算及其他有关业务。

②发货环节。其基本程序和手续，随着产品交接方式的不同而有所不同。下面介绍其一般控制程序和相关手续：

a. 发货制程序和相关手续。由企业销售部门根据合同规定，开具发货票，通知运输部门提货，并通知仓库准备发货 → 运输部门持发货票的"提货联"向仓库提货 → 运输部门将产品、发货票一联交运输单位，办理托运手续，并取回运单交财会部门 → 财会部门持发货票正联、运单到银行办理货款的托收手续。

b. 送货制程序和相关手续。由销售部门开具发货票，到仓库提货后，会同运输部门将产品送达购货单位仓库（或其他指定地点）→ 由对方（购货单位）有关人员验收，并取回对方的"收货单"中的一联。

c. 提货制程序和相关手续。由销售部门开具发货票，通知仓库发货，并将其中四联（销售凭证联、提货联、出门放行联、发票正联）交购货单位 → 购货单位到本企业财会部门办理货款的结算手续，并将"销售凭证联"交付给财会部门 → 购货单位凭已盖财务章的"提货联"到仓库提货，并将"提货联"交付给仓库 → 购货单位凭"出门放行联"（或出门证）将所购货物运出本企业。

③结算环节。企业采用不同的结算方式，其控制程序和应办理的相关手续有所不同。

a. 现金、支票、本票、汇票结算方式。待购货方向本企业出纳员交妥款项（或票据），并由出纳员在"发货票"提货联上加盖"现金收讫"或"转账收讫"印戳之后，仓库才据以发货。

b. 异地托收承付结算方式。销货单位按合同发货后，通过其开户银行向购货单位办理托收手续 → 其开户行将托收单据、发货票、运单等寄到购货方开户行 → 购货方开户行收到单据后，将其中"承付通知联"及所附发票、运单等交由购货方承诺付款 →验单（或验货）承付货款，购货方开户行将款项划转到销货方的银行账户中；如果购货方拒付货款，应在承付期内填制拒付理由书，并及时与销货方交涉处理。

（2）门市部零售业务。它是指企业附属的门市部，采用零售方式销售本企业产品。零售门市部一般不独立核算，而实行报账制。其关键控制环节主要包括：

①门市部的售货员与收款员应分别设置，互相牵制。

②每日营业终了，应填制"内部缴款单"，连同当天销货款一并送交企业财会部门；同时，还应报送"零售产品进销存日报表"，以反映其产品的销售、完工入库和结存情况。

（3）分期收款销售业务。在发货方面，它与一般销售相同。其特殊性主要体现在收款环节。其关键控制环节主要包括：

①严格审核购货方的偿债能力、商业信用，并实行严格的特殊授权制。

②定期分析收款情况，并指定专人催收已到期的应收款。

③对于已结清的销货款，应由销售部门按月进行清理，编制"分期收款销售款结清明细表"，并送交财会部门据以记账。

④财会部门办理销售成本的计算和结转业务。

二、销售与收款业务的主要凭证及其传递程序

在企业销售与收款业务的处理过程中，需要填制（或取得）一系列原始凭证，并在有关部门之间进行传递。下面主要讲述发货票（单）、代垫运费证明单、销货退回收货单、门市部零售凭证、分期收款销售凭证、销售成本计算单等的基本格式和传递程序。

1. 发货票和代垫运费证明单

发货票是由企业销售部门填制的凭证。分为增值税专用发票和普通发票两种。其格式如表 3-1、表 3-2、表 3-3 所示。

采用"发货制"或"送货制"货物交接方式时，也可以增设"发货单"（但需另开"发票"）。"发货单"通常一式五联：通知仓库准备发货联、销售部门留存联（先与仓库"发货联"一起交付给仓库，发货后再退回销售部门）、运输部门取货联、门卫放行联、财会部门结算联（此联先留存销售部门，待仓库发货后，根据仓库退回的"销售部门留存联"开具发票，然后将

此联一并送财会部门办理货款结算）。其格式如表 3 – 33 所示。

采用"发货制"和托收承付结算方式时，企业需要为购货单位代垫运杂费。此时，企业应开具"代垫运杂费证明单"，一并交由开户银行办理托收手续。其基本格式如表 9 – 32 所示。

表 9 – 32　　　　　　　　　　　　代垫运杂费证明单

结算付款单位：　　　　　　　　　年　月　日　　　　　　　　　字第　号

品名规格		发货票号数		计量单位		数　量	
承运机构		运单号数		托运日期		起讫地点	
代垫运费项目	凭证张数		金　额			备　注	

附注：代垫运费原始凭证暂存我厂

销售部门主管：　　　　财务主管：　　　　业务：　　　　制单：

2. 销货退回收货单

企业将产品售出后，如果购货单位发现品种、规格、质量与合同不符，有权要求退货。此时，企业销售部门应填制"销货退回收货单"，会同仓库验收退回的产品，并将其中的一联交财会部门作相应的冲转分录。其基本格式如表 9 – 33 所示。

表 9 – 33　　　　　　　　　　　　销货退回收货单

收货仓库：　　　　　　　　　　　年　月　日　　　　　　　　　字第　号

购货单位				原发票日期			原发票字号			
产品名称	编号	品名	规格	计量单位	单价	原销售		退回		
						数量	金额	数量	金额	
退回原因										

销售部门主管：　　　　保管人员：　　　　业务人员：

3. 门市部零售凭证

工业企业附属门市部销售业务的原始凭证主要有内部缴款单和产品进销存日报表。

（1）内部缴款单。

"内部缴款单"由门市部收款员填制，于每日营业终了时，送交财会部门。其基本格式如表9-34所示。

表9-34　　　　　　　　　　内部缴款单

　　　　　　　　　　　　　　年　月　日　　　　　　　　　　　编号：

缴款单位	
摘　　要	
金额（大写）	拾　万　仟　佰　拾　元　角　分
缴款方式	现金
	支票　　张
	银行存款回单　　张
	其他
	合计

收款人：　　　　　　　　　　　　　　交款人：

（2）产品进销存日报表。

"产品进销存日报表"由门市部营业人员于每日营业终了时填制，并报财会部门，据以进行有关会计处理。其基本格式如表9-35所示。

表9-35　　　　　　　　　　产品进销存日报表

填报单位：　　　　　　　　　　年　月　日　　　　　　　　编号：

项目		凭证张数	余额	项目		凭证张数	金额
昨日结存					本日销售		
增加部分	本日购进			减少部分	本日调出		
	本日调入				调价减值		
	调价增值				商品损耗		
	盘点长余				盘点短缺		
	小　计				小　计		
合　计				合　计			
本月销售计划				本月累计销货			
包装物押金收付情况	昨日金额				本日付出		
	本日收入				本日金额		
	合　计				合　计		

主管：　　　　　　　　复核：　　　　　　　　　　制表：

4. 分期收款销售凭证

企业采用"分期收款销售"时，可以根据需要设置"分期收款发货票"、"应收分期收款明细表"、"分期收款销售货款结清明细表"。

（1）分期收款发货票。

"分期收款发货票"是由销售部门填制的将合同与发票结合在一起的一种原始凭证。一般一式五联（销售部门留存联、购货方分期付款凭证联、购货方提货联、出纳联、会计记账联）。也可设置一式三联：一联交购货方作为分期付款的凭证（每期交款时，出纳员应盖"收讫章"，不另开收据。如果由单位扣收，则由扣收单位的出纳员盖章证明货款已扣）；一联交销售部门留存备查；一联交财会部门（据以记入应收账款科目，并以"分期收款发货票"代替"应收账款（分期收款）明细账"，根据付款到期日编制"应收分期收款明细表"，交出纳员据以收款）。其基本格式如表9－36所示。

表9－36（正面）　　　　　　　　　分期收款发货票

购货单位：　　　　　　　　　年　月　日　　　　　　　字第　号

购货单位		经办人员姓名		职　　务	
详细地址		身份证号		工作证号	
产品名称		牌　号		规　格		制造厂名	
附件名称		数　量		附件名称		数　量	
购买数量		全部货款			成本总额	
购买时付款　%		每期付款　%		分期付款期数		
付款方式			销售企业银行账号		

收款期次	收款日期	收款金额	企业签收（公章）	企业出纳员签章	备　注
购货时					
第一期					
第二期					
第三期					
……					
合　计					

本发票所列分期付款的有关规定，购货人完全同意，并遵守不误！

签章（购货人）

年　月　日

表 9-36（背面）

分期收款注意事项：

①购货人如不能按期付款，积欠 _____ 次时，本企业即收回产品及其附件。收回后，以 _____ 方式抵偿未付的款项和相应支出。如有多余，退还购货人；不足则另行追回。

②产品出售后，价格如有变动，分期收款数额不受影响。

③每次收到款项后，由本企业出纳员在本发票的"企业出纳员签章"栏内盖章签收。

④本发票由购货人妥为保管，不能转让。货款未结清之前，如有遗失，应向本企业挂失，申请补发。

本件所列各条，分期收款销售各方完全同意。

购货单位名称（签章）：　　　　　　　本企业名称（签章）：

单位负责人：　　　　　　　　　　　　企业负责人：

财务负责人：　　　　　　　　　　　　财务负责人：

　　　　　　　　　　　　　　　　　　销售部门主管：

　　　　　　　　　　　　　　　　　　制单：

　　年　月　日　　　　　　　　　　　　年　月　日

（2）应收分期收款明细表（即采用分期收款销售时，每月到期应收款明细表）。

"应收分期收款明细表"由企业销售部门每月月初填制，以便控制货款回收。一般一式三联：第一联销售部门留存；第二联和第三联先交财会部门（每月月末，由出纳员注明收款情况后，将其中一联退回销售部门留存）。其基本格式如表 9-37 所示。

表 9-37　　　　　　　　　**应收分期收款明细表**

年　　月　　日　　　　　　　　　　　　　第　号

分期收款发票号数	购货人名称	产品名称	货款总额	付款期数	本月到期		收款情况		备注
					期次	日期	已收	未收	
合　计									

财会主管：　　　　出纳：　　　　销售部门主管：　　　　制表：

（3）分期收款销售货款结清明细表。

"分期收款销售货款结清明细表"由销售部门按月对已经结清货款的分期收款销售进行清理编制。一般一式二联（留存联，会计记账联）。该表既可按月编制，也可每结清一笔编制一张。编制的主要依据：经出纳员签章收款的"分期收款发货票"副本。其基本格式如表 9-38 所示。

表9－38　　　　　　　　　　　**分期收款销售货款结清明细表**

年　月　日　　　　　　　　　　　编号：

产品名称	购货单位		购货日期	数量	货款分期			成本	实际收款		备注
	名称	经办人姓名			金额	期数	最后一期时间		最后一期时间	累计已收	

出纳：　　　　　　　　　销售部门主管：　　　　　　　　　制表：

5. 销售成本计算单

"销售成本计算单（表）"由财会部门专门人员按月编制，并由有关人员签章，对销售成本计算方法的合理性和计算结果的正确性负责。它是结转当月已销产品销售成本的直接依据。其格式随销售成本的计算方法的不同而有所不同。表9－39、表9－40分别是"加权平均法"、"产品成本差异率分配法"下的基本格式。

表9－39　　　　　　　　　　　**销售成本计算单**（加权平均法）

年　月　日

品　　名	计量单位	销售数量	加权平均单价	销售成本	备　注

财会主管：　　　　　　　　　复核：　　　　　　　　　制单：

表9－40　　　　　　　　　　　**销售成本计算单**（产品成本差异率分配法）

年　月　日

品　　名	产品计划成本			产品成本差异			差异率（％）	本月销售产品成本		
	月初结存	本月入库	合计	月初结存	本月入库	合计		计划成本	应分摊成本差异	实际成本

财会主管：　　　　　　　　　复核：　　　　　　　　　制单：

第四节　货币资金业务会计处理程序和内控制度的设计

货币资金业务的会计处理与本章第 1~3 节采购、生产和销售等业务密切相关，因此，相关内容不再重复。但是，货币资金是流动性最强的资产，是单位内部会计控制的关键。

一、货币资金业务内部会计控制的目标、内部控制要点和设计原则

根据货币资金业务的特点和管理要求，货币资金业务内部会计控制的目标主要包括：

（1）保证货币资金业务会计核算资料的准确性和可靠性。

（2）保证货币资金的安全性和完整性。

（3）保证货币资金业务的合规性和合法性。

（4）保证货币资金结算的及时性和准确性。

为了实现企业货币资金业务的内部控制目标，必须加强企业货币资金内部控制的制度建设和程序控制等。其内部控制要点包括：

（1）实行钱账分管，出纳员不得兼任稽核、会计档案的保管、总账及收入、费用、债权债务明细账的登记工作。

（2）对于货币资金的收付，应及时地逐日逐笔记入明细账，不得拖延。

（3）各种货币资金的收入都应由出纳部门或出纳人员集中办理。除特殊情况（如发生在外地的收付或事先取得出纳部门、出纳人员的同意并授权代收）外，任何部门和出纳人员均不得擅自出具收款凭证或用白条收取款项。

（4）一切货币资金收入必须入账。不得将出售残料废料收入、罚款赔款收入等作账外记录。

（5）收入的现金应及时送存银行。当天来不及存入银行的现金和支票应集中存放于保险箱，并于次日（或收入现金的下一个工作日）送存银行。

（6）定期核对银行存款日记账余额和银行对账单余额，并由出纳以外的第三者编制"银行存款余额调节表"。发现问题，应及时报告有关负责人，以便调查并作出相关处理。

（7）出纳员应在每日终了时，结算出当天现金收入合计数、支出合计数和账面结存数。

（8）出纳员应在每日终了时清点库存现金，并进行账实核对。主管部门应进行不定期的检查。

（9）货币资金的收支凭证应与原始凭证核对相符。

（10）严格支票的管理。未启用的支票，应由专人保管；签发支票和加盖印章，应由两人以上专人分工完成；作废支票，应与存根一起妥善保存于支票簿内。

（11）出纳员收付款后，应及时在收付款凭证上加盖"收讫"、"付讫"戳记，并立即凭收付款凭证登记日记账。

（12）出纳员收付款时，必须以经审核过的、手续完备的正式凭证为依据。自制收付款凭证必须连续编号。

（13）凡是巨额的现金支出，必须经有关主管人员审核签章。

（14）空白支票（签章齐全，而未填金额的支票）应严格限制于转账支票，并在支票上注明收款单位名称、用途、项目、签发日期和限额。

工资业务是货币资金业务的重要组成部分，也是单位内部会计控制的关键之一。企业工资业务的内部控制要点包括：

（1）考勤、工资结算、提现、记账职务应分离。

（2）建立健全考勤制度，职工病事假等缺勤要有有关方面开具的证明。

（3）建立健全工时记录和产量记录，加强产品质量检验，正确计算完工产品数量，制定科学合理的定额工时。

（4）严格按国家或企业的工资标准计发工资。

（5）按规定及时办理职工的各种代扣款项，防止挤占单位的生产经营资金。

（6）根据有关部门的证明，及时办理职工调入、调离或退休手续，并调整相应的工资费用。

（7）以国家有关工资政策和主管部门（或机构、人员）审批文件为准，及时办理职工转正、定级和升级手续，并调整相应的工资费用。

（8）仔细地复核、检查每期的工资单（或工资汇总表）以防虚计工资总额。

（9）出纳部门的工资提现凭证，必须由会计部门主管审核批准。

（10）工资的发放，必须由收款人签收。签收的工资单副本应交回会计部门妥善保管，对超过工资发放期限而尚未领取工资的现金应立即存入银行，不得挪用。

设计企业货币资金业务内部控制制度时，应遵循下列六项基本原则：

（1）钱账分管原则。它是指按办理货币资金业务的不相容职务相分离的要求，将经管货币资金业务的人员与记录货币资金业务的人员进行岗位分工和职务分离，相关机构和人员相互制约，确保其安全。它要求：

①确保办理货币资金业务的不相容岗位相互分离、制约和监督。出纳员不得兼任稽核、会计档案的保管、总账及收入、费用、债权债务明细账的登记工作；同时，负责稽核、会计档案的保管、总账及收入、费用、债权债务明细账的登记工作人员不得兼任出纳工作。因此，货币资金业务的执行职务应该与货币资金业务的记录职务相分离；货币资金的保管职务应该与货币资金的记录职务相分离；银行存款的对账职务应该与现金日记账、银行存款日记账、应收应付款项明细账的记账职务相分离。

②会计人员与出纳人员的分工要明确。

③保管支票人员不能同时负责现金日记账的登账工作和银行存款账的对账工作。

④货币资金支出的审批人员的职责应同出纳员、支票保管员和记账员的职责相分离。

（2）严格授权批准原则。授权包括一般授权和特殊授权两种。一般授权是指授予相关人员处理正常范围内经济业务的权限；特殊授权是指授予相关人员处理超出一般授权范围特殊业务的权限。确定一般授权范围时，应同时考虑到效率和风险，范围过大就会造成局部权力过大，潜在风险很大；范围过小，就会使授权名存实亡。严格授权批准原则要求：

①未经授权的机构和人员，不得直接接触货币资金。

②严禁一人保管支付款项所需的票据和印章等。

（3）业务分开原则。不得由一人办理货币资金业务的全过程。业务分开原则要求：应按照规定的程序办理货币资金的支付业务，包括支付申请、支付审批、支付复核、办理支付；将现金支出业务和现金收入业务分开进行处理，防止将现金收入直接用于现金支出的坐支行为。

（4）内部稽核原则。企业应该设置内部稽核部门和人员，建立内部稽核制度，以加强对货币资金管理的监督，及时发现货币资金管理中存在的问题，及时改进对货币资金的管理控制。

（5）凭证制度原则。企业应该利用发票、收据编号的连续性，核对收到的货币资金是否与发票、收据金额一致，并确保收到的货币资金全部入账。对发票、收据必须加强其印制和收、发、存的日常管理，且必须事先连续编号。因此，应在内部稽核部门设计一个岗位或指定专人，负责对存根联与入账的记账联作定期或不定期的抽查核对，及时发现其中的错弊，防止货币资金的浪费和流失。

（6）定期轮岗原则。应该对涉及货币资金管理和控制的业务人员实行定期轮换岗位。通过轮换岗位，减少货币资金管理和控制中产生舞弊的可能性，并及时发现有关人员的错弊行为。

二、货币资金业务处理程序的设计

1. 现金业务处理程序的设计

企业现金业务处理程序的设计内容和要求包括：

（1）及时填制或者取得原始凭证。即应在现金收支业务发生时，及时填制或取得相关的原始凭证，以作为收付现金的书面证明。

（2）审核原始凭证。即会计部门收到现金收支业务的原始凭证后，由会计主管人员或者指定的审核人员对其认真进行审核，对不符合规定和要求的原始凭证应退回重新填制。审核内容包括：凭证内容和数据的真实可靠性、凭证内容的完整性、凭证手续的完备性、书写的清晰性和规范性、经济业务的合规合法性等。审核完毕后，审核人员应在凭证上签字或盖章。

（3）填制并审核记账凭证。即有关会计人员应根据审核无误的原始凭证，填制现金收款或者付款记账凭证，并在记账凭证上签字或盖章；然后，将其交给审核人员进行审核。审核内容包括：凭证内容的完整性、会计分录的正确性、凭证编号的规范性、记账凭证与其所附原始凭证的一致性等。审核后，将记账凭证交出纳人员据以办理现金收付事项。

（4）收付现金并加盖出纳戳记。即出纳人员根据审核无误的现金收付记账凭证收付现金，并在凭证上加盖"收讫"或者"付讫"戳记以及个人签字或盖章。

（5）登记日记账。即出纳人员根据审核无误的现金记账凭证及其所附原始凭证，按经济业务发生的前后顺序逐日逐笔登记现金日记账。

（6）清点现金，并将超过库存现金限额的现金及时送存银行。即在每天营业终了时，出纳人员应在现金日记账上计算出当天现金收入合计数和支出合计数，并结出当天的现金余额；然后，核对现金日记账的结存数与现金实有数是否相符；核对相符后，应将超过库存现金限额的现金，及时送存银行。出纳员将超过库存限额的现金送存银行时，应填制一式二联的现金交款单，连同现金一起交付银行；银行受理并在交款单上盖章后，应将现金交款单的回单联退回企业，作为登记现金日记账和总账的依据。

（7）登记总账。即总账会计根据企业会计核算组织程序的要求（如根据现金收、付款记账凭证，有时也可以根据现金日记账的当天收入合计数、支出合计数等）登记现金总账。

（8）核对账簿。即至少在每月月末，核对现金日记账余额与现金总账余额是否相符。发现不符合时，应及时查明原因，并报经有关人员批准后予以处理。

（9）不定期地突击清查库存现金。为了保证现金的安全性和完整性，企业应不定期地组织清点小组对库存现金进行突击清查，并根据清查结果编制现金盘点单和现金盘盈盘亏报告单。

在企业日常经营活动中，企业内的一些部门经常会发生一些零星小额开支，如支付差旅费、支付办公费等。因此，企业应制定和完善备用金领用和报销制度，并在规定的期限内凭费用支付单据到财会部门报销。对于违反规定用途支用备用金和不符合开支标准的支出，财会部门应拒绝报销；对于超期不报销的款项，财会部门应督促及时报销；对于不需用的备用金，应及时结清收回；对于挪用备用金的行为，应加以制止。

为了及时满足各部门日常零星开支的需要，并简化核算手续（如摆脱常规性的逐级审批、逐项签发支票的烦琐手续等），对于经常发生零星支出或零星采购的部门，可以实行"定额备用金制度"。定额备用金业务的处理程序和控制要求包括：

（1）由财会部门协同使用备用金的部门，根据日常零星开支的需要，事先核定备用金定额，并由使用部门填制"借款单"一次领出。

（2）使用备用金的部门，应设置"备用金登记簿"，逐笔序时登记备用金的领取和支用情况，并按时将款项支出凭证送交财会部门报销。

（3）财会部门根据审核后的报销凭证，支付现金或现金支票，以补足定额。

（4）不定期地检查各有关部门备用金的使用情况，核对备用金是否账款相符，以防止错弊的发生。

对于非经常发生的零星支出或零星采购的部门，则实行"非定额备用金制度"。使用备用金的部门或职工个人，按需要领用备用金，用后凭支付单据报销并退回未用的现金。

2. 银行存款业务处理程序的设计

企业银行存款业务处理程序的设计内容和要求包括：

（1）授权。即企业根据业务需要，按规定授权有关业务人员办理涉及银行存款收支的经济业务事项，如购货事项、销货事项、借款事项等。对于超出业务部门权限规定的银行存款收支业务，应报经有关部门审批并签字盖章。

（2）签订业务合同（如购货合同、销货合同、借款合同等）。即企业经办人员同外单位签订有关业务合同，并就收付款项的结算方式以及结算时间等内容作出规定。

（3）及时填制或者取得原始凭证。即业务经办人员按照有关规定和要求，在银行存款收支业务发生时，及时填制或者取得原始凭证（如购货发票、托运货物的运费单据、各有关银行结算票据等），以作为办理银行存款收付业务的书面证明。采用银行转账结算时，出纳人员还应该根据规定和要求，填制或者取得有关银行存款结算凭证，如办理委托收款时需要填制委托收款凭证（一式五联）等。

（4）审核原始凭证。即会计部门收到银行存款收支原始凭证后，由会计主管人员或者指定的审核人员对其认真进行审核。对于不符合规定和要求的凭证，应该拒绝受理，退回重新填制。审核内容包括：凭证内容和数据的真实可靠性、凭证内容的完整性、凭证手续的完备性、书写的清晰性和规范性、经济业务的合规合法性等。审核完毕后，审核人员应在凭证上签字或盖章。

（5）填制和审核记账凭证。即有关会计人员应根据审核无误的原始凭证，填制银行存款收款或者付款记账凭证，并在记账凭证上签字或盖章；然后，将其交给审核人员进行审核。审核内容包括：凭证内容的完整性、会计分录的正确性、凭证编号的规范性、记账凭证与其所附原始凭证的一致性等。

（6）登记日记账。即出纳人员根据审核无误的银行存款记账凭证及其所附原始凭证，按经济业务发生的前后顺序逐日逐笔登记银行存款日记账。

（7）定期对账并编制银行存款余额调节表。即由指定的非出纳人员逐笔核对银行存款日记账和银行对账单，找出未达账项，并编制银行存款余额调节表，以确保银行存款的安全和完整。

（8）登记总账。即总账会计根据企业会计核算组织程序的要求（如根据银行存款收、付款记账凭证，有时也可以根据银行存款日记账的当天收入合计数、支出合计数等）登记银行存款总账。

（9）核对账簿。即至少在每月月末，核对银行存款日记账余额与银行存款总账余额是否相符。发现不符合时，应及时查明原因，并报经有关人员批准后予以处理。

第五节　存货业务会计处理程序和内控制度的设计

一、存货业务内部会计控制的目标、内部控制要点和设计原则

存货业务内部会计控制的目标是：保护存货的安全和完整、合理地确定存

货价值，防止并及时发现和纠正存货业务中的各种错误和舞弊。为此，企业应根据其存货业务的特点和管理要求，建立和健全企业存货业务的内部控制制度。企业设计存货业务会计处理程序时，应注意以下内部控制要点：

（1）对各种材料的收发，均必须以有关负责人审核批准的凭证为准，并及时入账。

（2）材料的请领、审批、发放、保管与记账不能由一个人或单个部门包办，必须由不同的人或部门分工完成。

（3）制定合理的材料储存定额，并尽可能采用限额凭证（如限额领料单）加强材料、包装物、低值易耗品的发出控制。

（4）对超储积压的材料，应定期检查并及时处理，加速资金周转。

（5）对委托外单位加工的材料、外存材料等，应及时进行会计处理并定期与有关单位核对相符；对来料加工的外来材料、代销商品等应与本单位材料分开保管，并单独设账（总账、明细账或备查账）反映。

（6）材料的报废、报损，应经有关部门或人员批准。

（7）对残料、废料应单独设账反映，并指定专人负责其处置。

（8）除多品种、单价低、进出频繁的存货（或鲜活商品）外，应尽可能采用永续盘存制。

（9）应定期对各种存货进行盘点清查，保证账实、账卡、账表、账账相符。对贵重物资，应进行经常性的盘点。

设计企业存货业务内部控制制度时，应遵循下列五项基本原则：

（1）职务分离原则。应明确各项存货业务的职责分工，实行职务分离控制。因此，存货的验收职责应与采购、付款职责相分离；存货的验收、保管职责应与记录职责相分离；存货的处置职责应与批准职责相分离。

（2）预算（或计划）控制原则。企业应根据其销售预算（或计划）、生产预算（或计划）等制定物资采购预算（或计划），并合理确定各项存货的定额储存量、最高储存量和最低储存量。同时，根据市场状况、行业特征和企业实际情况等因素，采用科学的方法确定各项存货的最优采购点、经济采购批量等。

（3）授权批准原则。存货的采购、领用、仓储保管、报废等必须经过适当的授权后才能办理，并必须办理相关手续。只有经授权批准的人员，才能进入存货仓库，非工作人员或非授权人员不得进入。

（4）专人保管原则。对存货的存放和保管，应指定专人负责。存货入库时，必须办理验收手续，发出存货应由领用和仓库保管人员双方签字。仓储部门应定期对存货进行系统清查，及时了解各项存货质量和使用情况；应建立最低库存量的预警系统，及时反映各项存货的增减变化及结存情况，确保再订购的及时性，防止存货的超储积压或存量不足。

（5）会计系统控制原则。财务部门应科学设计存货会计核算方法和岗位职责，明确有关凭证的传递程序、入库存货和发出存货的计价方法、存货清查的方法和要求、相关会计事项的处理程序和要求等。期末，应按规定对存货的可变现净值进行全面、合理估算，如果可变现净值低于账面成本，应当报请有关部门批准，提取存货跌价准备。

二、存货业务处理程序的设计

企业采购、销售方式的不同，货款结算方式的不同，购销存货交接方式的不同和管理要求的不同等，都会影响企业存货业务的处理程序。以制造企业大宗存货交易为例，其存货业务通常要经过"请购→发出订货单→验收→付款→仓库发料→成品入库→接受订货单→发出商品→收款"等程序（如图9－1所示）。

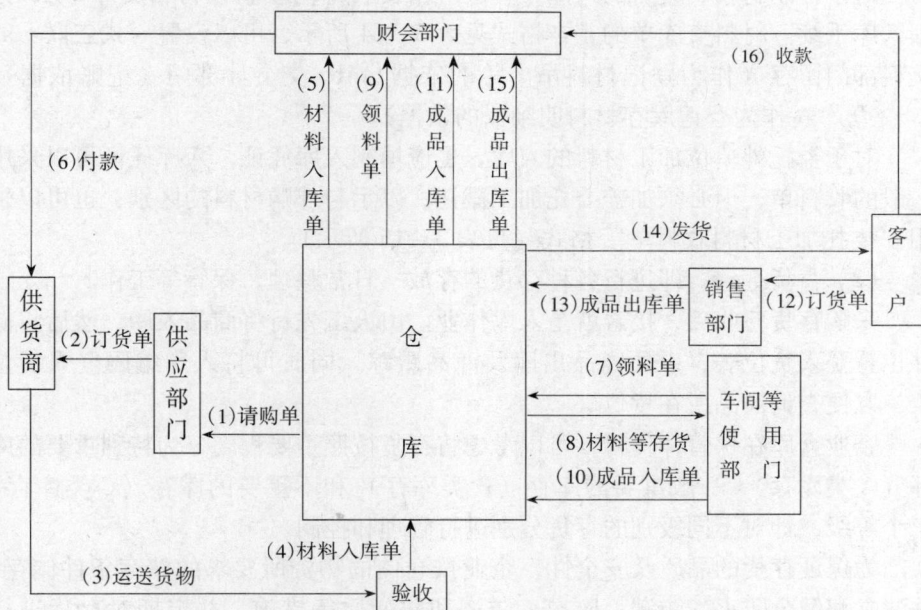

图9－1 存货业务处理程序

除货款结算（前面已阐述）外，存货业务的基本处理程序和关键控制点通常包括：存货验收、存货存储、存货发出、存货盘点等。

（1）存货验收。它是指组织人员对各种外购材料、入库半成品和产成品、委托外单位加工完毕并收回的物资进行清点验收。其中，外购货物入库前应经过以下验收程序：

①通过点数、过磅、检测等方式，检查实际入库存货的品种、规格、数量和质量等，并根据验收结果填制"收货（料）单"。收货单的基本格式见表3－12、表3－13所示。收货单应预先编号，可由收货部门填制（或先由采购部门填写应收存货的品种、规格、计量单位、数量等，然后由收货部门根据实际验收结果填写实收数量等）。收货单至少一式三联：a. 仓库留存（作为登记材料吊卡等的依据）；b. 交采购部门（作为登记供应合同备查簿的依据）；c. 交会计部门（记账依据）。

②检查实际入库存货的品种、规格、数量、质量、价格、运输方式和运费标准与购货合同、订货单、发货票等是否一致。同时，还应检查随货凭证（如装箱单、货运单、质量证明等）是否齐备，是否与发货票一致。

③检查实际交货日期与订购单中的交货期是否一致。

对于自制材料、废料的入库，一般应由交料部门填制"材料交库单"，办理入库手续。材料交库单的基本格式见表3－14所示，可以设置一式三联：a. 交料部门留存（作为登记材料吊卡等的依据）；b. 交会计部门（记账依据）；c. 交仓库（作为登记库存材料明细账的依据）。

对于委托外单位加工材料的入库，也应填制入库凭证。入库凭证可以采用一般的收料单，但必须加盖委托加工戳记，以示与外购材料的区别；也可以采用"委托加工材料收料单"格式（见表3－15所示）。

（2）存货存储。即进行各种存货的存放、日常整理、保管等工作。

采购存货验收后，接着就是入库作业。由人工先行将商品入库，然后将储存位置登入货位表，以便商品出库及商品跟踪。同时可将入库编码登入货位表，以便查询商品所在货位。

企业仓库在保管存货时，可以考虑将存货按照重要程度分为特别重要的库存（A类库存），一般重要的库存（B类库存）和不重要的库存（C类库存）三个等级，针对不同级别的存货分别进行管理和控制。

为保证存货的品质及安全性，企业按仓储的物资所要求的储存条件储存，并建立和健全防火、防潮、防鼠、防盗和防变质等措施，并定期对存货进行检查。

（3）存货发出。企业生产车间到仓库领用材料时，通常应填制领料单并经车间负责人签字批准后，方可领料；超出生产计划范围或领料限额的领料，需要由企业相关部门特别授权。客户或企业销售部门到仓库提货时，必须持有提货单（或销售发票提货联等发货凭证）。企业财会部门应及时核对发货凭证、运货凭证及相关的销售发票，确保三者所载明的品名、规格、数量、价格一致。

（4）存货盘点。为保持存货安全完整，加强管理，存货保管部门应定期或不定期地对存货进行盘点，保证存货账实相符。企业应当详细制定存货盘点计划，合理安排人员和时间，明确提出存货盘点要求，并明确相关部门和人员的责任。在盘点过程中，应详细填制存货"盘存单"，查明账实是否相符。如果发现账实不符，应积极查找不符的原因。一般应于期末结账前，查明存货盘盈、盘亏原因，并根据企业的管理权限，经股东大会、董事会、经理会议或类似机构批准后按批准处理意见处理完毕。

第六节　固定资产业务会计处理程序和内控制度的设计

一、固定资产业务内部会计控制的目标、内部控制要点和设计原则

企业应根据其固定资产业务的特点和管理要求，建立和健全企业的固定资产业务的内部控制制度。企业固定资产业务内部会计控制的目标是：监督固定资产业务和核算的合规性和恰当性、确保固定资产投资预算的有效执行、保护固定资产的安全与完整、及时发现和纠正固定资产业务中可能出现的错弊，提高固定资产的使用效果和效率。企业设计固定资产业务会计处理程序时，应注意以下内部控制要点：

（1）固定资产采购、保管、记账、付款职务应进行适当地分离。

（2）固定资产的验收、内部转移、出售出租、报废清理等必须办理有关手续，并经过有关部门的审核批准。

（3）及时记录和反映固定资产的增减变化情况，并按规定和要求对增加的固定资产进行计价入账。

（4）系统建立固定资产目录、明细账和卡片，做到账卡物相符。

（5）对未使用、不需用的固定资产及时办理封存和申报手续；对多余、闲置或使用不当的固定资产，应及时反映给有关部门。

（6）及时记录固定资产的报废清理残值，并妥善保管和及时处理。

（7）建立和实施固定资产的定期清查制度，并及时查明固定资产盘盈、盘亏和毁损原因，明确其责任。

（8）按规定正确计算各项固定资产折旧，并及时进行固定资产折旧费用的分配核算。

设计企业固定资产业务内部控制制度时，应遵循下列三项基本原则：

（1）预算控制原则。企业应当对固定资产的购建和处置实行预算管理。应由固定资产管理部门或使用部门根据企业发展需要提出固定资产购建要求；由管理部门会同财务部门等对固定资产投资进行可行性研究，并根据决策结果编制投资预算草案；企业负责人应会同有关部门（如财务部门、审计部门等）对预算草案进行审核并提出修改意见；最后由企业预算管理委员会（或财务部门、总经理及董事会）审核批准。财务部门和审计部门应按预算管理要求，对固定资产投资预算的执行情况进行有效监督和必要调整。

（2）分工及授权批准控制原则。企业要明确相关部门和岗位的职责权限，确保业务不相容职务（如请购、审批与验收，日常保管与记账等）相互分离。对固定资产业务应建立严格的授权批准制度，严禁未经授权的机构或人员办理固定资产业务。

（3）内部监督检查原则。企业应当建立对固定资产业务的监督检查制度，明确监督检查机构或人员的职责权限，定期和不定期地进行固定资产清查。会计部门应按会计准则、制度和管理要求，制定适当的会计核算制度，对固定资产业务进行全面、系统、连续的核算，及时提供有关固定资产资金运动、使用效果、投资效率等方面的会计信息。

二、固定资产业务处理程序的设计

由于各企业固定资产的规模、性质、分布状况和管理要求不同，固定资产业务的处理程序也会有所不同。下面以大中型企业为例，说明固定资产业务的一般处理程序和要求的设计。

就大中型企业来说，通常固定资产业务的主要处理环节包括：编制资本支出预算，为固定资产投资决策提供依据；对购置完工的固定资产进行验收；建立固定资产日常管理制度，加强固定资产的日常维护与保养；组织固定资产使用部门和管理部门对固定资产实施定期或不定期的清理；按规定的程序及时处置不需用或毁损的固定资产等（如图9-2所示）。

```
┌──────────┐    ┌──────────┐    ┌──────────┐    ┌──────────┐    ┌──────────┐
│ 购置固定  │    │          │    │ 固定资产  │    │          │    │ 固定资  │
│ 资产(外购 │ →  │ 固定资    │ →  │ 维修和    │ →  │ 固定资    │ →  │ 产处置  │
│ 或自制)   │    │ 产验收    │    │ 保养      │    │ 产清查    │    │ (报废、 │
│          │    │          │    │          │    │          │    │ 出售)   │
└──────────┘    └──────────┘    └──────────┘    └──────────┘    └──────────┘
```

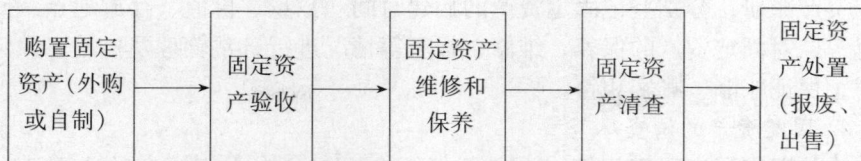

图 9－2　固定资产业务的处理程序

1. 购置固定资产环节

企业购置固定资产时，首先，应由固定资产管理部门根据固定资产投资预算（或固定资产投资决策）编制固定资产购置计划（包括设备更新计划），并交有关部门或人员审批。审批后，如果属于外购固定资产，审批部门应填制一式三份的购买通知单（审批部门、固定资产管理部门和财会部门各一份）；如果属于自制固定资产，则应填制一式四份的自制固定资产任务书（审批部门、固定资产管理部门、财会部门和制造部门各一份）。最后，固定资产管理部门根据购买通知单与供货单位签订购货合同。固定资产购置环节的关键控制点为：①固定资产购置计划必须经过审批方可实施；② 财会部门应参与购货合同的会签。

2. 固定资产验收环节

新增固定资产时，资产管理人员应根据固定资产的交接凭证认真搞好固定资产的验收和交接工作。看实物与凭证上所列数量是否一致，所附备件是否齐全，看设备的性能是否良好，并核实造价。以采取提货制或发货制交接方式外购固定资产为例，固定资产验收环节的设计内容包括：首先，固定资产管理部门应根据购货合同（或收到购货发票、运输单据等后）填制固定资产入库通知单。固定资产入库通知单可一式三联（固定资产管理部门、运输部门、仓库各一联），分别通知运输部门提货和仓库准备接货。然后，外购固定资产运达企业时，固定资产管理部门应及时组织人员进行验收，并根据验收结果填制到货清单一式三联（固定资产管理部门、仓库、财会部门各一联）。最后，财会部门按合同要求（如验单付款或验货付款规定）付款，并登记有关总账和明细账。固定资产验收环节的关键控制点为：①提货、验收和付款分别由不同部门和人员负责；② 固定资产的验收、付款必须核对有关合同发票账单等凭证。

3. 固定资产维修、保养环节

企业要将固定资产的管理权限和责任落实到有关部门和使用单位，实行固定资产分口分级管理。固定资产使用部门、管理部门及财务部门应建立各自的固定资产账册，分别登记固定资产的购建时间、数量、价值、存放地点、使用状况等，对固定资产的保养、维修、报废等情况进行日常管理及控制，并定期核对，保证账账、账实相符。

4. 固定资产的清查环节

为使固定资产账实相符，企业每年至少组织一次固定资产的全面清查工作，由固定资产使用部门、财务部门及其他有关部门组成清查小组，对固定资产进行实地盘点清查。如果发现账实不符的情况，应及时查明原因，拟定处理方式，按管理权限报经有关职能部门或人员（董事会、厂长经理办公会议等）批准处理，并在期末结账前处理完毕。

5. 固定资产处置环节

首先，应由使用部门提出固定资产处置（报废和出售等）要求，经固定资产管理部门审核同意后，固定资产使用部门注销固定资产卡片，固定资产管理部门应在固定资产登记簿中予以记录。对于贵重固定资产的报废和出售，应由有关专业技术人员和工人进行鉴定，并对报废固定资产残值进行估价。然后，通知清理部门及时进行清理。最后，财会部门应及时进行相关账务处理。

第七节　对外投资业务会计处理 程序和内控制度的设计

一、对外投资业务内部会计控制的目标、内部控制要点和设计原则

企业应该在投资项目的可行性研究、对外投资的内部管理、对外投资的会计核算、投资资产的处置、投资项目后评价等环节建立内部会计控制。企业对外投资内部会计控制的总体目标是防范对外投资过程中可能出现的错误和舞弊，控制投资风险，提高投资效益。具体来说，企业对外投资内部会计控制的目标包括：保证投资业务合法合规性、确保投资的发生和收回经过适当的审核程序、保证投资业务账务处理的真实性和恰当性、保证投资资产的安全性和完整性、保证投资信息披露的充分性和合理性。企业设计对外投资业务会计处理程序时，应注意以下内部控制要点：

（1）投资计划的编制人员与审批人员分离，以便审批人员能独立衡量其合理性。

（2）负责投资业务人员与会计记录人员分离。负责证券购买的人员，不能

同时担任相关会计工作。

（3）证券的保管人员与会计记录人员相分离。

（4）参与投资交易活动的人员，不能同时负责有价证券的盘点工作。

（5）企业进行投资时，应编制投资计划；并在正式执行前，组织或聘请有关人员、专家分析、审核其可行性和合理性。

（6）加强有价证券的保管。企业购入的各种有价证券，一般应委托金融机构代管。企业自行保管时，应将有价证券存入专用的保险箱内，并规定只有被授权人员才能接触；打开保险箱时，应有两位负责保管的人员同时在场，并在"登记簿"上记录开箱时间和原因，保管人员应在其上面共同签名。无论委托代管或自行保管，都应由与投资、筹资业务无关的人员定期对证券进行核对（或实地盘点）。

（7）加强投资的会计记录控制。应按规定和要求设置有关对外投资明细账户，加强明细核算；应及时记录投资业务的发生、完成情况，明确有关经办人员的责任；收到利息、股利时，应及时进行账务处理，并登记入账。同时，还应定期进行有关总账与其明细账的核对；分月编制证券投资及其盈亏明细报表，以及债券溢折价摊销表等。

设计企业对外投资业务内部控制制度时，应遵循下列三项基本原则：

（1）岗位分工原则。

企业必须建立投资业务的岗位责任制，明确相关部门和岗位的职责权限，确保办理投资业务的不相容岗位相互分离、相互制约和相互监督。投资的授权批准、执行、会计记录、投资资产的保管和盘点、投资项目后评价等方面都要有明确的分工，不得由一个人或一个部门同时负责上述任何两项或两项以上的工作。岗位分工和授权批准是投资业务内部会计控制的前提。这种合理的分工所形成的相互制约关系，有利于避免或减少投资业务中可能发生的错弊。具体要求包括：

①投资计划的编制职责与其审批职责分离。

②投资计划的可行性论证职责与其审批职责分离。

③有价证券的购入、出售职责与其会计记录、会计核算职责分离。

④有价证券保管职责与其交易经办职责分离。

⑤有价证券保管职务与其盘点职责分离。

⑥以固定资产或无形资产对外投资的，投资项目的管理人员与参与监督控制的会计人员分离。

⑦投资项目的评价职责与该项目的审批、执行职责分离。

（2）授权批准原则。

为了使投资风险降到最低限度，企业的一切投资活动都必须经过适当的授权批准才能进行。企业对外投资的审批权限，通常应归属于企业有关高级管理人员，并应建立严格的授权审批制度。

①应明确规定对外投资业务的授权批准方式、权限、程序、责任和相关控制措施。

②规定经办人办理投资业务的职责权限和工作要求。经办人应当在职责范围内按照制度规定办理投资业务。严禁未经授权的机构或人员经办投资业务。对未经授权私自投资或越权投资的行为，无论该行为是否给企业造成损失，都必须进行调查和严肃处理。

③企业投资决策的作出、投资计划的编制、投资合同的签订、投资资产的处置等都必须履行严格的审批手续。重大的对外投资决策，必须经过企业有关权力机构（如董事会、股东大会或其他的类似权力机构）审批，任何人都无权单独作出重大的投资决策。

④正式执行投资计划前，还必须经过授权的管理层审批。一般情况下，企业要根据投资的性质和金额建立一套授权审批制度。

⑤企业各项投资活动都必须符合国家的投资政策和证券交易政策，禁止进行各种非法投资活动。

（3）明确性原则。

企业的对外投资资产，具有价值高、流动性高、易损坏、易被盗窃等特点，必须完善企业的对外投资业务内部管理和责任制度，加强对外投资业务的会计核算、对外投资资产的保管和监督。应该将每一项投资项目的决策和实施责任，明确落实到部门或个人，并进行定期或不定期的检查和考核。对于重大的对外投资项目，应实行项目责任制度。

二、对外投资业务处理程序的设计

企业进行对外投资时，应实行重大投资决策的集体审议联签制度，加强投资项目的立项、评估、决策、实施、处置等环节的会计控制，加强投资风险的防范与控制。以重大的对联营单位的投资或追加其投资项目为例，企业对外投资业务的处理程序和内容通常包括：投资项目的立项、可行性论证和决策、对外投资业务的日常管理和会计核算、对外投资资产的处置、投资后的项目评价等（如图9-3所示）。

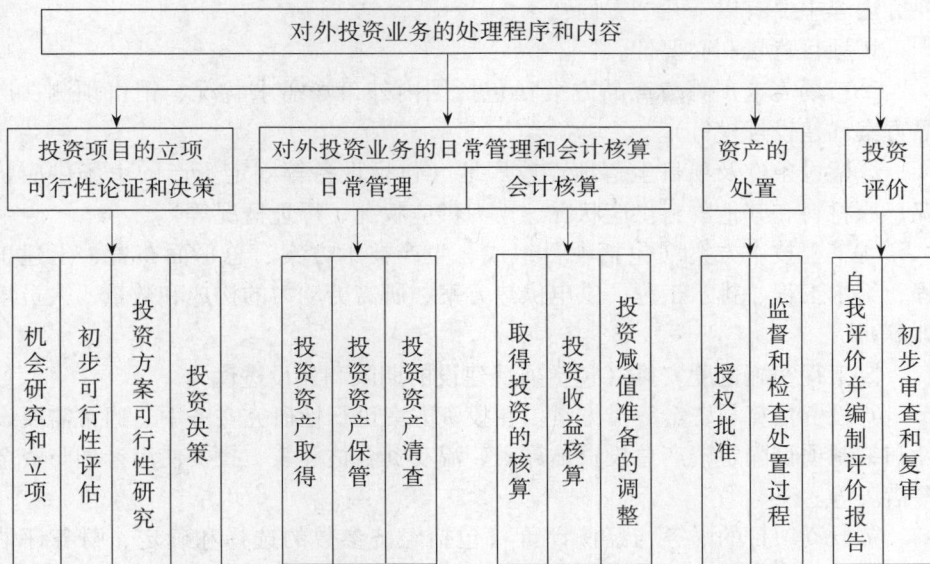

图 9－3　对外投资业务的处理程序和内容

1. 投资项目的立项、可行性论证和决策

对外投资的可行性论证是指对拟进行的对外投资项目的技术、经济、市场、资源、环境、产业政策等方面进行全面论证，做到技术上切实可行，经济上切实合算。通过对外投资的可行性论证，为投资决策提供可靠的科学依据。从内容上讲，对外投资的可行性论证主要包括项目的必要性分析、投资项目的技术可行性分析和投资项目的经济评价。从基本程序上讲，大体上分为四个步骤：机会研究和立项、初步可行性评估、投资方案可行性研究、投资决策四个阶段。

（1）机会研究和立项。机会研究包括一般机会研究和项目机会研究，其主要任务是捕捉投资机会，为拟投资项目的投资方向提出轮廓性建议。

（2）初步可行性评估。初步可行性评估是在机会研究的基础上，初步估算对外投资的投资总规模、可获得的相关资源情况、筹资能力、预计收益状况等，以判断是否有可能和必要进行深入可行性研究。其评估内容与投资方案可行性研究内容基本相同（主要包括投资项目的必要性、可行性和合理性等），只是深度和广度略低。

（3）投资方案可行性研究。投资方案可行性研究是对项目进行深入的技术、经济论证的阶段，是投资项目的立项、可行性论证和决策的关键环节。其研究内容主要有以下几个方面：

①项目背景和必要性。

②市场需求预测与产品方案（包括国内外市场需求状况、销售预测、产品方案和建设规模等）。

③建设条件及项目坐落地点或厂址（包括设备等固定资产的市场供应状况、原材料和其他物料供应状况、动力供应状况、厂址概况等）。

④工程技术方案（包括项目组成、生产技术方案、总平面布置、土建工程、给水工程、排水工程、供电供热方案、所需劳动力的构成和数量、人员培训等）。

⑤工程实施进度安排（包括项目建设的期限和建设进度）。

⑥投资估算与资金筹措方案。在投资方案可行性研究实务中，通常需要设计和编制项目固定资产总投资估算表、流动资金估算表、投资使用计划与资金筹措表等。

⑦投资项目的财务与经济评价（包括经济参数的选择和确定、财务评估依据及说明、产品成本的测算、销售收入的测算、商品流转税的测算、获利能力分析、偿债能力分析、现金流量分析、不确定性分析、社会效益分析，并根据项目主要经济指标作出经济评估意见和结论等）。在投资方案可行性研究实务中，通常需要设计和编制固定资产折旧估算表、无形资产和长期待摊费用估算表、收入和商品流转税估算表、总成本费用估算表、项目借款还本付息估算表、预计利润表、预计项目资金来源与运用表、预计资产负债表、预计现金流量表、敏感性分析表等。

（4）投资决策。它是在投资项目的财务与经济评价的基础上，对拟建项目的可行性研究报告提出评价意见，确定各有关投资项目是否切实可行，并选择其中满意的投资方案。

在投资项目的立项、可行性论证和决策过程中，内部控制要点包括：

（1）建立严格的岗位分工制度，对外投资项目的审批职责与投资项目的可行性研究职责应适当分离。

（2）建立严格的授权审批制度。对规模大小不同的投资项目，审批层次应有所不同：小规模、临时性的投资可以由董事会授权的高级管理人员审批；重大的长期投资必须由企业最高决策层（董事会或股东大会等）集体决策，并实行集体审议、联签制度。

（3）科学规范投资方案可行性研究和决策程序，确保对外投资估算的精确性，避免人为地、随意地调整投资估算。

（4）企业会计机构和会计人员应参与对外投资项目可行性研究和决策的

全过程。

2. 对外投资业务的日常管理和会计核算

（1）对外投资业务的日常管理。

企业应设置专门的对外投资管理部门或管理岗位，负责各项对外投资的管理和控制、对外投资项目的经济评估及相关信息的收集、整理和报告等。在设置对外投资管理部门或岗位的职责时，要遵循职责分离原则，不相容职务应该分离。对外投资业务的日常管理内容主要包括：对外投资资产的取得、保管和清查等。

①对外投资资产的取得。

企业进行对外投资时，必须按管理权限经过企业管理层（总经理、财务总监、董事会或股东大会）审批。如果进行对外证券投资，专职人员得到证券投资的授权指令后，还应选择证券交易经纪人。选择证券经纪人时，应综合考虑证券经纪人的从业资格、从事证券交易的经历和业绩、以往与企业合作的记录等因素。企业应该与证券经纪人签订明确的委托合同，明确双方的责任、权利和义务。除无记名有价证券外，企业购入的所有有价证券都必须以企业的名义来登记或记载，不能以任何个人名义记名。企业对外投资资产取得环节的控制要点包括严格执行授权批准制度、职责分离制度、记名控制制度。

②对外投资资产的保管。

企业对外投资资产（如股票和债券）的保管方式通常有两种：一种是由单位委托专门的机构（如银行、证券公司、信托投资公司等机构）保管；另一种是由单位自行保管。企业对外投资资产保管环节的控制要点包括：

第一，妥善保管有价证券及投资协议等资料。无论是委托外单位保管，还是企业自行保管，均应指定专人负责，并明确其岗位职责。

第二，非专职业务人员不得接触对外投资的有价证券。

第三，业务人员打开保险柜存取有价证券（或到受托保管机构存取有价证券）时，必须两人或两人以上在场（或同行），不得单独一人接触企业的有价证券。同时，应及时在有价证券登记簿中记录存取日期、有价证券名称、数量等，并由在场（或同行）人员签字确认。

第四，应指定专人定期检查企业有关有价证券存放记录，并核对其记录是否与有关批准文件存根、会计部门的对外投资明细账户记录相符。

第五，保管有价证券人员不得兼任投资业务审批、货币资金收付（即出纳）、对外投资总分类核算工作。

第六，企业必须设置有价证券登记簿，并及时根据复核过的有关原始凭单，详细登记存取日期、有价证券的名称、号码、数量、面值等内容，同时经手人必须在有价证券登记簿中签字确认。

因此，企业对外投资资产保管环节的控制要严格执行接触控制制度、职责分离制度和备查登记制度等。

③对外投资资产的清查。

通过对外投资资产的清查，可以及时发现对外投资业务中可能发生的错弊，实施有效的监督。企业对外投资资产的清查内容包括：

第一，检查对外投资资产的真实存在性和所有权，并将清查记录与账面记录相互核对，以确认账实是否相符。

第二，清点有价证券时，必须三人（或三人以上）在场，其中一人负责监督清点。

第三，如果委托外单位代管企业的有价证券，清查人员应逐笔核对代管单位送来的有价证券存放清单、有价证券登记簿和会计部门的对外投资明细账，检查有关记录是否相符。

第四，在清查过程中，如果发现账实不符或其他错弊，应及时查明原因，并以书面形式向有关负责人报告。同时，应及时将账实差异转入有关待处理账户，以保证其账实相符。

第五，未经董事会或授权负责人批准，任何人不得擅自冲销有关待处理账户记录。

（2）对外投资业务的会计核算。

对于对外投资业务，企业必须按照会计准则和会计制度的规定和要求，及时进行会计核算。对外投资业务的会计核算内容主要包括：取得对外投资资产的确认和计价、投资收益的确认、对外投资资产的期末计价和投资收回及其账务处理等。

①明确规范各对外投资核算岗位的核算内容、程序、方法、要求和职责，且不相容的职务必须分离。从核算对象来看，对外投资的核算包括股票投资核算、债券投资核算和其他对外投资的核算；从核算方法来看，对外投资的核算包括短期投资的核算和长期投资的核算，其中长期投资的核算又包括长期股权投资的核算（成本法或权益法）和长期债权投资的核算。负责对外投资会计核算人员必须独立于投资交易业务和证券保管业务，以防止用篡改账面记录的方法来掩饰各种舞弊行为。

②全面、系统设计对外投资核算的凭证体系和会计账簿体系。企业应该按照会计准则和会计制度的要求，全面、系统设计对外投资核算的会计凭证的种类和格式、取得或填制、审核、传递凭证的程序和规则、各种凭证的填制说明；全面、系统设计对外投资核算的会计账簿（包括备查账簿）的种类、各

种会计账簿的格式、设置和登记账簿的程序与规则、会计账簿体系及其勾稽关系的说明等。

③正确核算和监督企业取得对外投资资产和投资收益所引起的资金运动。企业必须按照会计准则和会计制度的要求，对取得的各项对外投资资产及时进行确认和计价入账，及时确认和核算各项对外投资的投资收益。对于按规定应确认的各项投资收益，必须及时登记入账；收到的现金股利、利润和债券利息，必须及时、完整地存入企业的银行存款账户。

④恰当计算期末短期投资的跌价损失和长期投资减值损失，调整有关对外投资的减值准备账户余额，正确进行对外投资资产的期末计价。企业应该定期或者至少于每年年度终了时对各项投资进行全面检查，并根据谨慎性原则的要求，合理地预计各项投资可能发生的损失，并针对可能发生的各项投资损失计提资产减值准备，但不得计提秘密准备。

⑤及时注销企业已收回的或处置的对外投资账面记录，并计算和结转其投资损益或处置损益。

3. 资产的处置

企业应当建立和健全对外投资资产处置的授权批准制度和管理制度。企业对外投资资产处置处理程序和内容包括：授权批准、监督和检查处置过程、确认处置损益并将处置收入及时存入企业银行账户等。

（1）授权批准。企业处置（如出售、非货币性交易转出、债务重组转出、捐赠等）任何对外投资资产，都必须经过适当的授权，其中重大的投资处置活动还必须经过总经理和财务总监联签，或董事会批准甚至股东大会批准，未经授权，任何人都不得擅自处置对外投资资产。

（2）监督和检查处置过程。企业应加强对经办人员的处置活动和受托经纪人的代理活动的监督和检查。应严格检查代理买卖有价证券经纪人的执业资格、素质和契约执行情况，经纪人必须获得企业有关指令后才能处置企业的有价证券；应及时记录委托经纪人的各项代理业务，并妥善保存相关往来凭证和资料。

（3）及时确认处置损益并将处置收入存入企业银行账户。企业出售对外投资时，应按投资的账面价值（包括"短期投资"、"长期股权投资"或"长期债权投资"的账面余额，已计提的短期投资跌价准备或长期投资减值准备等）与实际取得价款之差额，作为当期的投资损益。实际收到的价款应存入企业的银行存款账户，不得以个人名义存入处置价款，不得私设"小金库"。

4. 投资评价

投资评价是指定期或不定期地对已获得的投资（或投资项目），从项目立项、决策、实施过程和结果（包括企业的经济效益和社会效益）等进行综合评估，以便总结经验、及时发现问题或错弊，提出相关对策建议等。对外投资项目评价的时间安排包括：投资项目前期工作后评价、项目实施一定时期后评价、证券投资后评价等。投资评价的程序及方法可以根据企业具体情况进行，如有些企业采取三步骤进行投资评价：项目单位进行自我评价并编制《投资评价报告》、主管部门或企业内部审计部门对《投资评价报告》进行初步审查并提出评价意见、企业最高管理层对《投资评价报告》进行复审并提出评价意见。

投资项目评价完成后，企业应根据评价结果，按其奖惩办法对有关业务部门、投资项目负责人和其他有关人员实行奖励或惩罚，以达到激励作用。

第八节　筹资业务会计处理程序和内控制度的设计

一、筹资业务内部会计控制的目标、内部控制要点和设计原则

筹资是指企业根据其生产经营活动的资金需要，通过一定的渠道，采取适当的方式，获取所需资金的行为。企业可采取多种筹资方式，筹措其生产经营活动所需资金，如发行股票（包括普通股和优先股）、发行债券（包括长期企业债券、短期企业债券和可转换债券）和各种借款、吸收直接投资、商业信用、融资租赁等。企业筹资业务内部会计控制的目标是：合理确定筹资规模和筹资结构；合理选择筹资渠道和筹资方式，降低筹资成本；防范和控制财务风险。企业设计筹资业务会计处理程序时，应注意以下内部控制要点：

（1）筹资计划的编制人员与审批人员分离，以便审批人员能独立衡量其合理性。

（2）负责筹资业务人员与会计记录人员分离。负责证券出售、发行的人员，不能同时担任相关会计工作。

（3）负责利息（或股利）计算、会计记录的人员，应同支付利息（或股利）的人员分离，并尽可能由独立的金融机构代理支付。

（4）企业筹资时，应编制筹资计划，并在正式执行前，组织或聘请有关人员、专家分析、审核其可行性和合理性。

（5）加强有价证券的保管。企业尚未发售的有价证券，一般应委托金融机构代管。企业自行保管时，应将有价证券存入专用的保险箱内，并规定只有被

授权人员才能接触；打开保险箱时，应有两位负责保管人员同时在场，并在
"登记簿"上记录开箱时间和原因，保管人员应在其上面共同签名。无论委托
代管或自行保管，都应由与筹资业务无关的人员定期对证券进行核对（或实
地盘点）。

（6）加强利息、股利的支付控制。负责利息支付的人员，应根据面值和票
面利率计算应付利息；在其他人员复核和负责人审核批准后，才能支付利息。
企业可以将到期的利息额，开出单张支票委托金融机构代为发放。股利的发放
控制，与利息相类似。

（7）加强筹资的会计记录控制。应按规定和要求设置相关明细账户，加强
明细核算；及时记录筹资业务的发生、完成情况，明确有关经办人员的责任；
定期进行有关总账与其明细账的核对；分月编制债券溢折价摊销表等。

设计企业筹资内部控制制度时，应遵循下列五项基本原则：

（1）职责分离原则。

筹资预算的编制人与审批人适当分离；会计记录人员同负责收、付款的人
员相分离。同时，经办人员不能接触会计记录，并按规定由独立的机构代理发
行债券和股票。

（2）授权审批原则。

通常，由董事会或总会计师授权财务经理负责组织编制筹资计划，并交由
董事会或其他类似权力机构审批。通过适当授权及审批，可以提高筹资活动效
率，降低筹资风险，防止由于缺乏授权、审批而出现的一系列舞弊现象。

（3）委托收付款项原则。

如果采取发行股票或债券筹集资金且筹资金额大，应按规定委托独立的代
理机构代为发行，防止以筹资为名进行不正当的活动或者通过伪造会计记录掩
盖不正当活动。企业也可以委托有关代理机构代理支付利息或股利，并定期核
对利息支付清单和开出的支票总额。股利发放，要以董事会有关发放股利的决
议为依据。

（4）及时且详细地备查记录原则。

企业应设立有关筹资登记簿，及时且详细地登记已发行的债券签发日期、
债券面值、发行价格、债券利率、债券到期日期、债券本息支付方式等；股票
种类、签发日期、股票面值、发行价格等。同时，应对不同的筹资项目进行编
号。如果是增资配股，可以通过备注形式予以充分详细说明有关事项。

（5）及时核算和监督检查原则。

会计部门必须按规定和要求进行筹资业务的账务处理，保证金额正确、方
法合规合理、入账及时，披露充分。对债券的溢折价，应选用适当方法及时进

行摊销和处理。同时，企业应当建立和健全筹资业务的监督检查制度，明确监督检查机构或人员的职责权限，定期或不定期地进行检查。

二、筹资业务处理程序的设计

企业采用不同筹资方式，筹资业务的具体处理程序也有所不同。下面着重说明发行股票筹资、发行债券筹资、银行借款筹资业务处理程序的设计，以及股利分配业务程序的设计。

1. 发行股票筹资业务处理程序的设计

公司发行股票包括设立发行始发股和增资发行新股两种情况。企业采用设立发行始发股筹资时，其业务处理程序和要求的设计内容主要包括：

（1）发行人议定公司注册资本，并认缴股款。

如果采取发起设立方式，应由发起人认购公司应发行的全部股份。发起人可以用货币资金出资，也可以用实物、工业产权、非专利技术、土地使用权作价出资。发起人交付全部出资后，应当选举产生董事会和监事会。由董事会办理申请登记事项。

如果采取募集设立方式，应由发起人认购公司应发行的一部分股份（不少于股份总数的35%），其余股份应向社会公开募集。发起人交付其认购的股份后，可以向社会公开募集。

（2）提出发行股票的申请。

企业（股票发行人必须是股份有限公司）向社会募集股份，必须符合法律规定的发行条件（主要是收益性条件）。根据《公司法》的规定，设立发行始发股必须具备以下条件：

①股票经国务院证券管理部门批准已向社会公开发行。

②公司股本总额不少于5 000万元。

③开业时间在3年以上，最近3年连续盈利。

④持有股票面值人民币1 000元以上的股东不少于1 000人，向社会公开发行的股份达公司股份总数的25%以上。公司股本总额超过人民币4亿元的，其向社会公开发行的股份的比例为15%以上。

⑤公司在最近3年内无重大违法行为，财务会计报告无虚假记载。

⑥国务院规定的其他条件。

发起人向社会公开募集股份时，必须向国务院证券管理部门递交募股申请报告。办理申请时，应报送批准公司设立的文件、公司章程、财务审计报告、资产评估报告、经营估算书、发起人认股情况和验资证明、招股说明书等文件。

公司的募股申请报告经地方人民政府或中央主管部门审批后，报国务院证券管理委员会审查批准，并报请证券监督管理委员会复核。

（3）公告招股说明书，制作认股书，签订承销协议。

在募股申请报告批准之后，发起人应在规定期限内公告招股说明书，并制作认股书。招股说明书应附有发起人制定的公司章程、载明发起人认购的股份数，每股面额和发行价格，无记名股票的发行总数，认股人的权利和义务等。确定股票发行价格时，应综合考虑当时股票市场价格水平、同行业上市公司的股票价格水平、股票发行量、公司的知名度等。

公司发行股票，应委托证券公司或有权承销证券业务的其他金融机构承销，并签订承销协议。按我国有关规定，股票发行必须由证券公司承销（不允许自销）。承销又分为包销与代销两种，其中包销比代销的费用较高，但风险较小，因此发起人应综合考虑相关因素加以选择。承销协议一式两份，发行企业和承销商各持一份。

（4）招认股份，缴纳股款，交割股票。

认购者认购股份时，应在认股书上填写认购股数、金额，认购者住址，并签名盖章。认购者一旦填写了认股书，就承担了按认股书记载的金额缴纳股款的义务。认股人应在规定的期限内向承销商（代收股款的银行）缴纳股款，同时交付认股书；承销商应向缴纳股款的认购人出具由公司签名盖章的股款缴纳收据，并负责向有关部门出具收缴股款的证明。承销商销售股票结束后，应将股东交款单和股东名册送交企业证券部门（或财会部门等）。

企业财会部门收到交款清单和银行收账通知时，经审核后编制收款凭证并登记银行存款日记账，并应在规定的期限内向认股人交付所售出的股票。否则，发行公司及其代理机构应负违约责任。股款缴足后，企业应委托具有法定验资资格的机构验资，并出具验资报告。同时，在股东登记簿（股票登记簿）中，应详细记录股东姓名、持股份额、股票面值、股票发行日等；并通过"长期待摊费用—开办费"核算其筹资费用，包括承销费、审计费、评估费、律师费等。

验资之后，发起人应在规定的期限内主持召开由认股人组成的公司创立大会。由公司创立大会通过公司章程、选举产生董事会和监事会，然后由董事会办理申请公司成立的登记手续。

企业采用增资发行新股筹资时，其业务处理程序和要求的设计内容主要包括：

（1）由股东大会（或董事会）作出发行新股的决议（或决定）。

公司应根据其生产经营的资金需要，提出发行新股计划，并提交股东大会讨论通过（但是，在授权限额内发行新股可以由董事会研究决定）。股东大会作出发行新股的决议内容包括：新股的种类和数量、向原有股东发行新股的种类和数量、新股发行价格、新股发行的起讫日期等。公司可以根据其历年市盈率、每股净资产、行业前景、公司在同行业中的地位、证券市场供求状况和股价水平等，确定作价方案。在具体作价方案上，可以按时价或面额发行，也可以根据情况按时价与面额的中间价发行。

（2）提出发行新股的申请。

根据《公司法》规定，新股发行必须具备以下条件：①前一次发行的股份已募足，并间隔一年以上。②公司在最近3年内连续盈利，并可向股东支付股利。③公司在最近3年内财务会计文件无虚假记载。④公司预期利润率可达同期银行存款利率。

股东大会作出发行新股的决议后，董事会应向国务院授权的部门或省级人民政府批准。属于向社会公开募集的新股，必须经国务院证券管理委员会批准。

（3）公告招股说明书，制作认股书，签订承销协议。

（4）招认股份，缴纳股款，交割股票。

公司募足股款后，应立即召开股东大会，改选董事和监事，同时向公司登记机关办理变更登记，并向社会公告。

股票筹资业务处理程序的控制要点主要包括：

（1）股票发行、收款、记录职务应分离。

（2）核对股票交款单合计和银行收款通知金额合计。

（3）核对股东名册持有数合计与会计报表列示的发行股数和金额合计。

2. 发行债券筹资业务处理程序的设计

从理论上讲，企业采取债券筹资方式时，按其发售债券的过程可分为直接募集（即自销）方式和间接募集（即承销）方式两种。直接募集是指由债券发行者直接在债券市场上经办一切发行业务，承办债券发行具体手续的一种债券筹资方式；间接募集是指通过银行或其他证券经营机构发行债券，由他们包销或代销全部债券的一种债券筹资方式。按其募集对象可分为私募发行和公募发行两种方式。私募发行是指以特定的少数投资者为对象发行债券的一种债券筹资方式；公募发行是指在债券市场上以非特定的广大投资者为对象公开发行债券的一种债券筹资方式。1993年8月2日，国务院发布的《企业债券管理条例》规定，我国企业发行债券，应当由证券经营机构承销，并须通过公开发行的形式进行。

企业采用发行债券筹资时，其业务处理程序和要求的设计内容主要包括：

（1）股东会或其他有关权力机构作出发行债券的决议。

应先由企业董事会制订债券筹资方案，然后报股东会或其他有关权力机构审核批准，并作出发行债券的决议。在债券筹资方案中，应明确债券发行面值总额、利率、发行的起讫日期、发行价格（或定价方法）、用途、预计经济效益等。同时，还应进行债券筹资的可行性分析和评价。

（2）提出发行债券的申请。

股东会或其他有关权力机构作出发行债券决议后，应按规定程序报请国务院证券管理委员会审批。办理申请时，应提交公司登记证明、公司章程、债券募集方法、资产评估报告和验资报告等。根据《公司法》的规定，企业发行债券必须具备以下条件：

①企业是股份有限公司、国有独资公司或两个以上的国有企业（或其他两个以上的国有投资主体）投资设立的有限责任公司。

②如果发行企业是股份有限公司，其净资产不得少于人民币 3 000 万元；如果发行企业是有限责任公司，其净资产不得少于人民币 6 000 万元。

③累计债券总额不超过公司净资产的 40%。

④最近 3 年平均可分配利润足以支付公司债券 1 年的利息。

⑤筹集的资金投向符合国家产业政策。

⑥债券的利率不得超过国务院限定的利率水平。

⑦国务院规定的其他条件。

（3）公告企业债券筹集方法，并委托证券经营机构承销，签订承销合同。

获得国务院证券管理委员会批准后，企业应向社会公告债券募集办法。在企业公告的债券募集办法中，应载明债券总额、票面金额、利率、期限、还本付息方式、发行的起讫日期、企业净资产、企业已发行但尚未到期的债券总额、债券承销机构等。在企业印制债券后，应建立和登记"债券发行登记簿"，并与承销机构签订承销合同。

（4）发售债券，收缴债券款。

发售债券时，通常不需要填写认购证，而是由债券购买人直接向承销机构付款购买。然后，承销机构与企业进行结算，并向企业汇缴债券款。

同时，企业应建立严格的未发行债券保管制度，指定人员保管和委托独立机构（如银行等）代为保管。并应设立库存债券登记簿，详细记录未发行债券的动用情况。

（5）企业应及时对债券的发行、各期应计利息进行账务处理，并按直线法（或实际利率法）合理摊销债券溢折价。

（6）债券到期日，企业应按规定及时还本付息，并进行相应的账务处理。

3. 银行借款筹资业务处理程序的设计

企业向银行办理长期借款和短期借款的程序基本相同，只是长期借款更复杂些，银行控制得更严些。企业采用银行借款筹资时，其业务处理程序和要求的设计内容主要包括：

（1）向银行提出借款申请。

企业第一次向银行申请长期借款时，应先向银行提出书面申请，经银行对企业偿债能力、信用状况和借款理由初审同意后，再填写正式的借款申请书。已办理过长期借款的企业，通常不必先提交书面申请，可直接填写正式借款申请书。正式的银行借款申请书的内容，主要包括：用途、借款金额、还款计划、使用借款项目的预计经济效益、借款的抵押品、担保单位等。

企业申请短期借款时，应在流动资金定额（或计划占用额）范围内，按生产经营的需要，逐笔向银行提出申请。企业在借款申请书中应注明借款种类、数额、用途、原因、还款日期等。同时，应附上企业的流动资产定额（或计划占用额）、预计销售额、销售收入资金率等有关资料。

企业应当在能够满足其资金需要的前提下，选择适合自身条件的筹资成本较低的贷款、还款方式（到期一次偿还或贷款期内等额偿还）、利息支付方式、借款期限等。

（2）经银行审核同意后，签订借款合同或协议书。

对于企业长期借款申请书，银行信贷人员审查后应签署审查意见，并交银行行长或其他授权人员审批。通常，银行对企业的长期借款申请书进行审查的主要内容包括：①借款企业的基本情况。审查的重点是企业的生产经营状况、产品质量、技术水平、竞争能力、市场占有率、盈利能力等，并将其作为评价企业投资项目可行性的基础。②投资项目的技术、经济的可行性。审查的重点是：是否符合国家产业政策和长期规划，是否符合市场需要，所需各项投入品（如设备、材料、能源、技术等）是否能够得到充分保证，生产工艺是否先进合理，投资项目的投资回收期、净现值、投资报酬率、还本付息能力是否具有社会经济效益等。

对于企业短期借款申请书，银行审查的重点主要包括：①借款的用途和原因，以便决定是否给予贷款；②企业产品（或劳务）的市场供求情况、市场竞争能力，贷款的物资保证程度，以便决定贷款的数额；③企业的资金周转情况和物资的耗用情况，以便决定贷款的期限。

银行审查同意后，就可签订借款合同（即借款契约），明确借贷双方的权利、义务和经济责任等。借款合同按其是否有担保或抵押品，可分为担保借款合同、抵押借款合同和信用借款合同等形式。借款合同的主要内容包括：借款单位、借款用途、借款金额、借款日期、还款日期和还款计划等。

为了进一步明确借贷双方、担保和公证单位的权利、义务和经济责任等，往往在签订借款合同之外再签订借款协议书（包括担保借款协议书、抵押借款协议书和信用借款协议书等）。借款协议书一般一式四份，借贷双方各持一份、担保单位一份、公证单位一份（如果没有担保，就一式三份）。其主要内容包括：分期借款和还款计划、利息计算方法、借款延期的手续、借款方的抵押品情况、担保人的责任、借贷双方违约责任等。借款协议书必须由借贷双方、担保单位、公证单位共同加盖其公章，并由其主要负责人签字盖章。

（3）支取和使用借款。在一般情况下，签署长期借款合同后，企业应按固定资产投资计划，在合同确定的借款总额范围内，编制年度分季用款计划，并报送给经办银行（同时，还应按期报送其会计报表和其他有关资料）。企业需用资金时，在核定的贷款指标内，按借款合同规定的用途和时间支用借款。

签署短期借款合同后，银行应按合同规定的时间和金额向借款人提供贷款，企业即可按计划支取和使用所借款项。

（4）按期还本付息。企业应按借款合同规定的期限还本付息。如果因故不能按期支付本息，应在借款到期之前的 3~5 天内，提出展期申请。如果展期理由合理、正当，经银行审查同意后，通常可以展期一次。逾期不能归还借款本息的，银行可以依法按合同规定没收（或变卖）抵押品，或要求担保单位偿还。

银行借款筹资业务处理程序的控制要点主要包括：

（1）银行借款筹资决策、具体经办借款业务和会计记录职务分离。

（2）指定专人严格审核借款合同，审核通过后交由企业法人代表在合同上签章。

（3）核对银行收款通知和借款合同，确保其相符。

4. 股利分配业务程序的设计

企业采用留存收益筹资时，其业务处理程序主要体现于企业股利分配业务程序中。企业股利分配业务程序主要包括审批、记账和付款等业务环节。因此，其业务处理程序和要求的设计内容主要包括：

（1）企业财务部门（或财务人员）根据董事会通过的现金股利分配方案或股东大会通过的股票股利分配方案，登记"股利登记簿"，编制股利分配清单（对于现金股利，可设计一式三份，一份自留，一份为会计人员记账联，一份为出纳联；对于股票股利，可设计一式二联，一份自留，一份为会计人员记账联）并交有关人员审核。然后，将记账联和出纳联全部交会计部门（或会计人员）。

（2）会计部门（或会计人员）收到审核过的股利分配清单后，根据其中的记账联填制股利分配的转账凭证（即借记"利润分配——应付普通股股利"（"利润分配——应付优先股股利"科目，贷记"应付股利"科目；或借记"利润分配——未分配利润"科目，贷记"股本"、"资本公积——股票溢价"科目），并登记有关总账和明细账。

（3）发放现金股利时，会计部门（或会计人员）应根据股利分配清单的出纳联，填制银行存款付款凭证（即借记"应付股利"科目，贷记"银行存款"、"现金"科目），经审核后将付款凭证和股利分配清单出纳联一并交给出纳员，由出纳员签发支票并到银行办理有关转账手续或委托银行向投资者支付现金股利手续，同时登记银行存款日记账和现金日记账。然后，将付款凭证和支票存根交回会计人员。

（4）会计人员根据出纳员转来的付款凭证和支票存根登记有关总账和应付股利明细账。并通知财务部门（或财务人员）登记"股利登记簿"。

（5）会计人员定期进行有关账账核对工作，保证账账相符。

股利分配业务程序的控制要点主要包括：

（1）办理股利支付手续和会计记录职务分离；

（2）核对股利分配清单和股东名册中的股东人数，保证其相符；

（3）检查企业股利支付额与股东实际收款额的一致性。

主要参考文献

1. 财政部注册会计师考试委员会办公室. 经济法规汇编. 北京：中国财政经济出版社，2003

2. 徐政旦，姚焕廷，朱荣恩. 会计制度设计. 上海：上海财经大学出版社，1996

3. 阎德玉. 会计制度设计. 北京：中国财政经济出版社，2002

4. 许拯声. 企业内部会计制度及设计. 上海：立信会计出版社，1996

5. 国际会计准则委员会. 国际会计准则2000. 财政部会计准则委员会组织翻译. 北京：中国财政经济出版社，2000

6. 郭道扬. 会计史教程. 北京：中国财政经济出版社，1999

7. 王庆成. 财务管理学. 北京：中国财政经济出版社，1998

8. 罗宾·库珀，罗伯特·S·卡普兰. 成本管理系统设计：教程与案例. 王立彦等译. 大连：东北财经大学出版社，2003

9. Charles T. Horngren, George Foster, Srikant M. Datar. Cost Accounting：*A Managerial Emphasis*，10th Edition. 北京：清华大学出版社，2001

10. 罗伯特·西蒙斯. 战略实施中的绩效评估和控制系统. 张文贤主译. 大连：东北财经大学出版社，2002

11. 全国会计专业技术资格考试领导小组办公室. 成本会计. 北京：中国物价出版社，1995

12. 罗飞，夏博辉，张兆国. 成本会计. 北京：高等教育出版社，2000